Touren für Neugierige

Wander-Geheimtipps rund um München

25 unbekannte Pfade abseits des Trubels

J. BERG

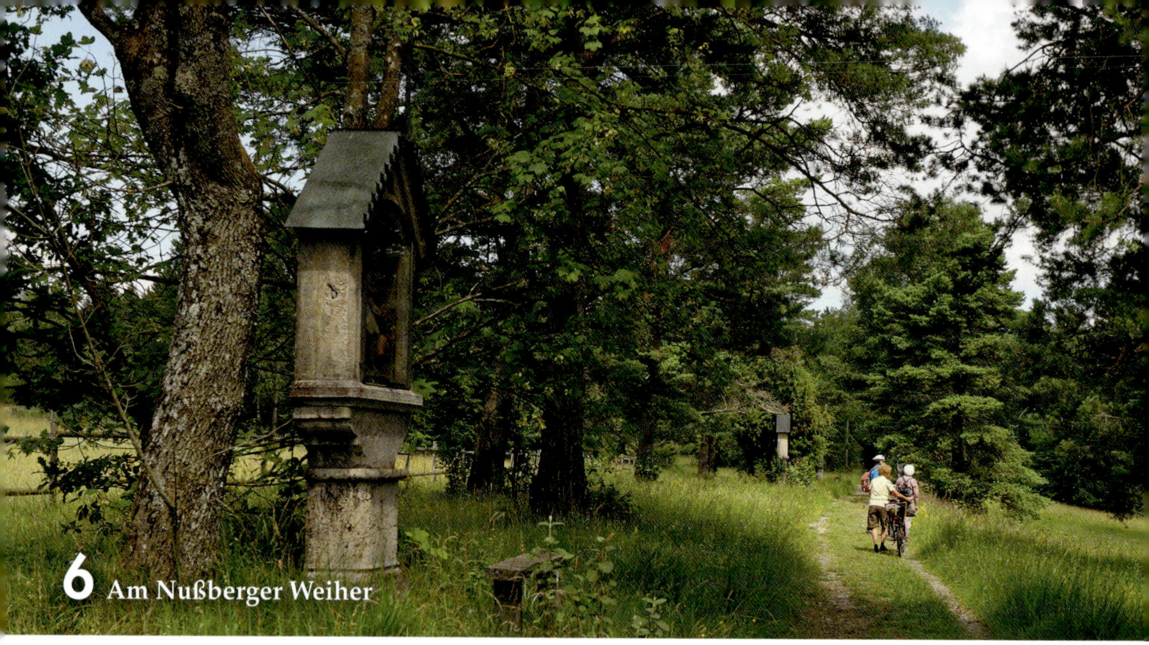

6 Am Nußberger Weiher

Inhalt

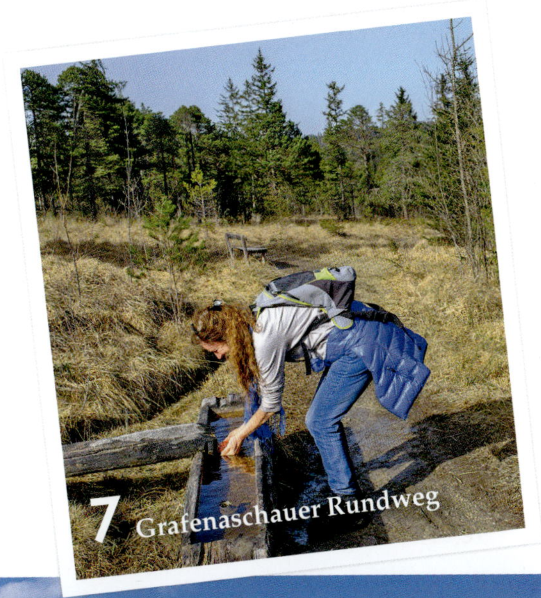

7 Grafenaschauer Rundweg

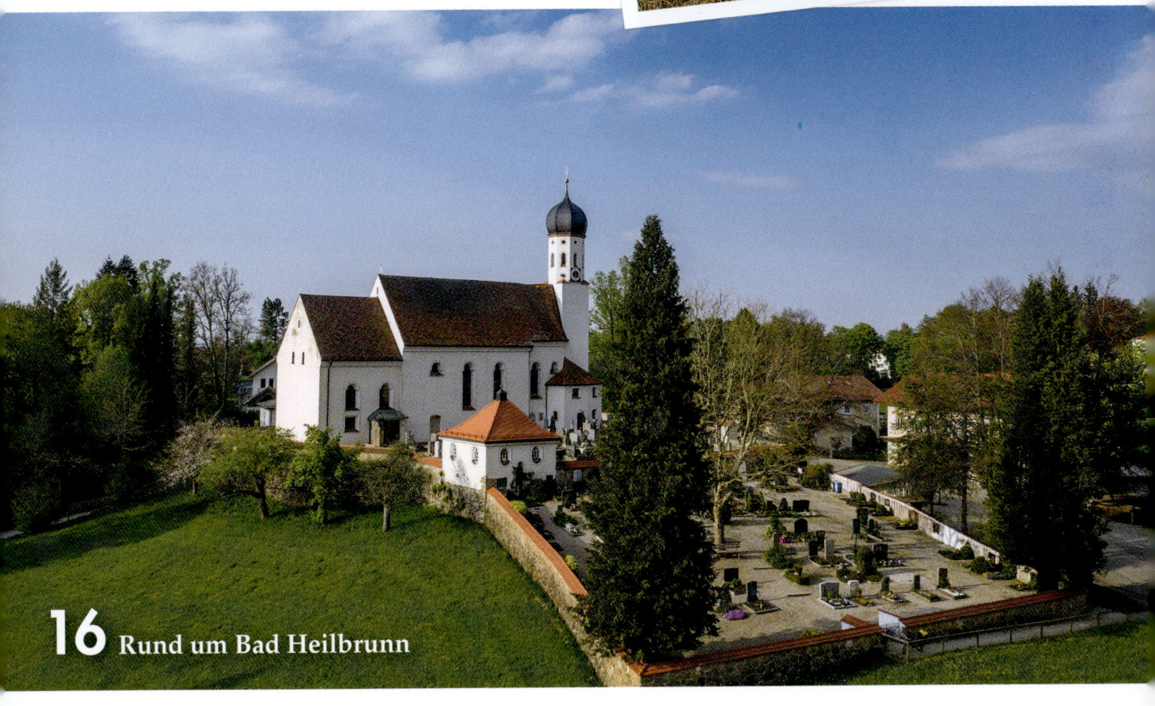

16 Rund um Bad Heilbrunn

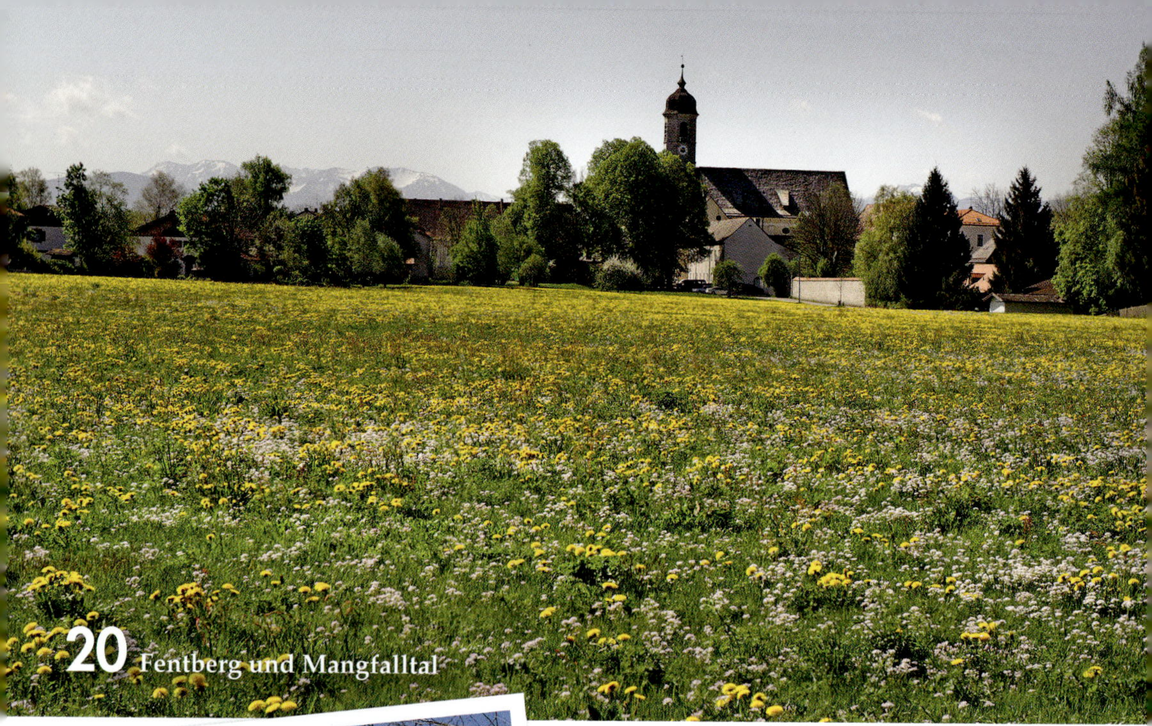

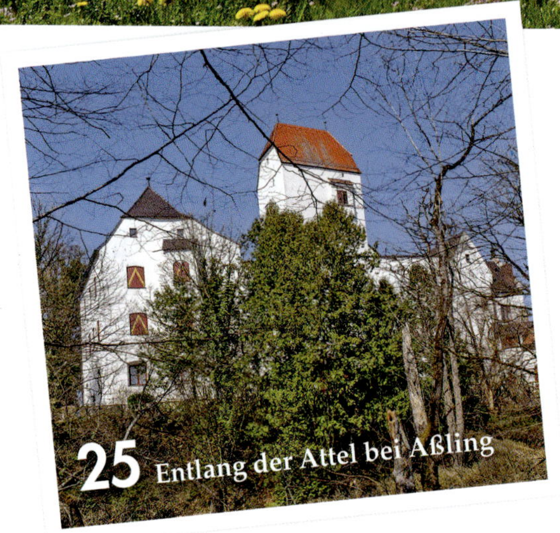

Insidertouren im Münchner Südosten 92

Tourenüberblick

	Tour	km										
1	Durchs Haspelmoor	9,5 km	50 Hm	2.30 Std.	•	•	•	•	•			•
2	Geisenbrunn und Gilching	10,5 km	80 Hm	3 Std.	•		•	•	•			•
3	Wessobrunner Westen	14 km	120 Hm	4.15 Std.	•		•	•	•		•	•
4	Schongau und Peiting	12 km	300 Hm	3 Std.			•	•	•		•	•
5	Rund um Polling	8 km	50 Hm	2 Std.	•	•	•	•	•			•
6	Am Nußberger Weiher	16 km	150 Hm	4 Std.	•		•	•	•		•	•
7	Grafenaschauer Rundweg	6 km	150 Hm	1.45 Std.		•	•	•	•			•
8	Antdorf und Dürnhausen	7 km	100 Hm	2 Std.	•	•	•	•	•			•
9	Rund um Penzberg	12 km	50 Hm	3.15 Std.			•	•	•			•
10	Degerndorf – Starnberger See	12 km	150 Hm	3.15 Std.	•	•	•	•	•		•	•
11	Münsing – Starnberger See	16 km	100 Hm	4 Std.	•		•	•			•	•
12	Wolfratshausen entlang der Isar	14 km	25 Hm	3.30 Std.	•			•		•	•	•
13	Egling, Thanning und Moosham	13 km	120 Hm	3 Std.	•	•		•			•	•
14	Bad Tölz – Fischbach	15 km	250 Hm	4 Std.	•		•	•	•			•
15	Bad Tölz und die Isar	11,5 km	180 Hm	3 Std.	•	•	•	•	•		•	•
16	Rund um Bad Heilbrunn	13 km	100 Hm	3.15 Std.	•	•	•	•	•		•	•
17	Waakirchen – Mariastein	7,5 km	100 Hm	2 Std.		•	•	•	•			•
18	Dietramszell – Peretshofen	16,5 km	150 Hm	4.15 Std.	•	•		•				•
19	Holzkirchen – Schaftlach	16 km	100/50 Hm	4.00 Std.			•	•				•
20	Fentberg und Mangfalltal	12,5 km	200 Hm	3.15 Std.	•	•	•	•				•
21	Am Irschenberg	11 km	250 Hm	3.15 Std.	•	•	•	•				•
22	Nach Kleinhöhenrain	10 km	150 Hm	2.45 Std.	•	•	•	•	•			•
23	Durchs Gleißental	9,5 km	50 Hm	2.45 Std.		•	•	•				•
24	Im Glonner Land	14,5 km	200 Hm	4 Std.	•		•	•	•		•	•
25	Entlang der Attel bei Aßling	14 km	80 Hm	4.15 Std.	•		•	•	•			•

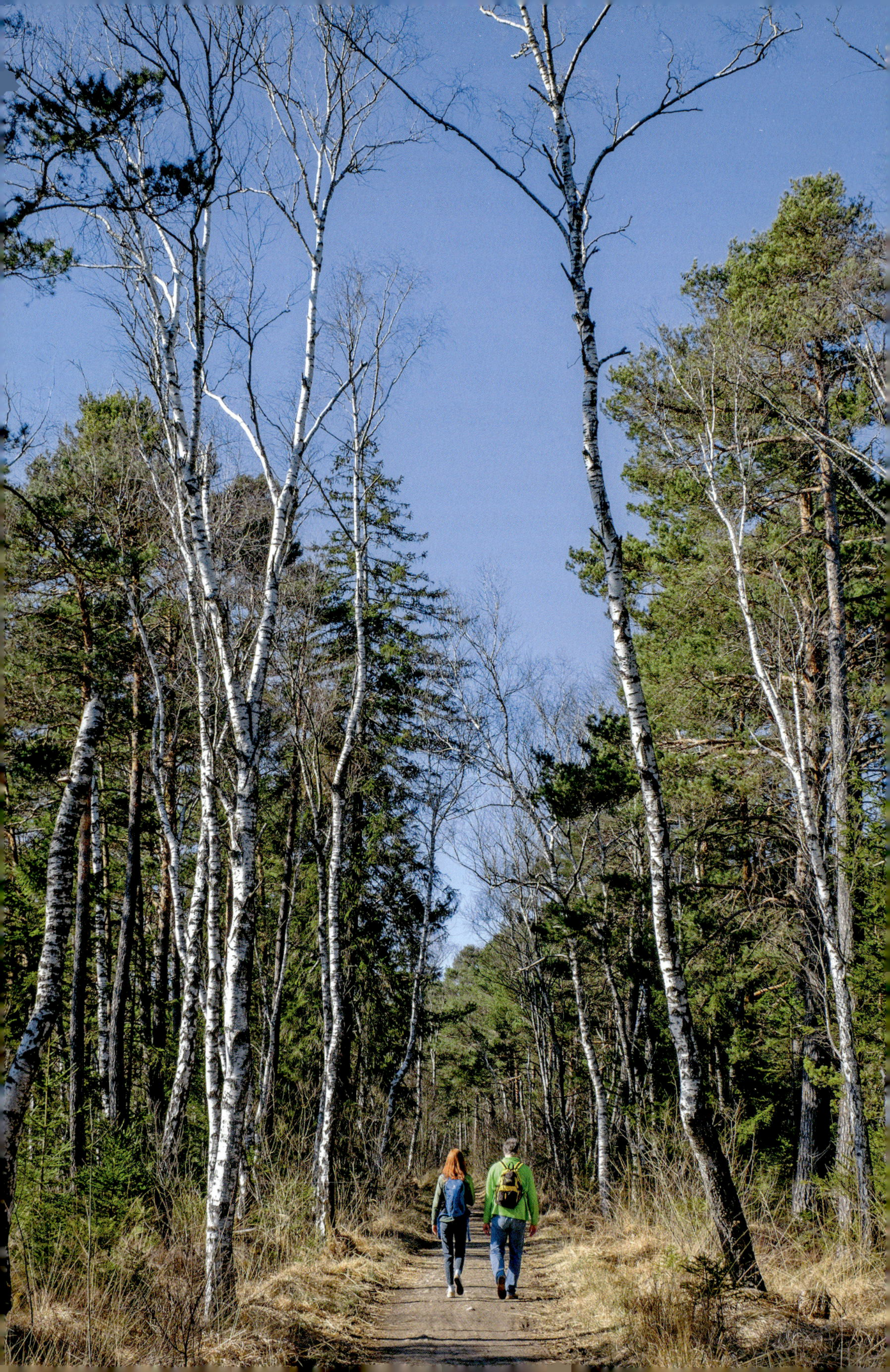

Vorwort

Linke Seite: Sogar rund um den Starnberger See lassen sich stille Wege wie bei Höhenrain entdecken (Tour 11).

München und sein Umland wachsen beständig, und die Einwohnerzahlen nehmen zu. Darüber hinaus setzte in den letzten Jahren ein enormer Wander-Boom ein, denn viele hegen vor allem am Wochenende einen Wunsch: Raus ins Grüne! »On top« kam Corona hinzu, und da man nun nicht mehr für einen Wanderausflug einfach ins nahe Tirol fahren konnte, brachte das so einige der schönsten Wanderziele im Süden von München an die Belastungsgrenzen.

Nicht nur Natur und Umwelt werden unter solchen Bedingungen überstrapaziert, sondern auch unsere Nerven, denn Spaß macht es nicht, ständig im Stau zu stehen, keine Parkplätze zu finden und dann mit vielen anderen Erholungsuchenden im Gänsemarsch unterwegs zu sein. Ein Phänomen, das sicher schon jedem Wanderbegeisterten aufgefallen ist, der an einem schönen Herbstsonntag rund um die Osterseen, im Murnauer Moos oder entlang der Isar Ruhe suchte und sich stattdessen erneutem Stress ausgesetzt sah. Die bekannten und leider oft überlaufenen Ziele mögen zwar schön, aber in diesen Zeiten nicht unbedingt erholsam sein.

Badesachen sollte man im Sommer bei vielen Touren dabeihaben (Tour 10).

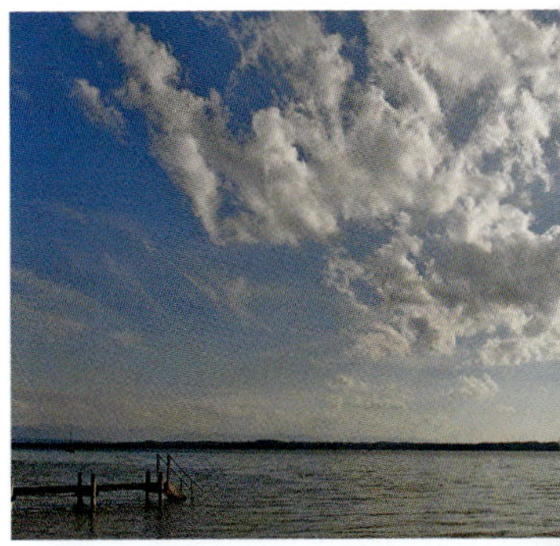

Genau aus diesem Grund haben wir dieses Buch geschrieben: Darin verraten wir einige der schönsten Wander-Geheimtipps vorwiegend im Münchner Süden. Alle Vorschläge haben eines gemeinsam: Sie führen über unbekannte, versteckte Wege zu bezaubernden Plätzen, die sonst nur die Einheimischen kennen. Viele der Touren lassen sich das ganze Jahr über erwandern, und die meisten sind mit öffentlichen Verkehrsmitteln erreichbar – ein weiterer Pluspunkt auf der Skala des stressfreien Wanderns. Entdecken Sie einsame Wege über eine herrlich weite Hügellandschaft, durch kleine Wälder, zu Dörfern und Aussichtspunkten, die sie so zwischen Lech und Inn vielleicht noch nicht gesehen haben. Alles Geheimtipps, die wir eigentlich nicht verraten dürften. Gehen Sie neue Wege!

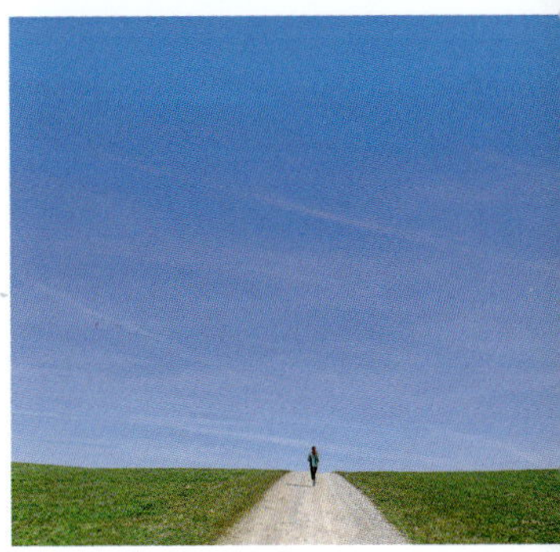

Einsam zwischen Egling und Thanning (Tour 13)

Viel Spaß dabei wünschen

Lisa und Wilfried Bahnmüller

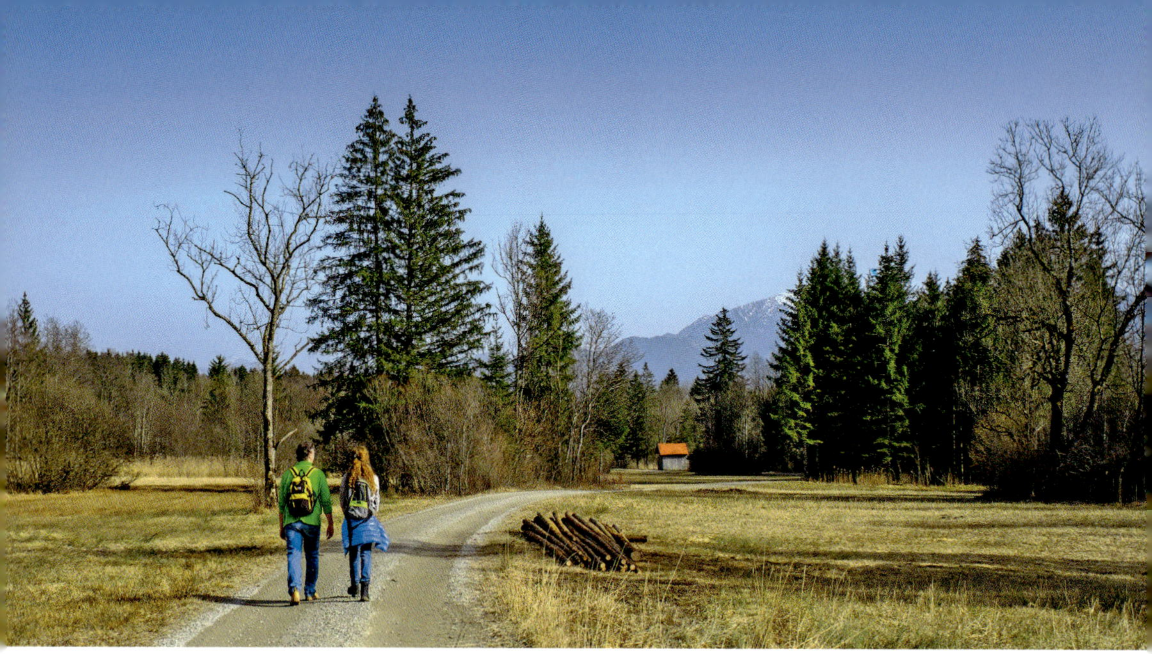

Nicht alle Touren sind so flach wie hier im Murnauer Moos (Tour 7).

Praktische Informationen

Die Touren in diesem Buch führen durchs hügelige Voralpenland, und das nicht immer nur auf breiten Wanderwegen, sondern auch auf schmalen, steinigen Pfaden. Es sind also keine Spaziergänge, die man mit leichtem Schuhwerk starten sollte. Wer mehr gute und allgemeine Tipps über das Wandern sucht, findet diese auf der Homepage des Deutschen Alpenvereins (www.alpenverein.de). Wir haben hier nur die für dieses Buch wesentlichen Informationen zusammengestellt.

Ausrüstung

Feste Wanderstiefel oder Trekkingschuhe sind eine Grundvoraussetzung für sicheres Wandern. Falsches Schuhwerk (Halb- oder Turnschuhe etc.) bietet niemals genügend Halt und ist oft Auslöser von Unfällen. Wasserabweisende Schuhe sind auch im Sommer ideal.
Teleskopstöcke sind vor allem beim Abstieg bequem und entlasten die Gelenke. Auch im Winter sind sie an vereisten Stellen äußerst hilfreich. Gut, wenn sie klein und leicht sind und so bei Nichtgebrauch an den Rucksack gebunden werden können. Bei der Wahl des Rucksacks raten wir, nicht zu sparen und sich ein wirklich gut sitzendes Modell von einem Fachhändler empfehlen zu lassen.

Bequeme Wanderkleidung aus technischem Funktionsmaterial ist praktisch und trocknet schneller. Grundsätzlich gilt das »Zwiebelprinzip« mehrerer Schichten: Unterhemd, T-Shirt, Bluse/Hemd, Pullover, Jacke. Vor allem letztere Schicht – eine wärmende Jacke, wie z. B. ein Windstopper oder eine Wetterschutzjacke – darf in unseren Breitengraden nie fehlen. Für einige der Touren kann man im Sommer auch seine Badesachen mitbringen – nach einer Wanderung ist es doch ein Hochgenuss, sich in klare, kühle Fluten zu stürzen.

Sonnenschutz (Kopfbedeckung!) sollte man immer dabeihaben. Praktisch ist auch ein Insektenabwehrmittel, am besten mit Zeckenschutz (Beine einsprühen nicht vergessen!). Vernünftig ist ein Erste-Hilfe-Täschchen inkl. Rettungsfolie (Fachhandel), das gut im Rucksack liegt und nicht viel Platz wegnimmt.

Das gilt auch für ein Handy, mit dem wir sowohl in einem Notfall helfen als auch selbst um Hilfe bitten können.

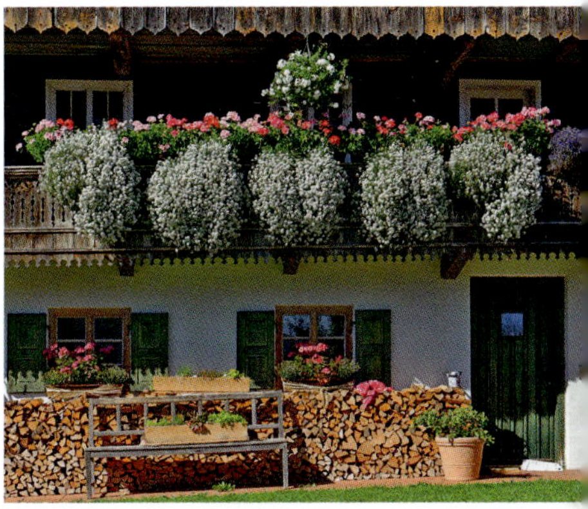

Im späten Sommer kann man auf vielen Wanderungen den Stolz der Bäuerinnen bewundern: ihren prachtvollen Balkonblumenschmuck (Tour 15).

Gehzeiten

Alle angegebenen Zeiten sind Richtlinien und verstehen sich als reine Gehzeiten. Für Pausen, Fotostopps und Besichtigungen muss man extra Zeit einplanen.

Beste Jahres- bzw. Tageszeit

Allgemein gibt es keine beste Jahreszeit für diese Wanderungen, das Wichtigste ist sicherlich immer der Faktor Wetter. Die meisten der Touren lassen sich das ganze Jahr über gehen, wobei man im Winter nicht unbedingt damit rechnen kann, dass die Wege nach starkem Schneefall geräumt oder gespurt sind. Einige Touren eignen sich besonders für heiße Sommertage, denn sie führen angenehm schattig durch den Wald oder bieten auf dem Weg oder im Anschluss daran erfrischende Bademöglichkeiten.

Grundsätzlich sollte man, wenn machbar, das Wochenende zum Wandern meiden. Auf den vorgestellten Touren sind wir zwar meist allein unterwegs, aber der Anreisestau oder die Kolonnen bei der Heimfahrt erwischen uns trotzdem. Perfekt natürlich, wer antizyklisch unterwegs ist, z. B. als Frühaufsteher oder Langschläfer – der erlebt einsame Wege und erholsame Stunden in der Natur und steht noch nicht einmal im Stau.

Kondition und Fitness

Selbstverständlich wissen wir, dass jeder die Anstrengung bei einer Wanderung unterschiedlich stark empfindet. Unsere Touren würden laut offizieller Wanderkategorie wohl alle die Einstufung »leicht« erhalten – technisch sind sie alle nicht schwierig, und es werden auch keine extremen Höhenmeter zurückgelegt, aber manche der Wanderungen sind etwas länger. Deshalb gibt es in diesem Buch auch nur die Einteilung in die beiden Schwierigkeitsstufen »leicht« und »mittel«. Dabei orientieren wir unsere Einstufung an den leichtesten Wanderungen. Das bedeutet, dass Touren, die in die Höhe führen und/oder länger dauern, automatisch mehr Kondition erfordern. Der trainierte Wanderer mag dann bei einer »mittleren« Wanderung über diese Einstufung schmunzeln, aber grundsätzlich gilt: Lieber mit den einfachen Touren beginnen! Steigern kann man sich immer.
Im Infokasten geben wir beim »Tourencharakter« zudem eine genaue Beschreibung der Wegbeschaffenheit und der ggf. zu erwartenden Schwierigkeiten.

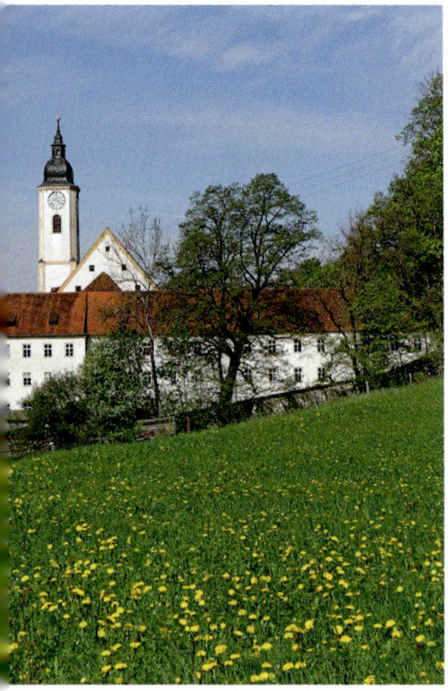

Kloster Dietramszell (Tour 18)

Sicherheit

Bereits bei der Auswahl der Touren sollte man seine eigene Leistungsfähigkeit – und auch die der Begleiter – kritisch in die Planungen miteinbeziehen. Überanstrengen darf sich niemand! Grundsätzlich wandert man besser nicht allein, denn falls einem etwas zustoßen sollte, kann die Begleitung Hilfe holen. Zumindest teilt man im Vorfeld Freunden mit, wohin man unterwegs ist. So haben – im schlimmsten Fall – Rettungstrupps Anhaltspunkte, wo sie suchen müssen. Das ist besonders wichtig, weil wir uns dieses Mal vor allem abseits des Mainstreams bewegen. Deshalb ist sicherlich die Mitnahme eines Handys immer sinnvoll (Notruf 112); fast ganz Bayern verfügt über ein zuverlässiges flächendeckendes Empfangsnetz.
Beachten sollte man vor und während der Tour das Wetter. Unvorhersehbare Wetterumschwünge sind vor allem in den Sommermonaten nicht selten. Wer von einem Gewitter überrascht wird, sollte exponierte Wegstellen auf den Hügeln unbedingt meiden und lieber Schutz in Senken suchen. Vorsicht ist auch in den Wäldern bei starkem Wind geboten – es besteht immer die Gefahr von Windbruch und durch herunterfallende Äste.

Karten

Die bei allen Touren eingebauten Karten sind zusammen mit der Wegbeschreibung eigentlich ausreichend. Wer jedoch die Wanderung abkürzen oder verlängern möchte oder zusätzlich noch etwas in der Umgebung unternehmen will, dem empfehlen wir das Kartenset 184 des Kompass-Verlags im Maßstab 1:50 000. Sie sind in fast allen Buchhandlungen sowie auch an Tankstellen erhältlich. Es gibt sie mittlerweile zudem digital als App im Jahresabonnement.

Einkehr und Verpflegung

Nicht alle unsere Wanderungen führen zu einer Einkehr. Ist dies aber der Fall, sollte man zur Sicherheit im Vorfeld die Öffnungszeiten immer noch einmal überprüfen – gerade in Coronazeiten ändert sich vieles. In den Wirtshäusern können zudem Pächter und Ruhetage wechseln, und gerade in der Übergangszeit machen die Betreiber auch einmal spontan Urlaub.

Übrigens: Wenn wir einen Biergarten beschreiben, dann meinen wir damit nicht einen typischen Münchner Biergarten, in dem man sich selbst sein Essen mitbringen kann – im Münchner Süden versteht man darunter einen Gastgarten (ein Wort, das man hier aber nie so verwendet!). Es handelt sich also einfach um eine schöne, oft auch von Bäumen beschattete Terrasse, auf der man ganz normal bedient wird.

Auf jeder Tour lohnt es sich aber auch immer, eine eigene Brotzeit und ausreichend Getränke mitzunehmen. Schöne Rastplätze haben wir extra angegeben, und nach unserer eigenen Erfahrung bleiben solch genussvolle Picknickstellen ewig in Erinnerung. Wie auch immer: Ein Notproviant, der aus Obst, Keksen oder einem Müsliriegel besteht, gibt Energie und schadet niemals.

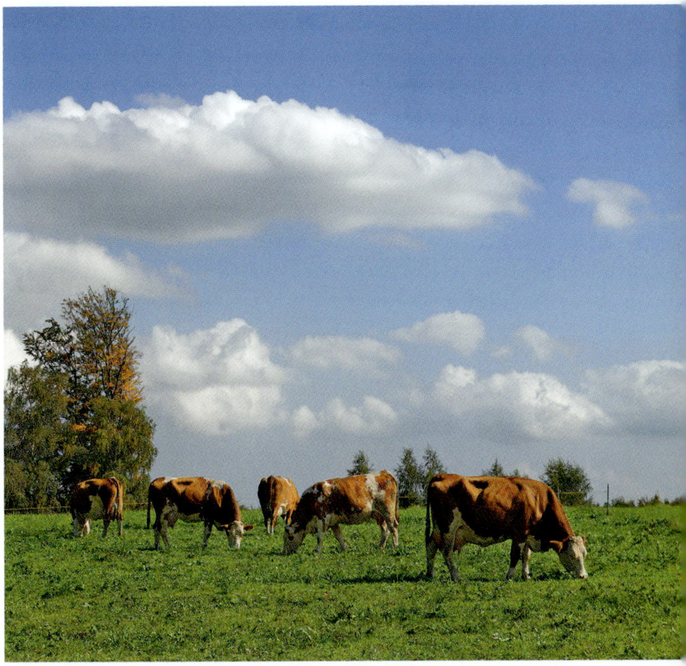

Schön, wenn Bayerns »schönste Flecken« noch auf den Wiesen grasen dürfen (Tour 15).

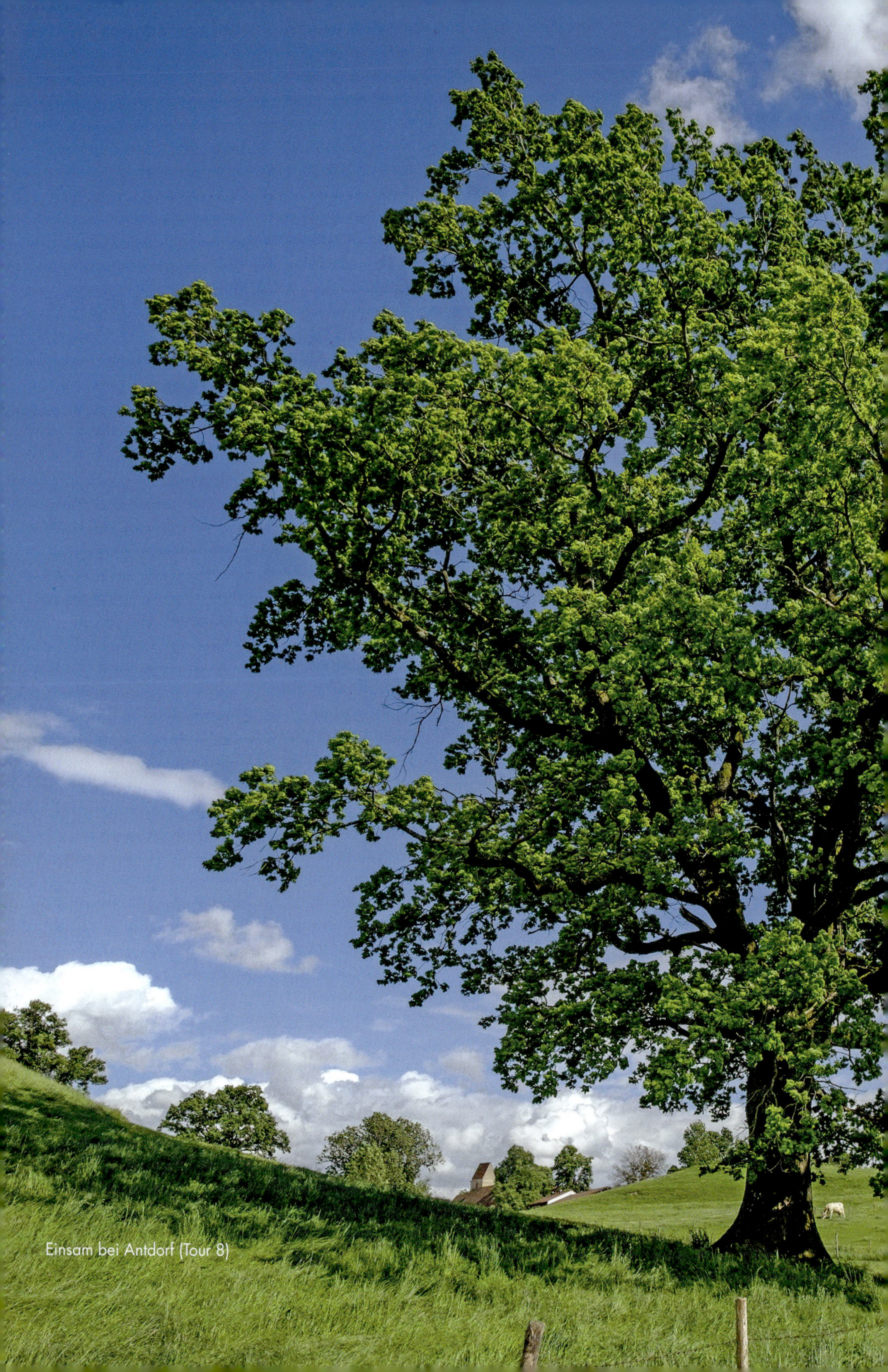

Einsam bei Antdorf (Tour 8)

Entdeckertouren im Münchner Südwesten

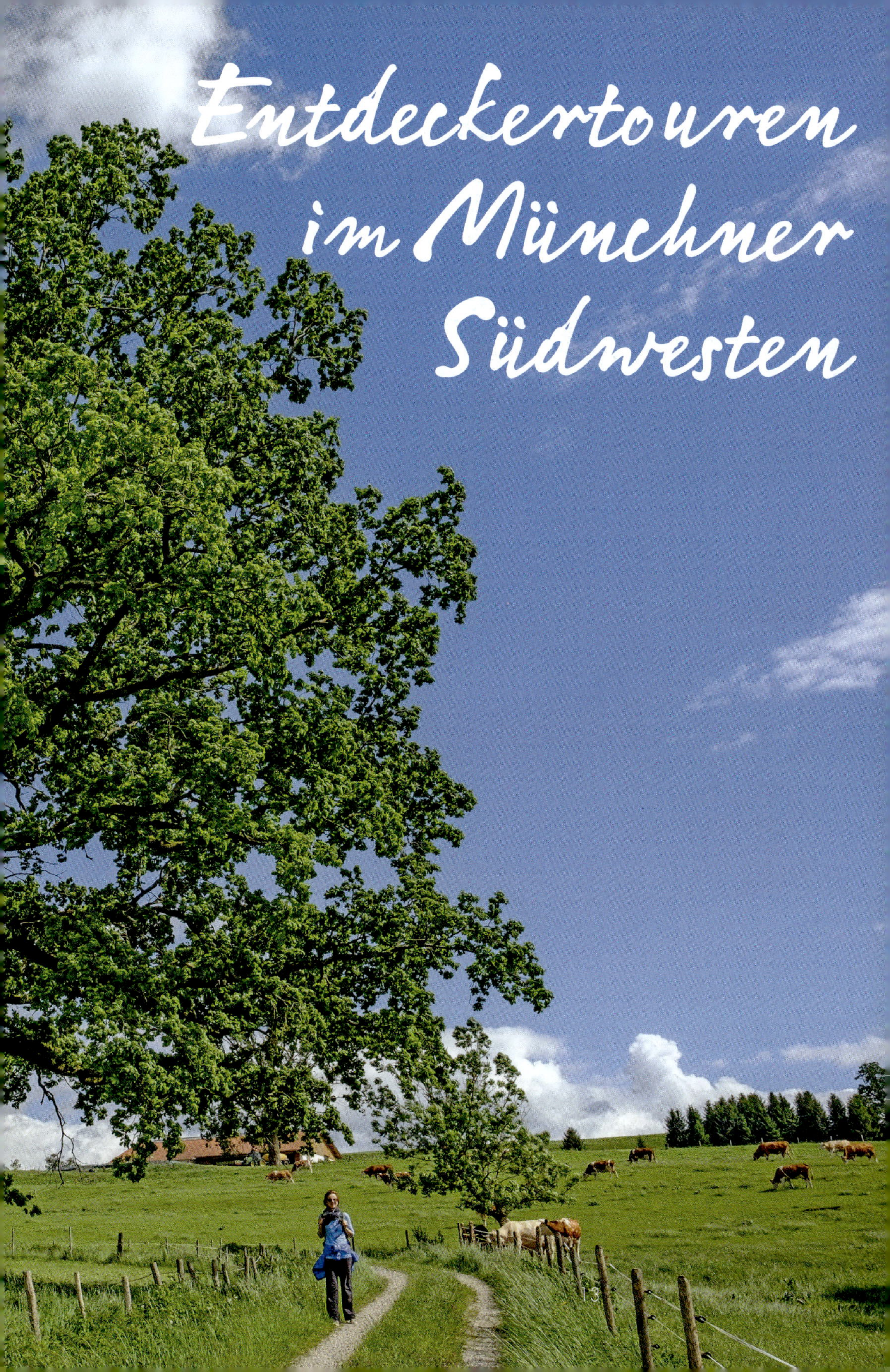

1 Durchs Haspelmoor

Unerwartet überraschendes Idyll

Leicht | 9,5 km | 50 Hm | 2.30 Std.

Tourencharakter
Leichte Wanderung über Feld- und Waldwege und vor allem über Moorpfade, die nach Regen feucht und batzig sein können

Ausgangs-/Endpunkt
Bahnhof in Haspelmoor
GPS: 48.223119, 11.098166

Anfahrt
Bahn & Bus: Mit der Regionalbahn der Linie München–Augsburg nach Haspelmoor. Oder mit der S-Bahn nach Mammendorf und weiter mit dem Bus
Auto: Der Weiler Haspelmoor liegt unweit von Hattenhofen/Mammendorf und ist über die B 2 gut zu erreichen. Parkplätze findet man am Bahnhof, vor allem auf der Südseite.

Einkehr
In Hörbach lockt das Wirtshaus Zum Sandmeir (am Wochenende und an Feiertagen ab 11.30 Uhr geöffnet, Mo–Mi geschlossen, Do/Fr erst ab 17.30 Uhr offen).

Information
www.hattenhofen-haspelmoor.de

Überraschend und wirklich einzigartig ist das Haspelmoor zwischen München und Augsburg – wer einem überlaufenen Murnauer oder Benediktbeurer Moor entkommen möchte, ist hier mehr als richtig. Eigentlich ein Wunder, dass man dieses Naturjuwel noch nicht kennt.

Fragil und schutzwürdig Damit diese fragile Naturlandschaft unbeeinträchtigt und damit erhalten bleibt, ist es wichtig, sich an Regeln zu halten. Also auf keinen Fall im Moor die Wege verlassen, und wenn die kleinen, meist vom Wild angelegten Trampelpfade noch so sehr dazu verlocken! Blumen dürfen nicht gepflückt werden, Hunde gehören an die Leine, Müll wird wieder mit nach Hause genommen, und wer mit dem Auto anreist, verärgert bitte keine Anwohner durch zugeparkte Einfahrten. Dann bleibt das Haspelmoor sicherlich ein schöner Geheimtipp!

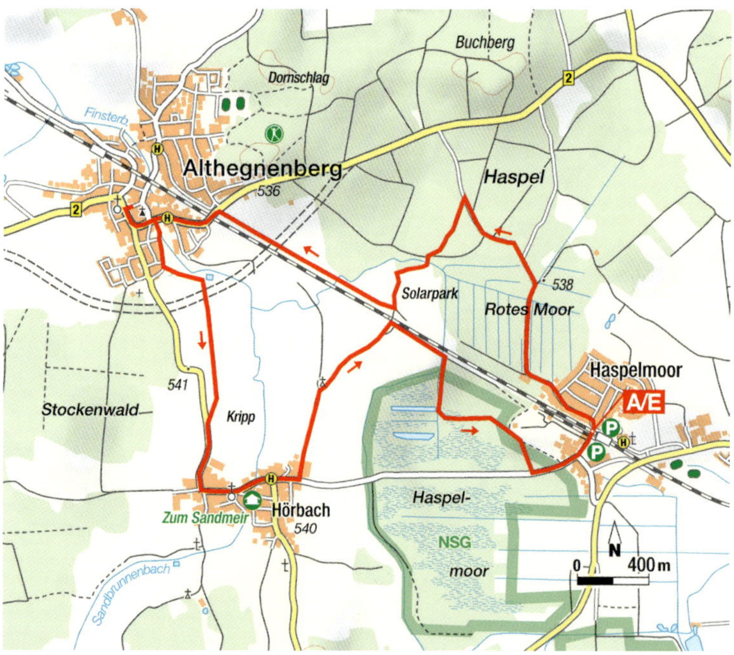

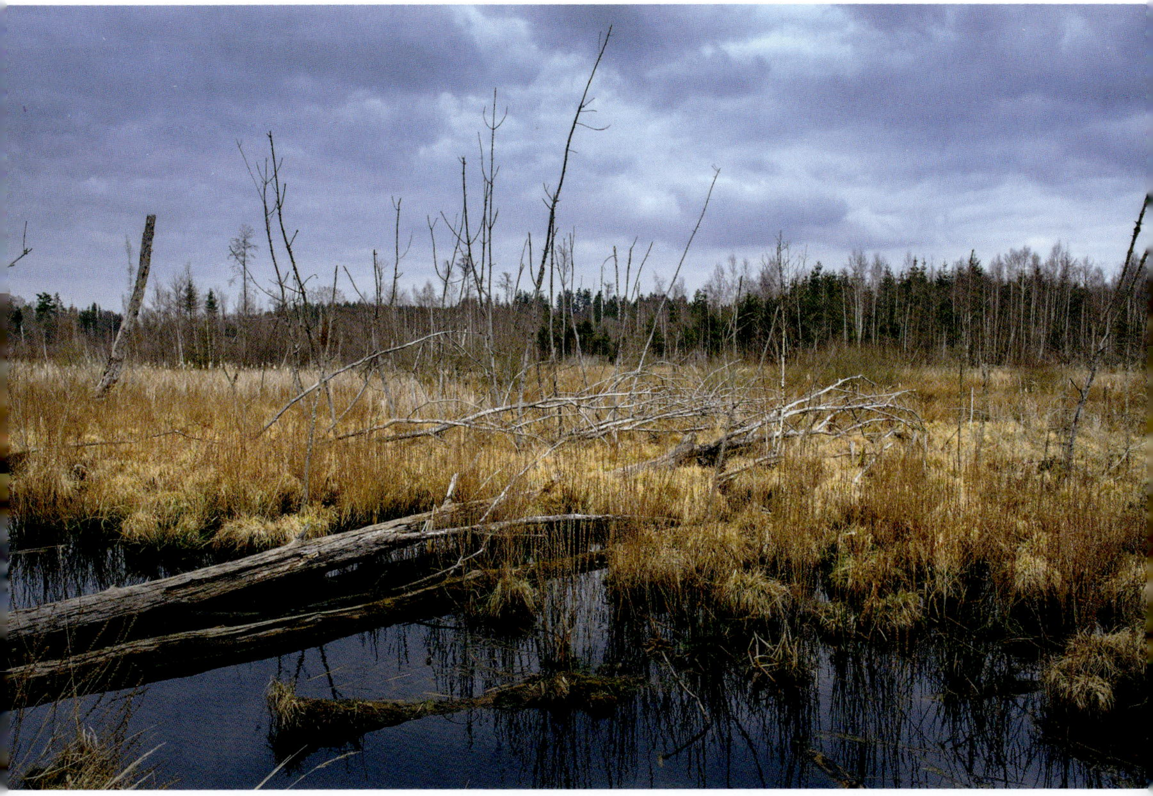

Im Roten Moor liegen dunkle Moorflächen offen.

Rotes Moor und Biermösl Wir starten am Bahnhof in Haspelmoor (wer an der Südseite geparkt hat, erreicht durch die Unterführung die Nordseite der Bahnlinie und damit den Ausgangspunkt), wenden uns nach links auf die Straße Bahnhofsplatz und biegen gleich erneut links in die Erhardstraße ein. Diese bringt uns zum Ortsende von Haspelmoor, wo ein nur für den landwirtschaftlichen Verkehr freigegebener Weg mitten ins Moor hineinführt. Wachsen zunächst noch Büsche und Gestrüpp entlang des Wegs, ändert sich das nach dem Rechtsknick des Wegs, dem wir folgen. Schon sind wir mitten im sogenannten Roten Moor. Abgestorbene Birken staken wie Mahnmale aus den feuchten Wiesen. Die Gräben sind voll dunklem Wasser, auf und in dem sich ein paar giftgrüne Wasserlinsen gegen den sauren pH-Wert behaupten. Schnurgerade führt der Weg nach Norden, es gibt viel zu schauen.

Dann queren wir den breiteren Haspelgraben und erreichen das Nordende des sumpfigen Moors. Hier teilt sich der Weg. Wir bleiben links und wandern am Randbereich zwischen Wald und

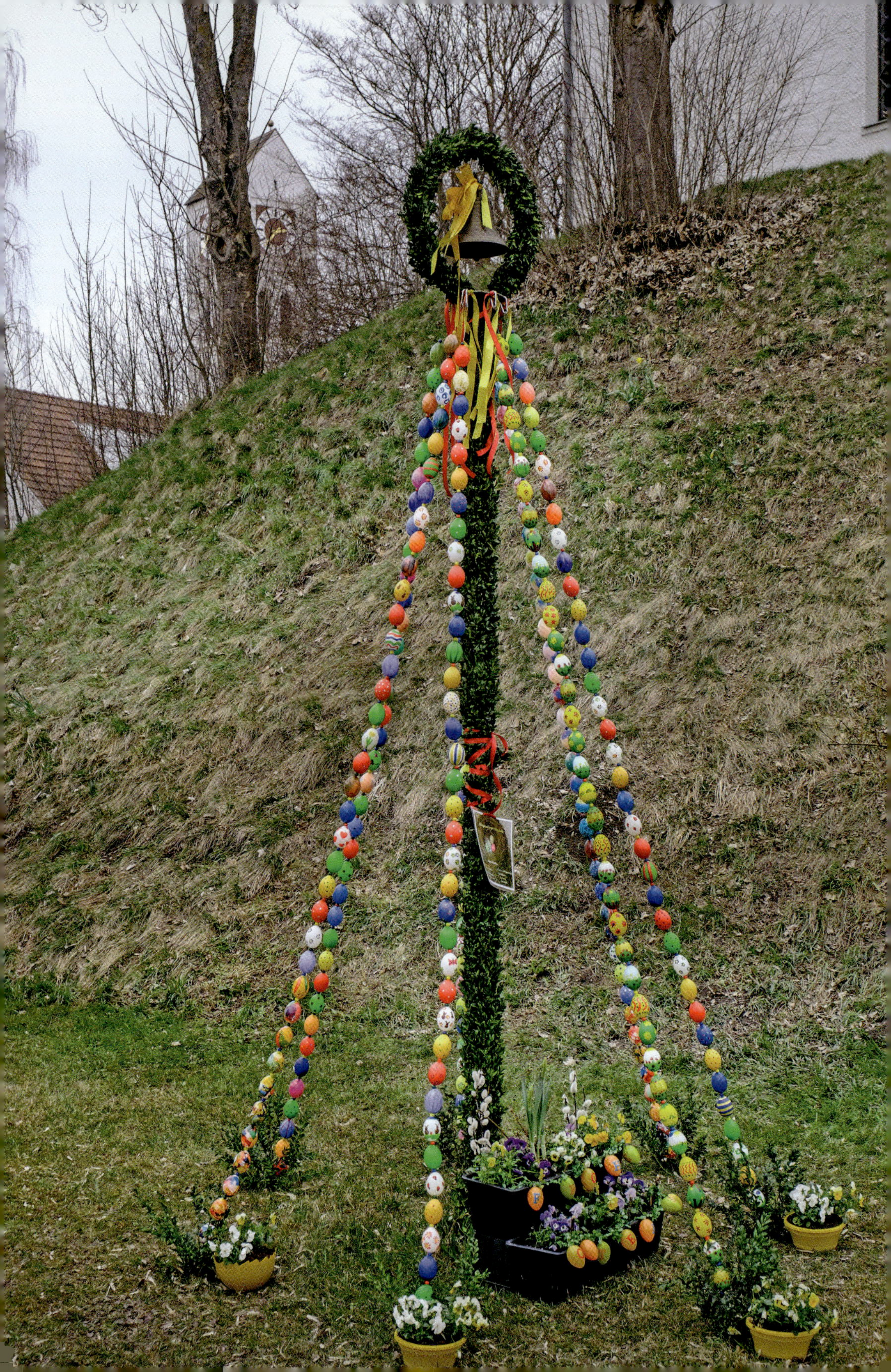

Moor weiter. Wir sind nun im Biermösl unterwegs (auf Hochdeutsch: Biermoos oder Beerenmoos). Die zahlreichen Blaubeerbüsche am Waldboden unterstreichen diesen Namen, den einige vielleicht von der Musikgruppe »Biermösl Blosn« her kennen. Die Gebrüder Well, die Volksmusik mit satirischen Texten und mit Kabarett kombinierten, stammen aus dem kleinen Weiler Günzlhofen, der etwas nördlich dieses Waldes liegt.

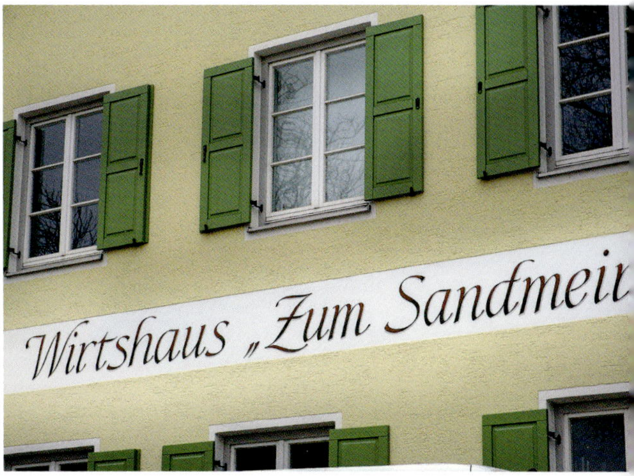

Das Wirtshaus Zum Sandmeir ist eine gute Einkehrmöglichkeit in Hörbach.

Linke Seite: Eine mit Ostereiern geschmückte Glocke ziert den Althegnenberger Burgberg in der Osterwoche.

Solarpark und Althegnenberg Wir bleiben nun erst einmal auf dem Waldweg, die Abzweigung nach rechts ignorieren wir; Beschilderungen gibt es nicht. Dann teilt sich kurz hintereinander der Weg erneut und mehrfach. Wir halten uns links und bleiben damit in der Nähe des Roten Moors. Erst wenn sich der Weg nach rechts wendet, folgen wir ihm nicht mehr weiter, sondern bleiben geradeaus und queren den dunklen großen Wassergraben hin zu dem bereits sichtbaren Solarfeld. Der nun kleinere Weg führt zunächst am Waldrand entlang und biegt dann nach links durch den Solarpark ab. Wir erreichen die Bahnlinie, der wir nach rechts folgen.
Jetzt hat uns die Sonne wieder, und wir wandern bis zur großen Straße in Althegnenberg. Dort biegen wir links ab, queren die Bahn und gehen dann leicht abwärts bis in die Ortsmitte. Auf der linken Straßenseite treffen wir auf einen Netto-Markt. (Wer möchte, kann von dort aus noch den Burgberg mit der Johanniskirche oder die alte Schmiede am Dorfplatz besuchen.) Direkt nach dem Netto queren wir den kleinen Finsterbach und biegen dann links auf den Rad- und Fußweg ein.

Malerisches Hörbach Dieser führt uns an den Häusern vorbei aus Althegnenberg hinaus und anschließend über die Felder. Teilweise säumt eine dichte Wild- und Vogelschutzhecke unseren Weg. Erstaunlich, wie es hier im Frühling summt und brummt. Kurz vor dem nächsten Dorf erreichen wir wieder die Straße, folgen ihr wenige Meter nach links und sind schon in Hörbach angekommen. Das Dorf hat schon mehrfach bei Wettbewerben zur Dorfverschönerung gewonnen – und das zu Recht, denn es

Haspelmoor

Den Namen Haspelmoor trägt sowohl die Siedlung als auch das Naturschutzgebiet. Als 1840 die Bahnlinie München–Augsburg eröffnet wurde, musste dafür ein Teil des Haspelmoors weichen, denn der feuchte Untergrund war für die Bahnlinie nicht stabil genug. Gleichzeitig wusste man den Rohstoff Torf als Brenn- und Isoliermaterial, aber auch als Einstreu für Tiere sehr zu schätzen. Ab 1846 wurde bereits für den Betrieb von Lokomotiven großflächig Torf im Haspelmoor gestochen. Dafür errichtete man 1853 extra den Bahnhof. Zeitweise waren in diesem Torfstich 1600 Arbeiter beschäftigt. Während der Jahre des Ersten und auch des Zweiten Weltkriegs mussten viele Kriegsgefangene im Moor Zwangsarbeiten verrichten – 1916 waren mehr als 1000 Russen in einem großen Gefangenenlager im nahen Hattenhofen interniert. Bis 1958 durften die Anwohner Torf als Brennmaterial stechen; erst seit 1985 steht das Haspelmoor unter Naturschutz und darf nach dem Verschluss der Entwässerungsgräben wieder als Moor wachsen. So kann man heute viele seltene Pflanzen entdecken, die feuchte Füße und einen sauren Boden lieben: Heidel-, Preisel- und Moosbeeren wachsen hier zuhauf, dazu Wollgras, Sonnentau und jede Menge Heidekraut (Erika). Eidechsen, Kreuzottern und Ringelnattern fühlen sich hier wohl, aber es verstecken sich auch Rehe im Gebüsch, und viele seltene Schmetterlinge flattern umher.

präsentiert sich höchst malerisch. Erstmals 1127 als Huruuuinin erwähnt, weist dieser Name bereits auf die feuchte Gegend hin, denn das mittelhochdeutsche Wort »hurwin« bedeutet sumpfig. Neben der Kirche St. Andreas, in der man im Eingangsbereich das Fragment eines römischen Grabsteins in die Wand integriert hat, ist jetzt vor allem das Wirtshaus Zum Sandmeir für uns interessant.

Jetzt wird's moorig Nach der Pause verlassen wir Hörbach, indem wir vom Wirtshaus und an der Kirche vorbei auf der Dorfstraße in östliche Richtung laufen. Diese wendet sich nahe dem Dorfende nach rechts; in dieser Kurve bleiben wir aber geradeaus und gehen in den Moosweg. Nach wenigen Metern biegen wir links in die Krippstraße ein und wandern nun erneut über die Felder. An der Weggabelung mit dem Flurkreuz halten wir uns rechts und erreichen wieder die Bahnlinie, der wir nun nach rechts folgen.

Wo der Wald beginnt, haben wir den Beginn des Haspelmoors erreicht. Jetzt verlassen wir den breiten Feldweg nach rechts auf einen kleinen Wanderweg, der uns über ein Brücklein in das Na-

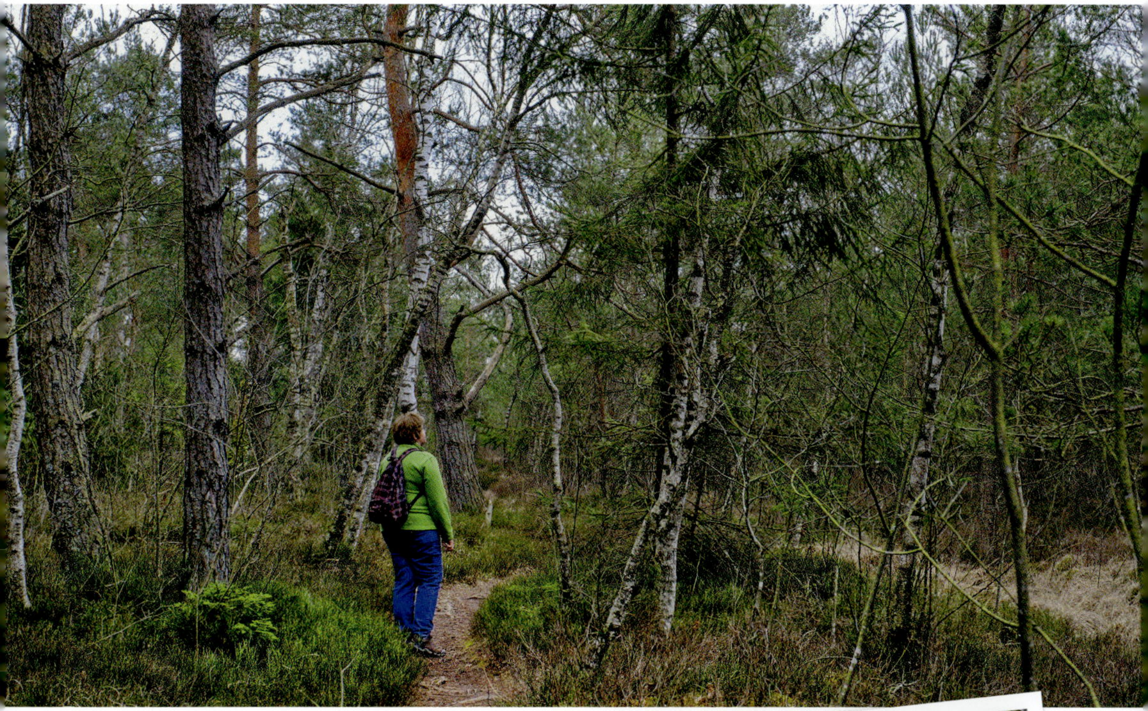

turschutzgebiet hineinführt. Zunächst noch etwas waldig wandern wir auf diesem Pfad immer tiefer in das Moor. An Wegverzweigungen weisen Pfeile auf den richtigen Weg hin, den wir auch nicht verlassen wollen. Mitten im Haspelmoor federt auf dem torfigen Boden jeder Schritt, denn noch wurden hier keine Holzstege errichtet. Für uns ist das eine wahre Freude, denn so erlebt man das Moor wirklich hautnah. Krüppelige Birken und Kiefern wachsen zwischen den Erikabüschen, an einigen Stellen tritt dunkles Wasser in Mooraugen an die Oberfläche, die Luft riecht würzig und erdig. Anfang Juni bilden die weißen Büschel des Wollgrases fluffige Teppiche.

Endlos dürfte dieser Weg für uns so weitergehen, deshalb lassen wir uns besonders viel Zeit. Irgendwann ist dieses Spektakel aber leider zu Ende, und wir treffen auf die kleine Straße, die Hörbach mit dem Ort Haspelmoor verbindet. Nach links sind wir in wenigen Minuten wieder an unserem Ausgangsort zurück, an der Südseite des Bahnhofs.

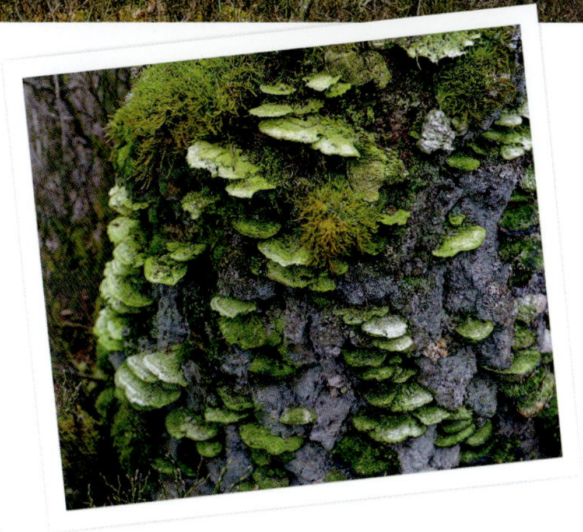

Ein von Baumpilzen eroberter Baumstumpf zeigt das Werden und Vergehen der Natur, wenn man sie in Ruhe lässt.

Ganz oben: Die kleinen geschwungenen Moorwege sind herrlich.

2 Geisenbrunn und Gilching

Spannende Ortsgeschichten

Leicht | 10,5 km | 80 Hm | 3 Std.

Tourencharakter
Sonnige und meist flache Wanderung vorwiegend auf Feld- und Waldwegen. Gut beschildert als gelber Rundweg mit bajuwarischem Löwen-Symbol

Ausgangs-/Endpunkt
S-Bahnhof in Geisenbrunn
GPS: 48.108970, 11.326343

Anfahrt
Bahn & Bus: Von München mit der S8 nach Geisenbrunn
Auto: Geisenbrunn liegt östlich von Gilching – auf der A 96 bis Ausfahrt Gilching und weiter über die St 2068 nach Geisenbrunn zum S-Bahnhof (dort einige wenige Parkplätze).

Einkehr
In Gilching: Gasthof Widmann neben der Kirche mit nettem Biergarten und sehr guter bayerischer Küche (Mi Ruhetag)

Information
www.gilching.de

Rechte Seite oben: An den schönsten Stellen stehen Aussichtsbänke bereit.

Im Westen von München wandern wir zwischen Geisenbrunn und Gilching auf ruhigen Wegen, auf denen wir viel über die Ortsgeschichte erfahren, über weite Felder. Dabei kann man kaum glauben, dass man so nahe der Großstadt München unterwegs ist. Mit zwei Aussichtspunkten ist sogar Panorama geboten, und überdies können wir gut einkehren.

Auf den Steinberg Wir starten am kleinen S-Bahnhof von Geisenbrunn. Wer an der südlichen Seite ausgestiegen ist, geht zur Brücke hinauf und wechselt zur nördlichen Bahnhofsseite hinüber, wo der Park-and-Ride-Parkplatz liegt (von dort starten die mit dem Auto Angereisten). Wir gehen nun möglichst in Gleisnähe nach Westen in den Erlenweg. Nach den Häusern wird dieser zu einem Feldweg, der uns herrlich verkehrsfrei über die

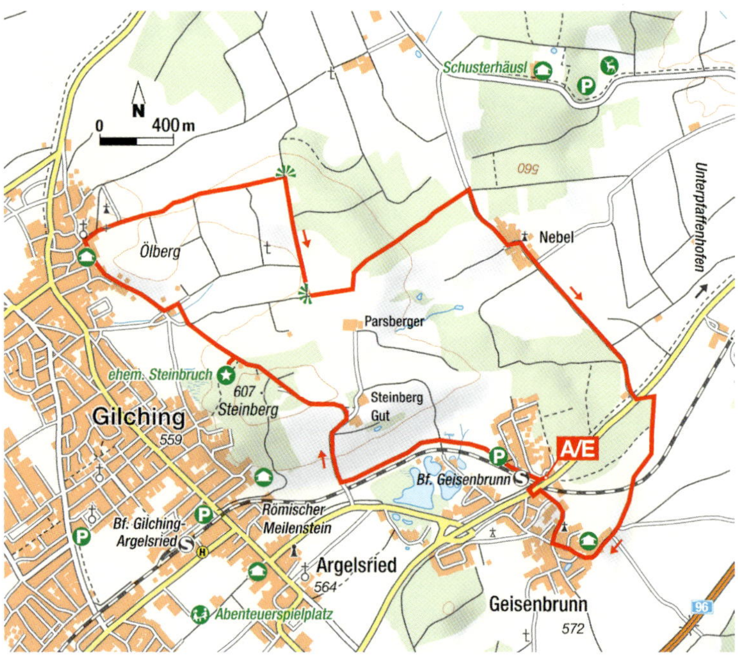

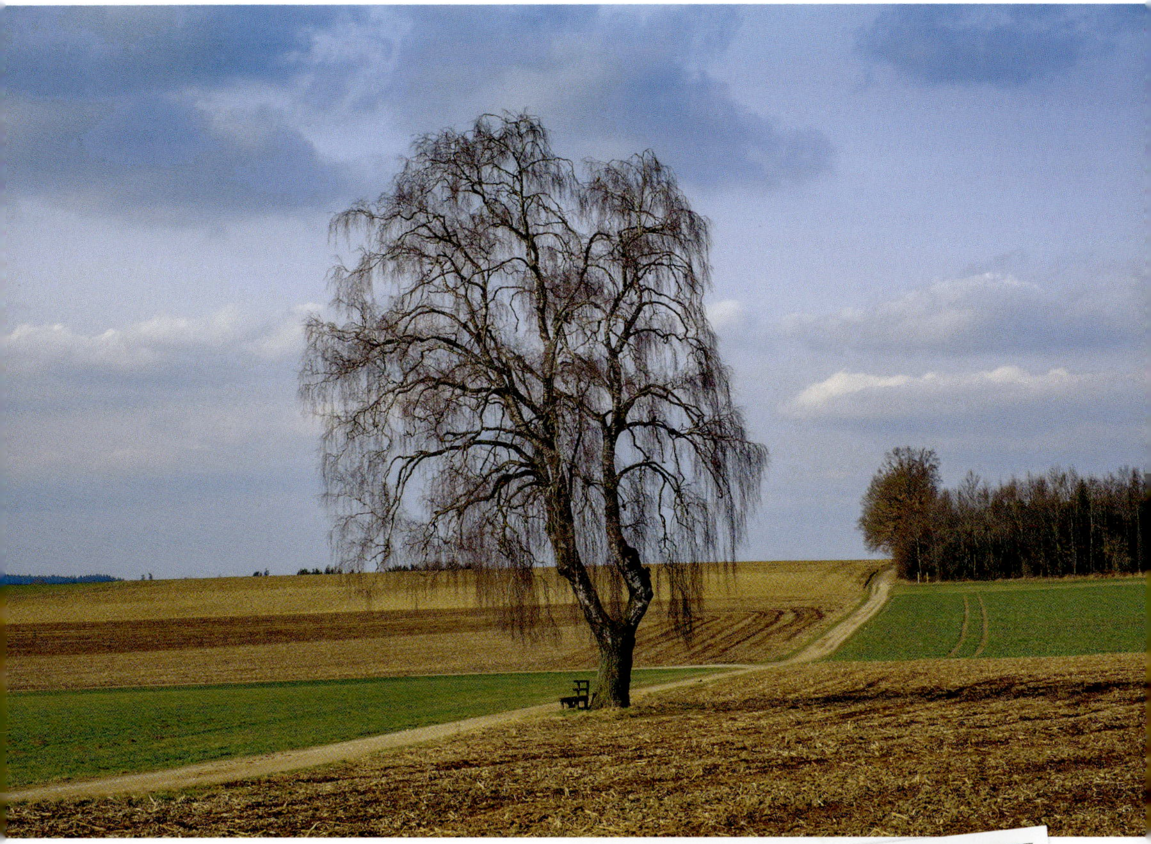

Felder führt. Schließlich erreichen wir eine weitere Brücke über die Bahn (erst nach der Unterführung!), wo es nach rechts aufwärts zum Gut Steinberg geht, dem ersten schönen Aussichtspunkt auf dieser Tour. Über Argelsried blicken wir von dort an klaren Tagen bis hinüber zu den Alpen. Eine Panoramatafel erklärt die wichtigsten Gipfel.
Hier am Steinberg treffen wir nun auch auf die ersten Wanderschilder der heutigen Tour: gelb, mit einem kleinen stilisierten Löwen, vom Verein Zeitreise Gilching e. V. in liebevoller Arbeit zusammengestellt. Wir folgen nun dieser Markierung zunächst weiter auf den Steinberg und laufen auf der Straße zunächst an den Häusern vorbei und dann nach links in den Wald hinein. Immer wieder stoßen wir

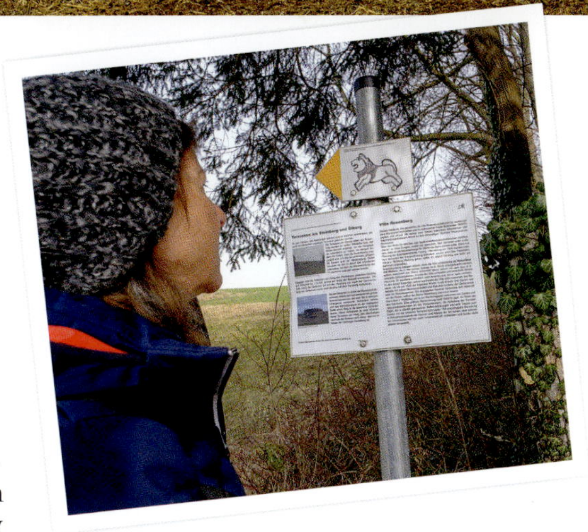

Der kleine Löwe auf den Wegweisern begleitet unsere Tour.

auf interessante Tafeln mit vielen Informationen zur hiesigen Ortsgeschichte und zu besonderen geologischen Gegebenheiten. Links von uns sehen wir ein Wasserreservoir und ein versteckt im Wald stehendes Privathaus. Irgendwo dahinter befindet sich mit 607 Metern der höchste Punkt des Steinbergs, der fast 100 Meter höher als der Münchner Marienplatz ist, aber keine nennenswerte Aussicht bietet.

Nach Gilching Spannender ist da die ehemalige, mittlerweile von vielen dicken Buchen bewachsene Sandgrube links von unserem Weg. Der einstige Mountainbike-Parcours sieht immer noch interessant aus, darf aber nicht mehr befahren werden. Leicht bergab verlassen wir den Steinberg und wandern an wilden Hecken vorbei, einem echten Vogelparadies. Wir queren die nächste Straße, und ein schmalerer Weg führt uns auf einem kleinen Damm an Zäunen vorbei, hinter denen das mittlerweile vom Aussterben bedrohte Coburger Fuchsschaf weidet.

In den nächsten Weg biegen wir dann links ein und erreichen so die ersten Häuser von Gilching. Jetzt geht es nach rechts in den Leitenweg, und wir passieren die malerische Rosenvilla mit ihren hübschen Türmchen. Auf der Straße erreichen wir schließlich die Kirche St. Vitus und den gegenüberliegenden einladenden Gasthof Widmann.

Gilching

Die Gilchinger St.-Vitus-Kirche war einst die Pfarrkirche des Orts und erinnert daran, dass Gilching auf eine lange Geschichte zurückblickt. Es fanden sich Siedlungsspuren aus der Bronzezeit, und hier lebten Kelten und Römer. Wann der Ort christianisiert wurde, konnte noch nicht geklärt werden. Sicher ist jedoch, dass um das Jahr 750 herum Kiltohahing, wie Gilching einst hieß, einer der wichtigsten Kirchenorte der Diözese Freising war. Im 12. Jh. ließ der adelige Priester Arnoldus für die Kirche eine Glocke gießen, die über alle Zeitenwirren hinweg bis heute erhalten geblieben ist und als eine der ältesten Glocken Deutschlands für jeden Besucher sichtbar am Chorbogen im Kirchenschiff hängt.

Drei Türme und ein Sternenhimmel Nach einer Besichtigung bzw. Einkehr machen wir uns auf den Rückweg und gehen von der Kirche St. Vitus auf der Schulstraße in Richtung Friedhof, der etwas erhöht oberhalb der Straße liegt und auf dem einst die Burg Gilching stand. Hinter dem Friedhof wendet sich die Straße nach links, wir jedoch bleiben geradeaus und wandern nun schnurgerade über die Felder. Weit ist die Sicht, wir sind

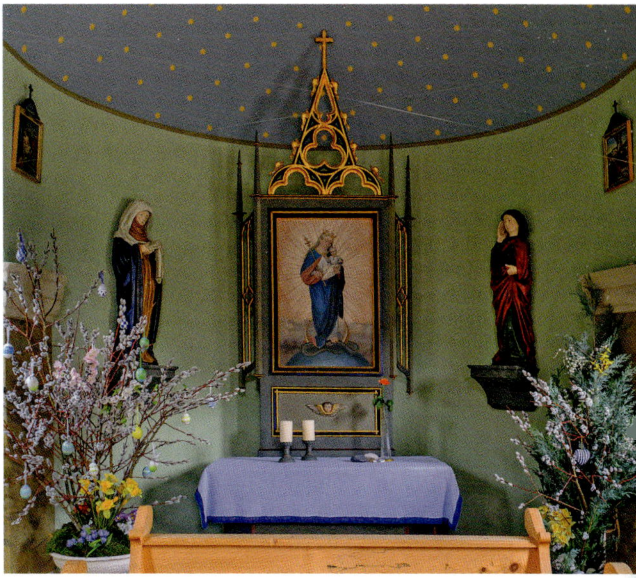

Die Hofmarkskapelle in Nebel

mitten im Grünen. Bis zum Waldrand folgen wir dem Feldweg und genießen von dort dann den sogenannten »Drei-Türme-Blick«: In nördlicher Richtung sehen wir die Kirchtürme von Holzkirchen, Alling und Eichenau. Für uns geht es hier nach rechts weiter, und bevor wir den querenden Feldweg erreichen, verführt uns eine wunderbare Aussichtsbank unter einer alten Birke zu einer weiteren Schaurast.

In den Feldweg biegen wir dann links ein, und kurz vor dem Pferdehof geht es für uns abermals nach links in den Wald, wo wir nun stets auf dem Hauptweg bleiben. Der Baumbestand entpuppt sich als äußerst abwechslungsreich: Alte und junge Fichten wechseln sich mit Buchen und Birken ab, und wir entdecken auch einige knorrige Eichen. Am Waldrand stoßen wir auf ein kleines Sträßchen, auf dem wir rechts schnell den Weiler Nebel erreichen. Wer Glück hat, kann einen Blick in die Hofmarkskapelle werfen, vielleicht ist sie geöffnet – ein bezauberndes Kleinod mit einer wunderschön bemalten Sternenhimmeldecke, wie man sie auch in Italien findet.

Zurück nach Geisenbrunn Für das letzte Wegstück bleiben wir der kleinen Straße treu, mit ein paar wenigen Autos oder Traktoren müssen wir dabei rechnen. Die Straße führt uns an einer uralten Eiche vorbei und mündet in die St 2068. Jetzt haben wir hoffentlich keinen starken Berufsverkehr erwischt und können die Straße gefahrlos queren. Auf der anderen Seite sind wir wieder auf einem Feldweg, dem wir nun am Hundeübungsplatz vorbei folgen. Bald queren wir die Gleise der Bahn und erreichen über die Kreuzlingerstraße wieder Geisenbrunn. Am Maibaum geht es rechts in den Kapellenweg, der uns zur Kapelle Maria Heimsuchung bringt, deren eigenwillige Bauweise ins Auge fällt. Der Straße weiter folgend, wird der Kapellen- in der Linkskurve zum Hirtackerweg. Auf ihm immer geradeaus laufend, kommen wir wieder zu den Gleisen und zur Staatstraße, die wir durch eine Unterführung queren und so wieder unseren Ausgangspunkt erreichen.

3 Westwärts von Wessobrunn

Die Berge immer fest im Blick

Mittel | 14 km | 120 Hm | 4.15 Std.

Tourencharakter
Etwas längere Rundwanderung auf Feld- und Waldwegen. Der Hinweg verläuft fast nur in der Sonne. Badesachen nicht vergessen. Kaum Beschilderung, erst am Rückweg!

Ausgangs-/Endpunkt
Gedenkstein »Wessobrunner Gebet« in Wessobrunn
GPS: 47.876837, 11.024325

Anfahrt
Bahn & Bus: Mit dem Zug nach Weilheim, weiter mit dem Bus bis Haltestelle Ortsmitte und dort die Tour beginnen
Auto: Wessobrunn liegt südwestlich von Dießen am Ammersee. Am ehemaligen Kloster gibt es einige ausgewiesene Parkplätze. Der Tourenausgangspunkt befindet sich an der Dorfstraße gegenüber der Klostereinfahrt, am Platz mit den großen Linden.

Einkehr
Das Gasthaus Seehäusl liegt am Engelsrieder See und serviert griechische Küche (April–Sept. kein Ruhetag, im Winter Mo geschlossen). Am Ende der Wanderung treffen wir in Wessobrunn auf den Gasthof zur Post (Mi Ruhetag).

Information
www.wessobrunn.de

Wessobrunn und sein Kloster werden viele kennen, und auch die Wanderung durch den Paterzeller Eibenwald ist nicht unbekannt. Aber kaum jemand weiß um die einsamen Wege westlich des Orts, die mit wunderbarem Bergblick über Felder und durch Moorlandschaft führen und uns zu einem verschwiegenen Waldweiher bringen, in dem man herrlich baden kann.

In den Schlittbachgraben Wir starten am Gedenkstein »Wessobrunner Gebet«, einem der ältesten poetischen Schriften in altdeutscher Sprache und dem ältesten deutschen Gebet überhaupt. Das Originalpergament aus dem 9. Jahrhundert befindet sich in der Münchner Staatsbibliothek – hier ist das Gebet in Stein gemeißelt auf dem Gedenkstein zu finden. Die drei altehrwürdigen Linden geben einen schönen Rahmen ab, und so beginnt diese

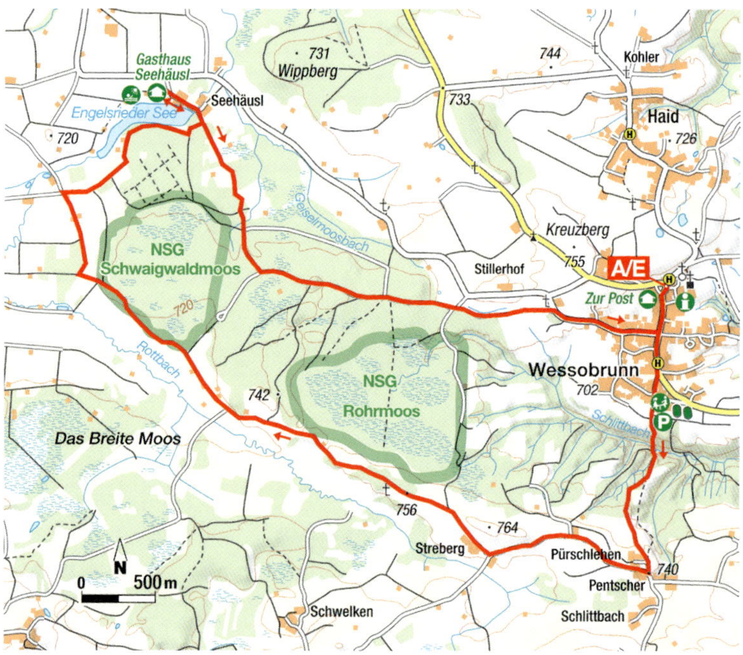

Wanderung gleich einmal mit einem literarischen Exkurs. Dann folgen wir der Dorfstraße, die eigentlich Zöpfstraße heißt, nach Süden. Wer keine Brotzeit dabeihat, kann sich noch in der Bäckerei Glöckler versorgen. Vorbei am Gasthof zum Löwen und der Bushaltestelle (an der alle mit öffentlichen Verkehrsmitteln Angereisten hinzutreffen), halten wir uns schließlich rechts in die Zimmermannstraße. Sie führt weiter Richtung Süden, und wo sie sich an einem großen Abenteuerspielplatz nach links wendet, bleiben wir geradeaus. Wir folgen den Beschilderungen des Jakobs- und des König-Ludwig-Wegs, die uns weiter geradeaus steil abwärts in den Wald führen. An der Talsohle angekommen, queren wir auf einem Steg den Schlittbach und steigen im Anschluss ebenso steil über Stufen wieder aus dem Graben heraus.

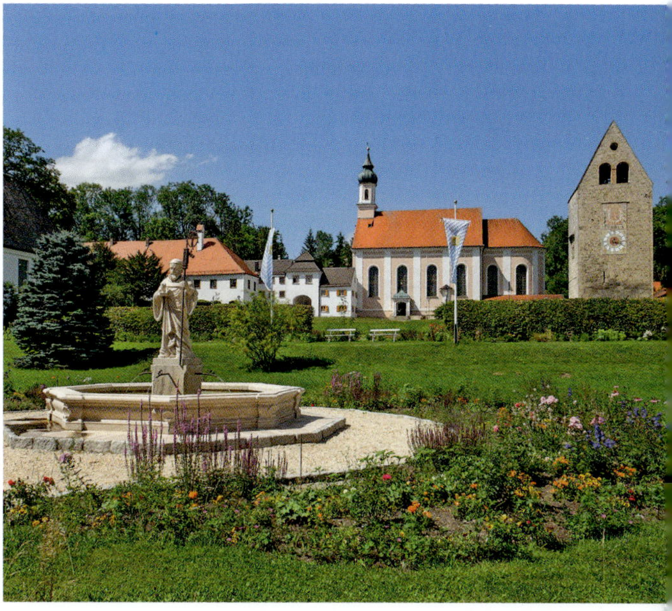

Markant ist der Graue Herzog, der alte Campanile neben der neuen Wessobrunner Kirche.

Wiesenwege mit Bergblick Schnell haben wir den gröbsten Anstieg geschafft und treten aus dem Wald an den Rand einer Wiese. An ihr entlang wird der Weg wieder breiter und führt uns am einsamen Hof Pürschlehen vorbei zu einer Straßenverzweigung. Ein uraltes Steinkreuz im Boden auf der rechten Seite zeigt, dass wir richtig sind. Hier verlassen wir nun den König-Ludwig- sowie den Jakobsweg und wenden uns nach rechts. Das kleine geteerte Sträßchen ist auf seiner nördlichen Seite von vielen alten Bäumen gesäumt. Einige trotzen dem Efeu, der an ihnen hochrankt. Auf der gegenüberliegenden Seite haben wir eine freie Sicht über die Felder. Der nächste Moränenhügelwall versperrt uns anfangs noch ein wenig den Ausblick auf die Berge, aber dieser wird im weiteren Verlauf immer besser.

Auf dem Sträßchen kommen wir nach Streberg, das nur aus einem Hof und zwei Häusern besteht. Hier biegt die Straße nach links ab; wir aber bleiben geradeaus, wandern auf den Hof zu und halten uns dann vorher rechts auf den Feldweg. So umrunden wir die Gebäude auf seiner Nordseite und sind dahinter auf einem Feldweg unterwegs.

Durch Feld und Wald Nun wird der Bergblick immer besser, und bald sehen wir bis weit in die Alpen hinein. Im Westen erkennen wir die Allgäuer Berge mit dem Grünten, in südlicher Richtung liegt der Peißenberg, den wir anhand seines kleinen Kirchleins am Gipfel gut ausmachen können. Der Feldweg gibt nun immer die Richtung vor, und so wandern wir abwechslungsreich durch verschiedene Waldabschnitte. Die Abzweigung nach rechts zurück nach Wessobrunn ignorieren wir, ebenso die bald folgende Abzweigung nach links Richtung Birkland. Wir nähern uns der Talsohle und erahnen links von uns den Rottbach, der jedoch nur zu hören ist. Es zweigt noch einmal ein Weg nach links ab; auch hier bleiben wir geradeaus. Links von uns befindet sich nun ein frisch abgeholzter Bereich, rechts von uns eine freie Wiese, an der wir schon am Horizont den Kirchturm von Rott erkennen. Wir erreichen den Waldrand und folgen dem Rechtsverlauf des Feldwegs. Kurz darauf geht es schon wieder geradeaus über die Felder, und einen Stadl passierend gelangen wir zu einer Wegkreuzung.

Die Quellen des Herzog Tassilo mit ihrem klaren blauen Wasser

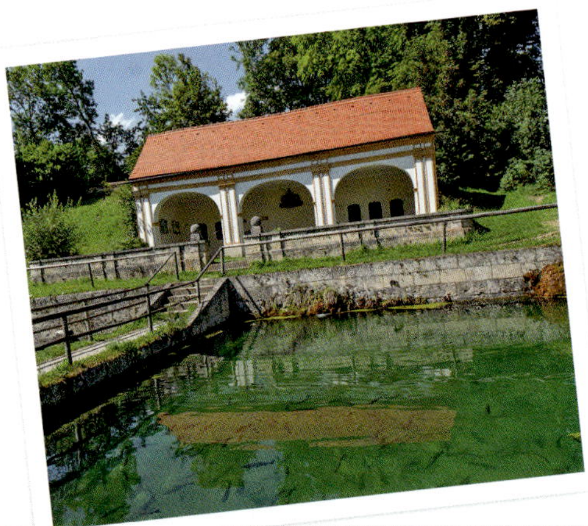

Wessobrunn

Das Kloster wurde der Legende nach vom letzten Agilolfinger-Herzog Tassilo III. im Jahr 753 gegründet. Der Herzog soll während der Jagd eine Nacht im nahen Wald verbracht haben. Dabei träumte er auf wundersame Weise von sprudelnden Quellen, die von Heiligen umringt waren. Natürlich ließ er am nächsten Tag danach suchen – und wurde fündig. Er verstand dies alles als göttliche Fügung und gelobte ein Kloster bei den Quellen zu errichten. So wurde das Kloster im 8. Jh. erbaut, wobei von den ursprünglichen Bauteilen durch die wechselvolle Geschichte nicht viel übrig geblieben ist. Die Quellen, heute barock gefasst, gibt es noch immer – wir finden sie hinter der Pfarrkirche St. Johannes am Fuß des Berghangs. Auffallend ist der »Graue Herzog«, der frei stehende romanische Campanile, der ursprünglich zur Klosterkirche gehörte, die sich auf dem freien Platz neben dem Turm befand, während der Säkularisation aber dem Erdboden gleichgemacht wurde. In der Nähe steht die barocke Pfarrkirche. Innen zeigt ein spätromanisches Kruzifix frühe Schnitzkunst, in der sich bereits die typische Steifheit des Körpers zu wandeln beginnt – es ist der klägliche Rest der einstmals an Kunstschätzen reichen Klosterkirche. Heute ist das Kloster an einen Naturkosmetik-Hersteller verpachtet, dessen Produkte man im Klosterladen erwerben kann.

Zum Engelsrieder See Hier biegen wir rechts ein und folgen dem nur für Anlieger freigegebenen Weg, der uns zum Waldrand bringt. Links von uns sehen wir bereits den Ausläufer des Engelrieder Sees in der Sonne glitzern. Am Waldrand halten wir uns rechts und wandern auf dem durch eine Schranke versperrten Waldweg bald am Südufer des Sees entlang. Der Weg mündet in einen weiteren Forstweg, nach rechts werden wir später den Rückweg fortsetzen. Jetzt gehen wir erst einmal nach links und erreichen bei einem kleinen Wehr den Moorsee. Einige wenige Häuser säumen sein Ufer. Die Badestelle liegt noch ein Stück weiter ab der Nordseite, direkt am kleinen griechischen Gasthaus Seehäusl, das sich hervorragend für eine Einkehr anbietet. Wir haben nun etwas mehr als die Hälfte der Strecke geschafft, sodass wir uns auch genussvoll für eine Pause auf die Wiese am Badeplatz legen können.

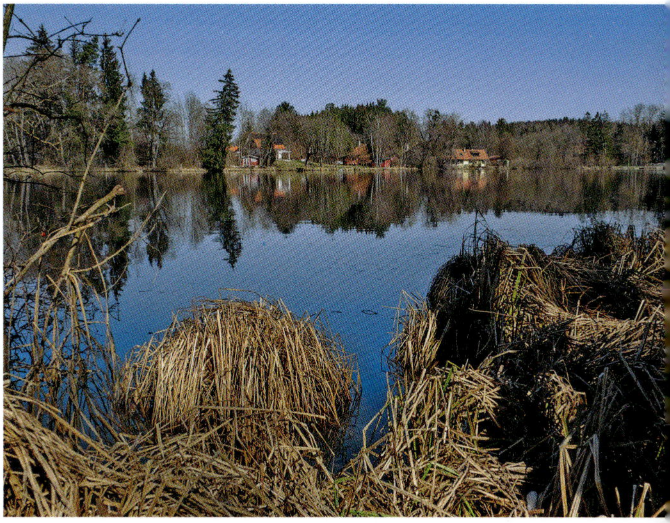

Das Südufer des Engelsrieder Sees ist sehr schattig und moorig.

Stille Waldwege Dann machen wir uns auf den Rückweg, gehen wieder über das Wehr am Ablauf des Sees in den Wald hinein und bleiben dann aber geradeaus auf dem Waldweg. Ab jetzt ist der Weg mit der Nummer »W3« gut beschildert. Zudem wandern wir immer auf dem Hauptweg in östlicher Richtung weiter und können uns so gar nicht verlaufen. Anfangs passieren wir noch zwei große Wiesen, die wie Almflächen aussehen. Danach ist es angenehm schattig. Erst zum Ende hin lichtet sich der Wald, und wir gehen am Waldrand entlang. Links von uns liegt über der Wiese der schöne Stillerhof, der einst zum Klostergut gehörte. Dann erreichen wir bei einem Bauernhof den Ortsrand von Wessobrunn, biegen in die Feichtmayerstraße rechts und laufen über sie zurück zur Zöpfstraße. Nach links sind wir kurz darauf wieder am Kloster Wessobrunn, das wir jetzt unbedingt noch besuchen sollten (s. Kasten). Direkt davor gibt es übrigens auch eine Bushaltestelle, sodass alle, die mit den öffentlichen Verkehrsmitteln angereist sind, vor der Rückfahrt ebenfalls noch in Ruhe das Kloster besichtigen können.

4 Zwischen Schongau und Peiting

Auf den Spuren der Römer am Lech

Mittel | 12 km | 300 Hm | 3 Std.

Tourencharakter
Längere Rundtour mit ein paar Steigungen im Hochuferbereich des Lechs. Meist auf Wander- und Feldwegen sowie wenig befahrenen Nebenstraßen. Die Pfade am Hochufer sind schmal, steil und von Wurzeln durchsetzt – nicht nach Regentagen zu empfehlen. Bademöglichkeit am Ende der Tour

Ausgangs-/Endpunkt
Lechbrücke in Schongau
GPS: 47.809387, 10.902695

Anfahrt
Bahn & Bus: Mit der Bahn nach Schongau und weiter zu Fuß auf der Bahnhofstraße in 8 Min. zur Lechbrücke
Auto: Von München auf der A 96 bis Ausfahrt Landsberg-West, weiter auf der B 17 nach Schongau und dort links Richtung Bahnhof/Peiting bis zur Lechbrücke bei der UPM-Papierfabrik. Parkplätze in der Lechuferstraße am Festplatz

Einkehr
Unterwegs keine; in Schongau mehrere Möglichkeiten, z. B. direkt am Marienplatz das Bistro Ballenhaus im Rathaus

Information
www.schongau.de

Obwohl Schongau eine Stadt mit langer Geschichte ist, kennt kaum ein Wanderer diesen Landstrich. Doch schon die Römer und Welfen siedelten hier an den Ufern des Lechs. Auf dieser Wanderung folgen wir ihren Spuren und freuen uns über das Alpenpanorama und so manches Gipfelkreuz, das auch ohne richtigen Berg auskommt.

Durch die Papierfabrik … Wir starten in Schongau an der Lechbrücke und queren den Fluss hinüber zur großen UPM-Papierfabrik. Gleich nach dem Fluss biegen wir rechts in die Friedrich-Haindl-Straße ein und dürfen uns dann nicht wundern: Der Beginn dieser Wanderung ist etwas seltsam, denn er führt als offizieller Wanderweg mitten durch das große Fabrikgelände. So schwenkt die Straße gleich nach der Querung der Bahngleise nach links und führt dann über den kleinen Werkskanal auf das Gelände der Papierfabrik. Uns stets auf der rechten Seite

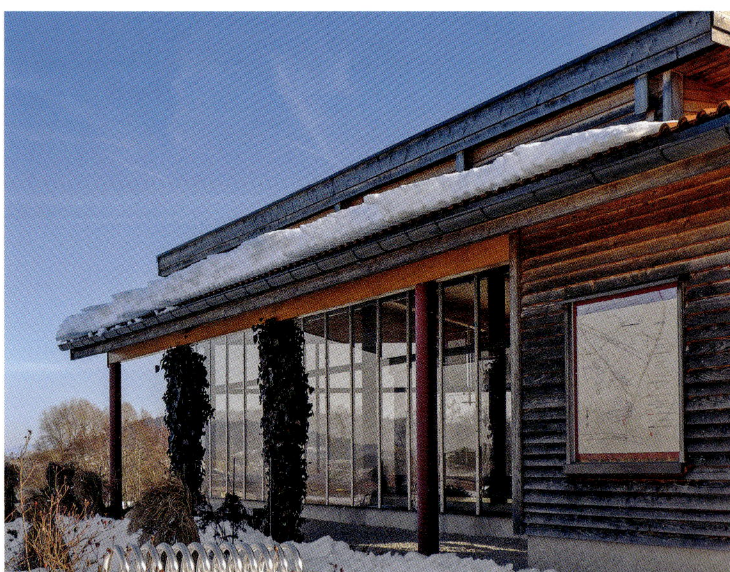

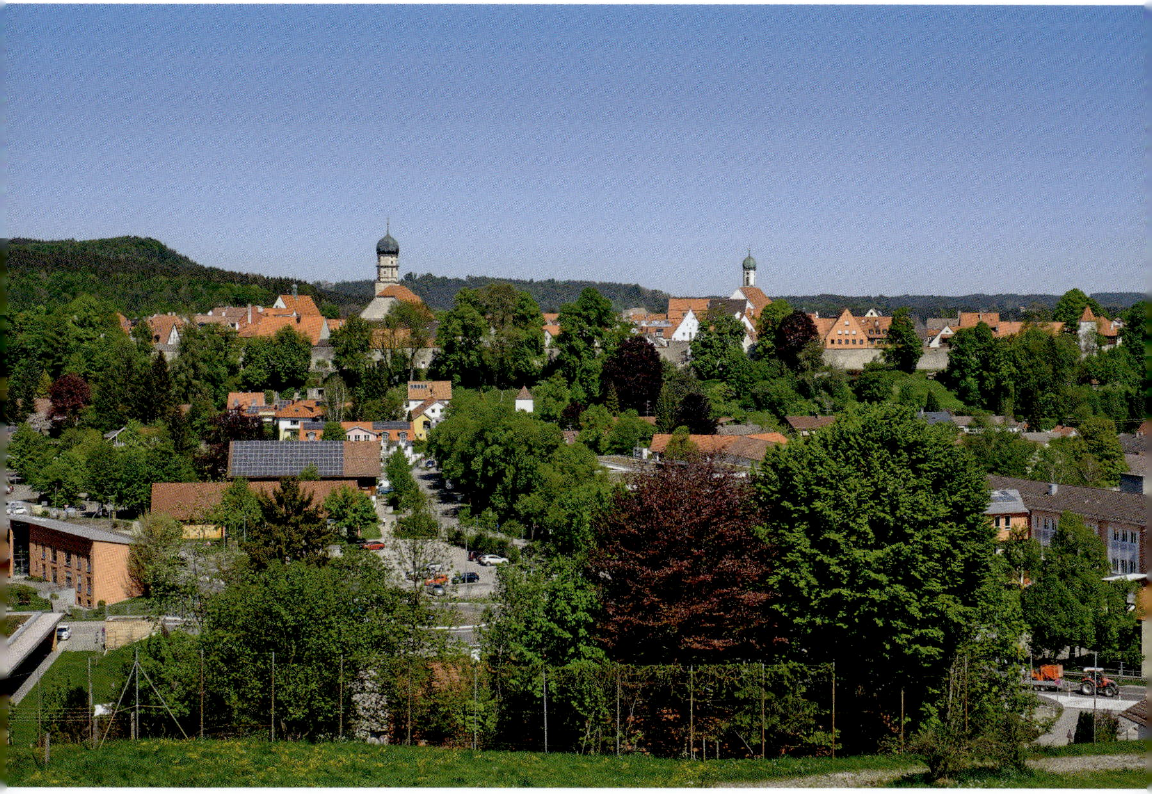

Die Altstadt von Schongau liegt auf einem Hügel.

Linke Seite: Zum Schutz der Ausgrabung wurde über die römische Villa Rustica ein modernes Haus gebaut.

der Straße haltend, gehen wir in südlicher Richtung zwischen den Hallen bis zum Ende des Werkgeländes. Dort teilt sich die Straße, und das Wanderschild »Schlossberg« weist uns nun links bergauf in den Wald. Ab hier ist unsere Wanderung über die gesamte Strecke hinweg mit einem quadratischen Schild, auf dem das Symbol einer römischen Säule und stilisiertes Lechwasser abgedruckt sind, ausgeschildert.

… auf den Schlossberg So steigen wir hinauf zum Hochufer des Lechs und verlassen bald den Wald auf eine sonnige Wiese. Links über uns sehen wir das Gipfelkreuz des Schlossbergs, zu dem wir mit einem Abstecher hinaufsteigen. Oben freuen wir uns über die weite Aussicht: Auf der einen Seite schweift der Blick über Peiting hinweg zu den Ammergauer Alpen und zum Wettersteingebirge, auf der anderen Seite sehen wir über den Lech. Um 1055 errichteten die Welfen, eines der ältesten Hochadelsgeschlechter Europas, auf dem Peitinger Schlossberg eine mächtige Burg, die ihr Herrschaftsgebiet am oberen Lech sicherte. Mehr

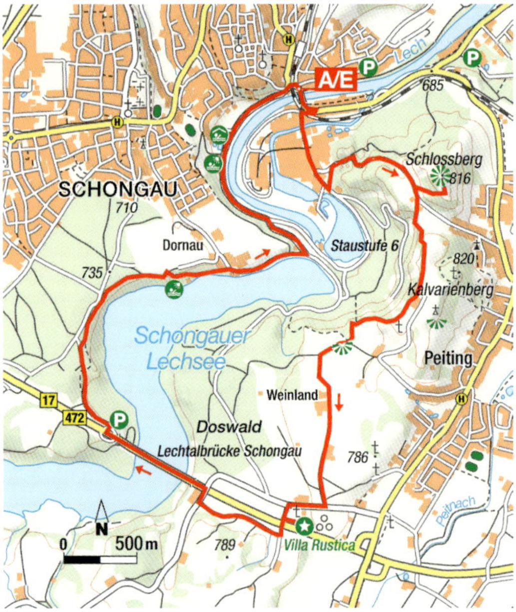

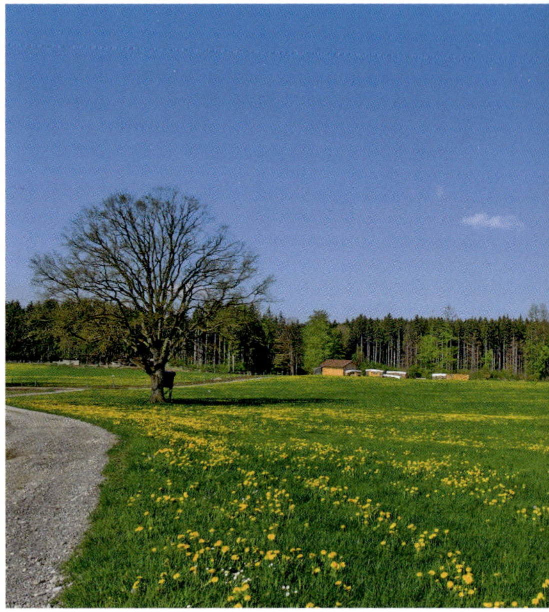

Nicht immer sind die Wege so flach wie hier bei Weinland.

darüber können wir bei der Infostation neben dem Gipfelkreuz nachlesen. Auf solche Stationen stoßen wir unterwegs noch ein paarmal – schön ist dabei, dass sich diese immer auch an Kinder richten und mit Rätseln die Wanderung abwechslungsreich gestalten.

Aussichtsreich zur Villa Rustica Vom Schlossberg wandern wir auf demselben Weg wieder hinunter und biegen kurz darauf an einer Scheune rechts auf einen Wiesenpfad ein. Er steigt an und führt an der steil abfallenden Hangkante entlang. Kleine Kinder gehören hier an die Hand genommen! Zwischen den Bäumen öffnen sich immer wieder Tiefblicke auf den Lechstausee. Oben angekommen, wandern wir am Rand einer lang gestreckten Wiese in südliche Richtung. Wie Almwiesen breiten sich die Felder vor unseren Augen aus, am Horizont stehen die nahen Allgäuer Berge. Einige Feldkreuze markieren besonders schöne Aussichtspunkte. Wir sind nun auf dem Kalvarienberg unterwegs und treffen auf weitere Themenstationen und den Aussichtspunkt »Lechstausee«. Ehe wir über den Pfad am Waldrand wieder absteigen, ziehen wir eine Pause in Erwägung – für uns ist dieses Aussichtsplateau einer der schönsten Flecken der Wanderung! Weiter unten stoßen wir auf einen Feldweg, dem wir nach rechts durch die Bauernhöfe von Weinland folgen. An der

Weggabelung nach den Höfen bleiben wir geradeaus und erreichen eine kleine querende Straße. Auf ihr geht es für wenige Meter nach rechts, dann statten wir nach links der frei zugänglichen Ausgrabung der Villa Rustica einen Besuch ab, die sich in dem modernen Infohaus befindet.

Finales Badeglück am Lechstausee Nach der Besichtigung geht es links auf dem Feldweg über die Bundesstraße. Gleich danach halten wir uns rechts und wandern parallel zur Schnellstraße, die wir kurz darauf nach rechts erneut queren. Über eine Schleife gehen wir unter unserer Straße hindurch auf die große Lechtalbrücke und auf ihr hoch über dem Wasser zum anderen Ufer hinüber. Dort laufen wir über den Parkplatz und dann am Waldrand entlang bis zur nächsten Weggabelung. Hier folgen wir für ein kleines Stück nicht unserem Wegweiser, sondern halten uns rechts, um direkt am westlichen Lechufer nach Schongau zurückzuwandern. Dabei ist es egal, ob man dem breiten Forst- und Radweg folgt oder auf den kleineren Pfad rechts davon ausweicht; dieser verläuft etwas wilder und romantischer entlang der Hangkante. Spätestens an einer weiteren Themenstation, wo uns erneut ein Wegweiser rechts auf den Pfad weist, biegen wir alle auf diesen ein. Er bringt uns an eine Wiese. Hier geht es nun rechts leicht bergab und dann, nach dem Lech-Aussichtspunkt, erneut rechts und steil abwärts in den Wald. Der Weg führt über Wurzeln und ist ein bisschen vertrackt – also langsam gehen.

Unten wird er wieder bequemer, und wir erreichen das Lechufer am Bootshaus Lido. Hier kann man im Sommer herrlich baden! Ab hier ist der Weiterweg nicht zu verfehlen: Vorbei am Yachtclub und der Lechstaustufe folgen wir der Lechuferstraße über die lange Linkskurve. Rechts von der Straße verläuft ein Fußweg. Mit Blick auf die Altstadt von Schongau erreichen wir vorbei am Eisstadion und dem Schwimmbad Plantsch wieder die Lechbrücke, von der aus wir gestartet sind. Wer jetzt noch etwas Zeit hat, sollte sich die Schongauer Altstadt ansehen.

Schongau

Eine typische mittelalterliche Handelsstadt, sicher auf einem Hügel gelegen und von einer Stadtmauer umgeben – das ist Schongau. Das gotische Ballenhaus auf dem weiten Stadtplatz erinnert an den einst blühenden Handel, der vor allem durch ihre Lage am nahen Lech die Stadt reich gemacht hat.

5 Rund um Polling

STOA169 und Doktor Faustus

Leicht | 8 km | 50 Hm | 2 Std.

Tourencharakter
Kurze und einfache Wanderung mit nur einer kleinen Steigung auf Feldwegen und einem kurzen Pfadabschnitt

Ausgangs-/Endpunkt
Klosterkirche in Polling
GPS: 47.811699, 11.131323

Anfahrt
Bahn & Bus: Mit dem Zug nach Weilheim und weiter mit dem Bus nach Polling bis zur Haltestelle Maibaum
Auto: Polling liegt südlich von Weilheim und ist über die B 2 bzw. die St 2058 gut zu erreichen. Parkplätze gibt es vor dem Kloster oder in der Probst-Gerloh-Straße am Tiefenbach.

Einkehr
Unterwegs keine; in Polling locken der Neuwirt oder das nette Café-Restaurant Alte Ziegelei nördlich des Klosters.

Information
www.polling.de

Für alle Wanderfreunde im Landkreis Weilheim ist Polling mit seinem STOA169 sicherlich kein Geheimtipp mehr – trotzdem ist dieses Kunstwerk noch sehr neu, und die wenigsten wissen, dass sich sein Besuch hervorragend mit einer kleinen Wanderung kombinieren lässt.

Polling und Dr. Faustus Ein Großteil unserer Wanderung führt heute auch über den Doktor-Faustus-Weg, einen literarischen Themenweg. Polling ist nämlich das fiktive Dorf Pfeiffering, also einer der Schauplätze in Thomas Manns Roman »Dr. Faustus«. An 13 Stationen kann man Texte und Erläuterungen zu diesem Roman nachlesen, stets an typischen Stellen, die sich im Roman identifizieren ließen. Thomas Mann kannte das Dorf Polling genau, denn der Nobelpreisträger verbrachte einige Male seinen Urlaub in dem oberbayerischen Dorf, das seinerzeit unter Künstlern sehr beliebt war. Auch seine Mutter lebte zeitweise hier, wobei es sicherlich nicht nur gute Erinnerungen an Polling gab: 1910 nahm sich seine jüngste Schwester Clara hier das Leben.

Rauschende Ammer und STOA169 Mit der Pollinger Klosterkirche im Rücken gehen wir geradeaus über den Tiefenbach und wenden uns unmittelbar danach nach rechts. Wir passieren das

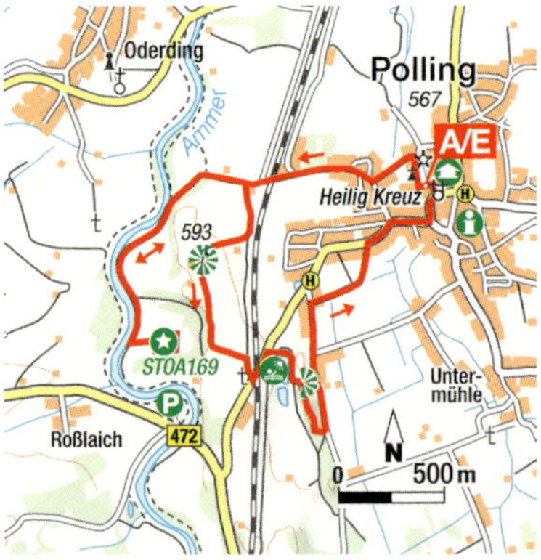

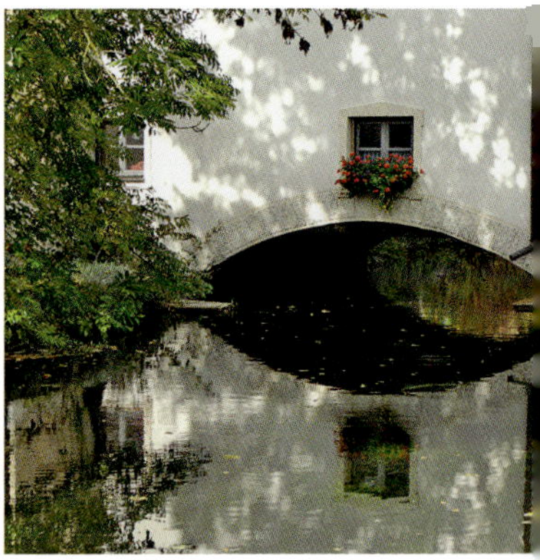

Der Tiefenbach fließt durch Polling.

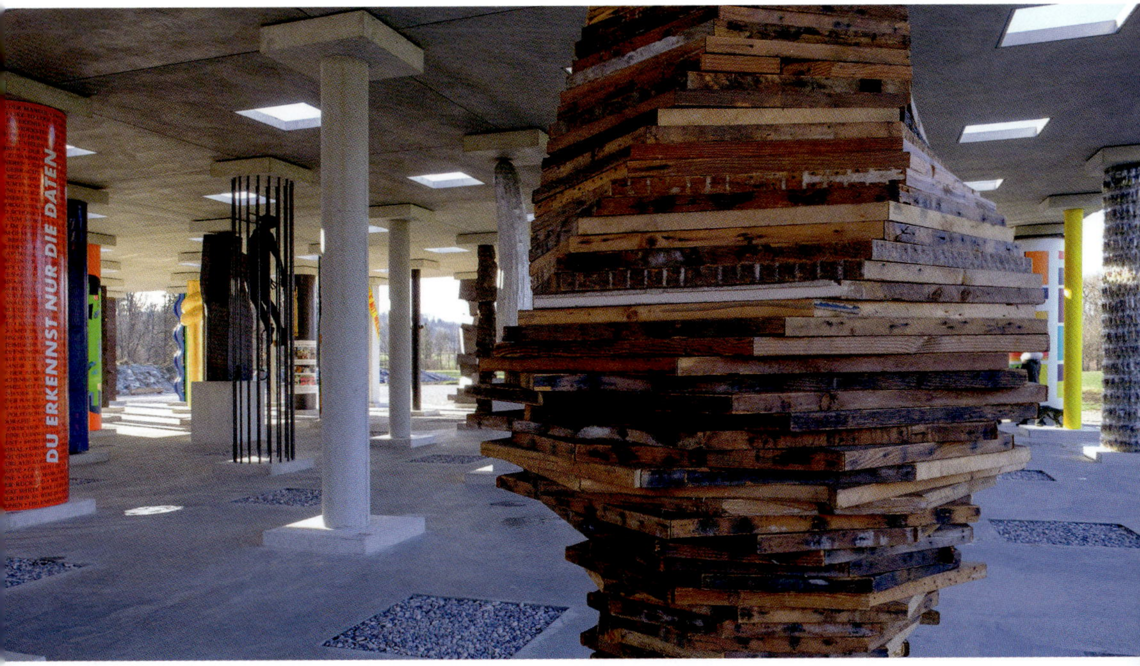

Immer neue Säulen entstehen am Kunstprojekt STOA169.

Wohnhaus, wo die Mutter des Schriftstellers Mann lebte und seine Schwester aus dem Leben schied. Dahinter erreichen wir die Tassilostraße, in die wir links einbiegen. An ihrem Ende geht es für uns rechts in die Bahnhofstraße. So stehen wir kurz darauf am Bahnübergang der Linie München–Garmisch. Die Schienen werden immer noch benutzt, aber schon seit 1984 hält kein Zug mehr am Pollinger Bahnhof. Wir queren nun die Gleise und folgen dann sofort dem Weg nach links. Er führt über Felder, und recht bald schon zweigt links der Doktor-Faustus-Weg ab. Hierher werden wir nach der Besichtigung der Säulenhalle zurückkommen. Vorerst aber bleiben wir geradeaus, passieren eine Scheune und wandern um ein Wäldchen. Dort treffen wir auf die Ammer, die wir nun flussaufwärts begleiten. Die Ammer, die südlich von Oberammergau aus mehreren Quelltöpfen gespeist wird, ist die Namensgeberin für den na-

STOA169

Eine offene Kunsthalle mitten in der Natur: Diese Idee stammt vom Pollinger Künstler Bernd Zimmer, der das Projekt anregte und mit viel Energie und Durchhaltevermögen umsetzte. Mehr als 100 KünstlerInnen aus aller Welt gestalteten jeweils eine Säule in dem einem griechischen Tempel nachempfundenen STOA. Diese kreative Wandelhalle ist als Ort der geistigen Begegnung zu verstehen, in der man sich herrlich inspirieren lassen und Kunst in ihrer ganzen Vielfalt genießen kann.

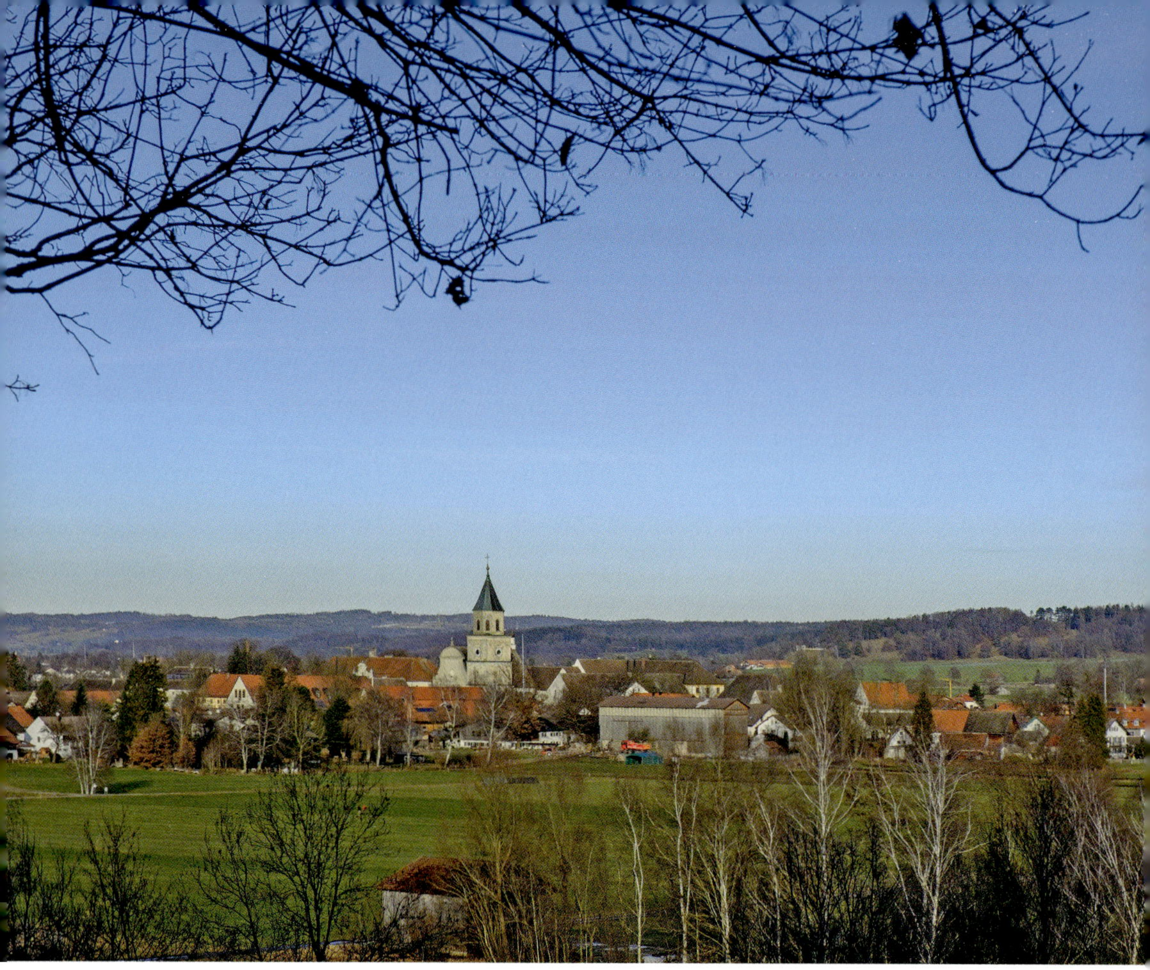

Vom Schafbichl hat man einen überraschenden Blick auf Polling.

hen Ammersee, den sie aber interessanterweise als Amper verlässt. Nach einer kleinen Baumreihe ist das Kunstwerk STOA169 nicht zu übersehen: Die Säulenhalle liegt unweit des Flusses mitten auf einer Wiese. Es macht Spaß, die einzelnen Säulen zu erkunden, und in der Zukunft werden auch noch weitere hinzukommen. Eine Spende ist gern gesehen, denn natürlich finanziert sich ein solches Highlight nicht von allein.

Über den Ammerberg Nachdem wir alles genau erkundet haben, wandern wir auf demselben Weg bis zur Abzweigung des Doktor-Faustus-Wegs unweit der Bahnlinie zurück. Jetzt geht es rechts auf das Feld und auf Wiesenwegen hinauf zum knapp 600 Meter hohen Ammerberg. Beeindruckend ist von hier oben die weite Sicht über das Dorf hinweg auf die nahen Alpen. Wer eine Brotzeit mitgebracht hat, findet bestimmt ein schönes Plätzchen am Wiesenrand, um die herrliche Kulisse zu genießen. Wieder abwärts, geht es auf dem Anrainersträßchen links zur

Bahn und dort nach rechts, um die Gleise zu queren. Ein kleiner Trampelpfad bringt uns neben der Straße zum schilfumrandeten Streicherweiher, der in Manns Roman als »Klammerweiher« erscheint.

Versteckte Schleichwege Wir wandern rechts haltend ein Stück um den Weiher, dann geht es auf Wurzelwegen links auf den kleinen bewaldeten Höhenrücken, den Schafbichl, hinauf. Die aussichtsreichen Schleichweglein sind immer noch unser Themenweg, und wir erhaschen zwischen den Bäumen immer wieder Blicke auf Polling. Schließlich wendet sich der Weg nach links und führt uns abwärts zu einem Feldweg. Diesem folgen wir nach links, vorbei an einigen Pferdeställen und Scheunen. Um nicht entlang der Ortsstraße gehen zu müssen, biegen wir auf Höhe der ersten Wohnhäuser rechts in den Feldweg ein und wandern so zunächst noch im Grünen weiter. Dann wendet sich der Weg nach links, und wir treffen auf die Dorfstraße. Wir folgen ihr nach rechts, bis wir den malerischen Tiefenbach erreichen. Von der Brücke genießen wir einen schönen Blick auf das Kloster und seinen Kirchturm, von dem uns nur noch wenige Schritte nach links trennen.

Polling

»Liberalitas Bavariae« prangt in goldenen Buchstaben über dem Kircheneingang. Der Sinnspruch dokumentiert die Freiheit des Denkens, die einst innerhalb der Klostermauern herrschte. Im Jahr 750 hielt Herzog Tassilo eine Hofjagd im Ammertal ab. Seine Hunde stöberten dabei eine Hirschkuh auf und verfolgten sie. Plötzlich blieb das Tier auf einer Lichtung stehen und begann, unbeeindruckt von seinen wütenden Verfolgern, mit den Vorderhufen den Boden aufzuscharren. Der Herzog ließ nachgraben und fand drei Kreuze und eine kostbare Reliquie. Da beschloss er, an dieser von Gott offenbarten Stelle ein Kloster zu errichten, in dem die heiligen Gegenstände verehrt werden konnten – so berichtet es die Gründungslegende des Klosters Polling.

Das Zentrum des Hochaltars der Pollinger Klosterkirche ist ein großes Kreuz, der Legende nach eines der Kreuze, die damals der Agilolfinger-Herzog gefunden hatte. Wir können das Kircheninnere durch ein kunstvoll geschmiedetes Gitter betrachten. Im barock gestalteten Kirchenschiff wurden die Decken und Wände mit zartrosafarbenem Wessobrunner Stuck von Josef Schmutzer ausgeschmückt. Die Figuren stammen von keinem Geringeren als Johann Baptist Straub und zeigen die Stifterfiguren Heinrich und Kunigunde.

6 Nußberger Weiher und mehr

Abwechslungsreich durchs Hinterland

Mittel | 16 km | 150 Hm | 4 Std.

Tourencharakter
Längere, wenig ausgeschilderte Wanderung, vorwiegend auf Forstwegen und über kaum befahrene Nebenstraßen. Die Wegabschnitte durch die Moore können feucht sein.

Ausgangs-/Endpunkt
Gasthaus Zur Quelle in Magnetsried
GPS: 47.825742, 11.234160

Anfahrt
Bahn & Bus: Mit dem Zug nach Penzberg oder Weilheim und weiter mit dem Bus nach Magnetsried bis Haltestelle Ortsmitte
Auto: Magnetsried liegt an der St 2064 zwischen Seeshaupt und Weilheim. Wanderparkplatz direkt hinter dem Gasthaus Zur Quelle

Einkehr
In Bauerbach gibt es das hervorragende Gasthaus Steidl mit typisch bayerischer Küche und einem legendären ofenfrischen Krustenbraten – sogar das Hausbrot ist hier selbst gebacken (Mo Ruhetag). In Magnetsried das Gasthaus Zur Quelle (Do Ruhetag)

Information
www.seeshaupt.de;
www.pfaffen-winkel.de

Während sich am Starnberger See viele Freizeitsportler tummeln, ist es wenige Meter weiter im Hinterland einsam und still. Diese ausgedehnte Wanderung führt westlich von Bernried durch ein bezauberndes Moor zu dunklen Weihern und durch lichte Wälder zu einem wunderbaren Naturschutzgebiet.

Über die Hübschmühle nach Jenhausen Wir starten an der Hauptstraße in Magnetsried vor dem Gasthaus Zur Quelle und folgen für ein kurzes Stück dem Fußweg entlang der Ortsdurchgangsstraße. Bei der ersten Möglichkeit biegen wir links ab und wandern deutlich ruhiger über die Felder. Kurz bevor wir das nächste Haus erreichen, geht es rechts (Schild »Jenhausen«) durch einen kleinen Hain, und wir kommen zur Hübschmühle. Geradeaus auf der kleinen Straße steuern wir nun direkt Jenhau-

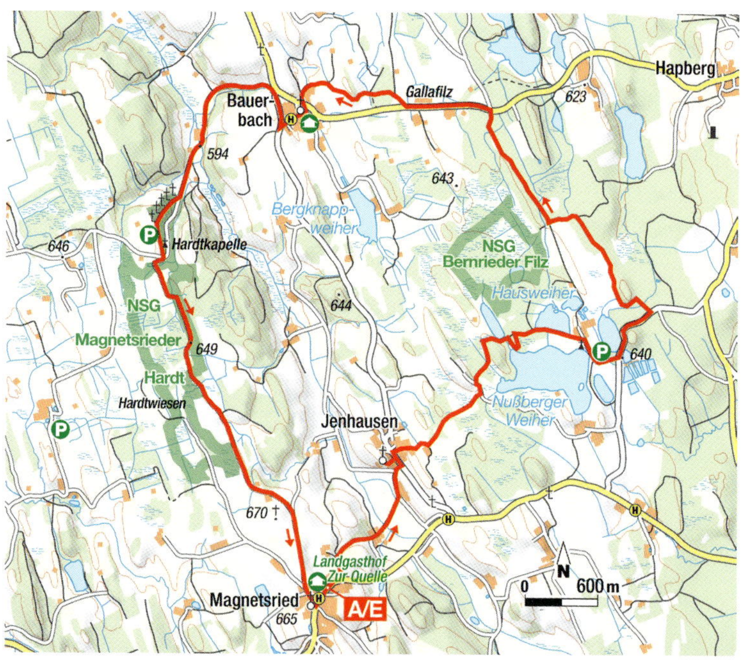

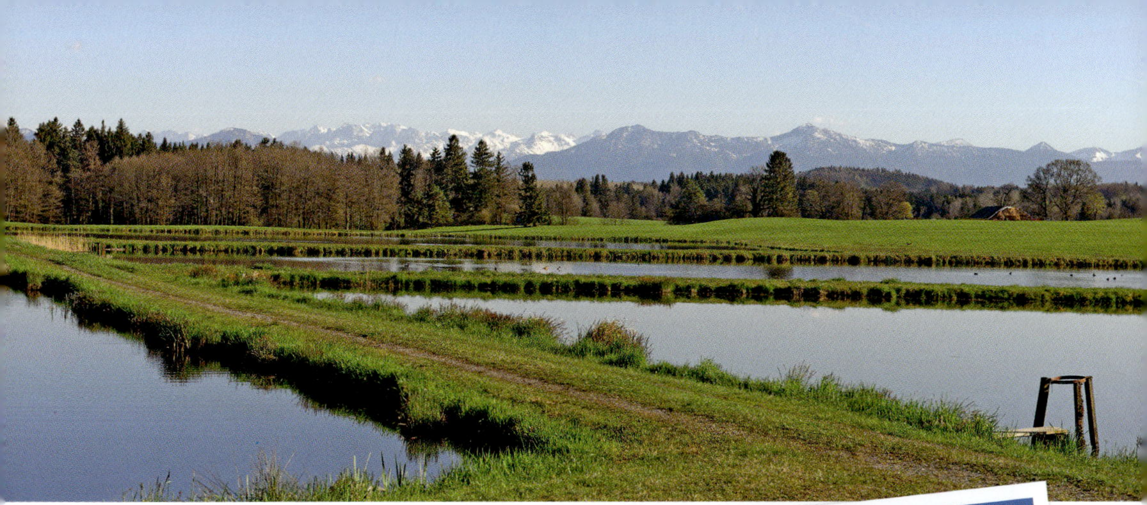

sen an. Der malerische Ort mit seiner erhöht liegenden Kirche ist schon von Weitem gut zu erkennen. Wer möchte, macht auf dem Weg dorthin einen kleinen Abstecher nach links zum Gotteshaus; oben auf dem Hügel ist die Aussicht bereits wunderschön, denn wir blicken direkt nach Süden auf die Berge. Ansonsten geht es nur noch ein kurzes Stück auf der Dorfstraße weiter, dann biegen wir rechts ab und folgen der Beschilderung Richtung Nußberger Weiher. Leicht bergauf verlassen wir Jenhausen und halten uns vor dem letzten größeren landwirtschaftlichen Gebäude geradeaus auf das Wiesenweglein. Es führt uns zuerst durch die feuchten Waldgebiete, die schon zum Nußberger Weiher gehören, und geht dann nach rechts in einen Holzbohlenweg über.

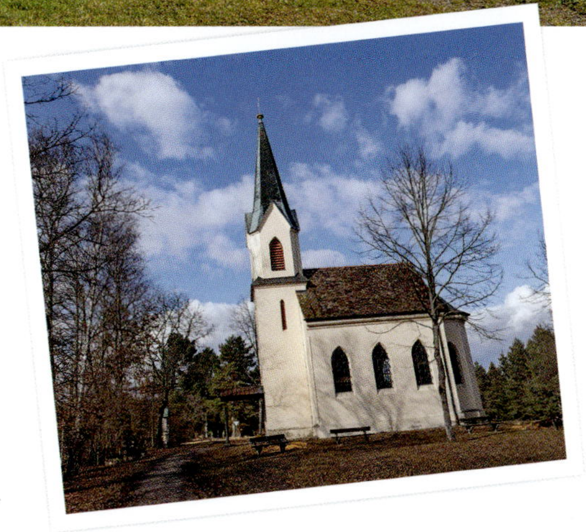

Die Hardtkapelle im Naturschutzgebiet Hardtwiesen

Ganz oben: Neben dem Nußberger Weiher gibt es auch noch viele weitere Weiher und Fischteiche.

Durch die Weiherlandschaft Dieser schöne Wegabschnitt endet an einem Feldweg, und vor uns sehen wir zwischen den Bäumen den Nußberger Weiher hervorblinken. Wir wenden uns aber nach links und halten uns dann rechts. Durch ein Waldstück und dann entlang des Waldrands erreichen wir zunächst den Neuer Weiher, der früher einmal mit dem Nußberger Weiher verbunden war. Geradeaus und leicht bergauf führt von der Senke der Weg weiter. (Alternativ können wir hier auch rechts auf einem Pfad zum Nußberger Weiher gehen und den Minihügel umrunden, aber das Ufer ist sehr zugewachsen und es eignet sich nicht zum Baden.) Dem Waldweg nach Osten folgend, passieren wir gleich darauf den Hausweiher und erreichen den einsamen Hof Nußberg. Für uns geht es nun nach rechts, vorbei an der Hofkapelle, von der wir noch einmal eine schöne Aussicht auf den Nußberger Weiher haben. Die Zufahrtsstraße führt uns zu einer kleinen Nebenstraße, und mit einem letzten Blick auf die Fischteiche halten wir uns auf dieser Straße nach links und wandern am Bernrieder Weiher vorbei in den Wald.

Auf Waldwegen Wir folgen der kleinen und wenig befahrenen Straße nur kurz, denn nach gerade einmal 400 Metern geht es für uns links in den Forstweg (Schild »Gallaweiher«). Jetzt wandern wir angenehm schattig relativ lange in nördlicher Richtung weiter durch den Wald. Der Weg verzweigt sich schließlich an einem Holzplatz, wo wir links auf den schmälsten und kleinsten Weg einbiegen, der nach wenigen Metern einen breiteren Forstweg geradeaus quert. Diese Stelle ist nicht beschildert und wenig sichtbar, aber schon nach wenigen Schritten erkennt man den Waldpfad wieder, der uns gleich darauf am Rand einer großen Wiese zu einem breiten Forstweg bringt. Diesem folgen wir nach rechts wieder relativ lange, bis der fast schnurgerade Weg in eine kleine Straße mündet.

Abstecher nach Weilheim

Nach der Wanderung kann man noch die kleine Stadt Weilheim besuchen. Sie war immer schon der wirtschaftliche Mittelpunkt des nördlichen Pfaffenwinkels und blickt auf eine lange Geschichte zurück. Die Altstadt umgibt eine gut erhaltene Stadtmauer, der Marienplatz mit dem alten Rathaus und vielen netten Straßencafés ist das Herz der Stadt.

Gallafilz und Bauerbach Ihr müssen wir nun ohne Fußgängerweg ein Stück nach links folgen – am besten und sichersten über den Wiesenrand. So kommen wir nach Gallafilz, das aus einigen wenigen verstreuten Höfen besteht. Kaum haben wir das Ende des Weilers erreicht, verlassen wir die Straße nach rechts auf den Feldweg und halten uns dann am Waldrand links, auf einen oft von Pferdehufen umgewühlten Waldweg. So erreichen wir ohne jeden Autoverkehr und bald über Wiesen den nördlichen Ortsrand von Bauerbach und laufen auf der Föhrenstraße, eine Autostraße querend, in die Ortsmitte.
Rechts durch die Dorfstraße gelangen wir zur kleinen Kirche und zum Gasthaus Steidl, das zu einer Einkehr lockt. Am Ortsende geht es wieder ein kleines Stück auf der Straße nach rechts, dann biegen wir noch vor der größeren Autostraße links

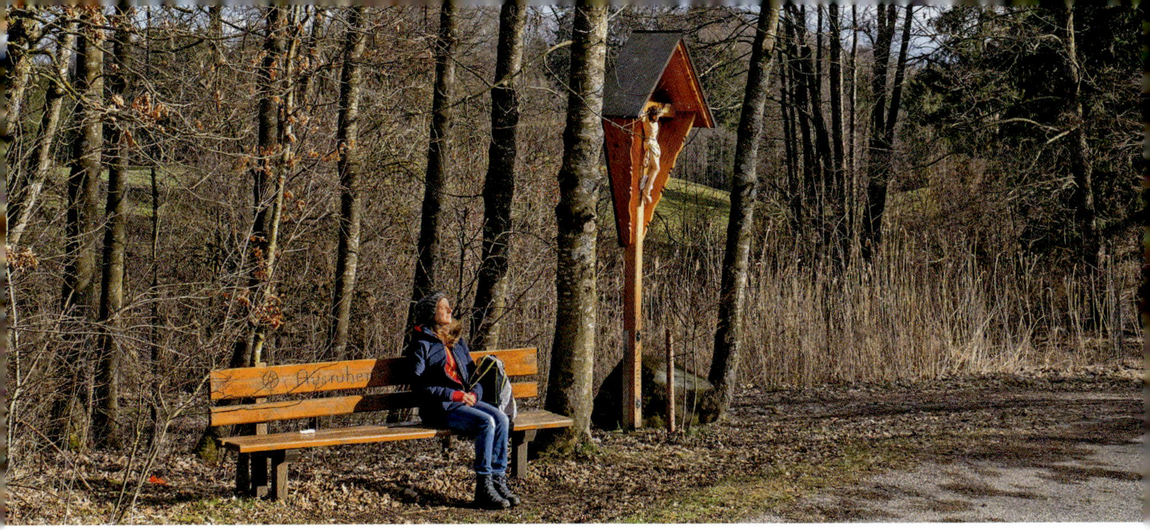

Die Wanderung lässt sich als sehr genussvoll bezeichnen.

in die nach Hardt beschilderte kleine Nebenstraße ein. Hier fahren zum Glück nur wenige Autos, dennoch müssen wir jederzeit mit Verkehr rechnen. Die kleine Straße ist jedoch recht malerisch und führt uns entlang von Bächen und Wiesen, die schon ein richtiges Berggefühl vermitteln.

Im Magnetsrieder Hardt Im Wald steigt die Straße leicht an, und wir weichen rechts auf einen sehr schönen und besinnlichen Kreuzweg aus, der uns bergauf und völlig einsam zur kleinen Kirche von Hardt bringt. Sie liegt idyllisch am Rand des Naturschutzgebiets. Eine schöne Sage rankt sich um ihre Entstehung, die wir an einem Infoschild nachlesen können. Hinter der Kirche überqueren wir den Parkplatz und alsdann die kleine Straße in einen Feldweg, der mit einem Radwegschild Richtung Magnetsried beschildert ist. Jetzt können wir uns nicht mehr verlaufen.
Für die nächsten drei Kilometer geht es nach Süden, mitten durch das Naturschutzgebiet Magnetsrieder Hardt. Im Frühsommer strecken die Sumpfgladiolen ihre pinkfarbenen grazilen Blüten in den weiß-blauen Himmel, und gelbe Iris geben sich ein Stelldichein. Zahllose Schmetterlinge und Libellen lieben die feuchten Wiesen, die leicht gewellt und mit sanften Buckeln das typische Landschaftsbild nach der letzten Eiszeit zeigen. Vereinzelt wachsen hier knorrige Kiefern und mächtige Eichen. Eine traumhafte Wegstrecke liegt so zum Abschluss dieser Runde vor uns, mit einem herrlichen Alpenpanorama, das wir fast auf dem gesamten letzten Wegabschnitt genießen dürfen. Dann erreichen wir Magnetsried und treffen dort an der Kirche wieder auf die Hauptstraße. Mit wenigen Metern nach links sind wir zurück an unserem Ausgangspunkt.

7 Grafenaschauer Rundweg

Glashütten und ein zauberhaftes Moor

Leicht | 6 km | 150 Hm | 1.45 Std.

Tourencharakter
Kurze und einfache Wanderung, am Beginn mit einem steileren Anstieg. Im Frühjahr oder nach Regen können die Wege im Moor feucht und nass sein.

Ausgangs-/Endpunkt
Kirche St. Wolfgang in Grafenaschau
GPS: 47.649672, 11.119271

Anfahrt
Bahn & Bus: Mit dem Zug nach Murnau und weiter mit dem Bus nach Grafenaschau bis Haltestelle Seniorenheim (am Dorfladen)
Auto: Grafenaschau liegt am westlichen Rand des Murnauer Mooses und ist erreichbar von Murnau Richtung Bad Kohlgrub; dort im Ortsteil Westried links abbiegen nach Grafenaschau. Einige Parkplätze in der Ortsmitte rund um den Dorfladen

Einkehr
Unterwegs keine; in Grafenaschau das Café Habersetzer mit toller Aussicht auf das Moos (Ostern bis Allerheiligen Mo/Di Ruhetage, außerhalb davon nur Sa/So geöffnet)

Information
www.murnau.de

Alternativ zum doch sehr beliebten Murnauer Moos gibt es den Glashütten-Rundweg in Grafenaschau, den man mit einem kleinen Exkurs in eine unbekannte, aber bezaubernde Ecke des Mooses kombinieren kann – definitiv ein Highlight!

Aus der Reihe getanzt Wir starten an der kleinen Kirche in Grafenaschau, der Station Nr. 1 des Themenwegs, und folgen zunächst der Ortsstraße weiter in Richtung Süden, wo wir sogleich auf die netten hölzernen Wanderschilder stoßen, die auf den Glashütten-Rundweg hinweisen. Wir biegen rechts in die Birkenallee ein und finden an der Straßengabelung mit der Straße Hansltrad schon die nächste Thementafel. Geradeaus würde der Glashütten-Rundweg eigentlich in der richtigen Reihenfolge der

Grafenaschau

1731 gründete ein Investor bei Grafenaschau eine Glashütte. Die Lage war ideal, denn einer der wichtigsten Rohstoffe zur Glasherstellung war Holz, um die Schmelzkessel zu befeuern – und das gab es am Hörnle in großen Mengen. Den Quarzsand lieferte Quarzbichl bei Beuerberg. 100 Beschäftigte arbeiteten für die Glashütte, mehr als die Hälfte davon waren Holzarbeiter. Glasmacher, -bläser und -maler stellten und verzierten Flaschen aller Art, aber auch Fensterscheiben her. 2000 Glasscheiben musste die Glashütte jährlich als Pacht an den Grundherren, das Kloster Ettal, liefern. In Ettal, aber auch in alten Häusern von Grafenaschau findet man immer noch Fenstergläser aus der Aschauer Glashütte. In der Dorfkirche St. Wolfgang hängt das schönste Erinnerungsstück an diese Zeit: ein filigraner Lüster, der beweist, dass man hier nicht nur Gebrauchsglas herstellte. 1890 wurde die Hütte geschlossen.

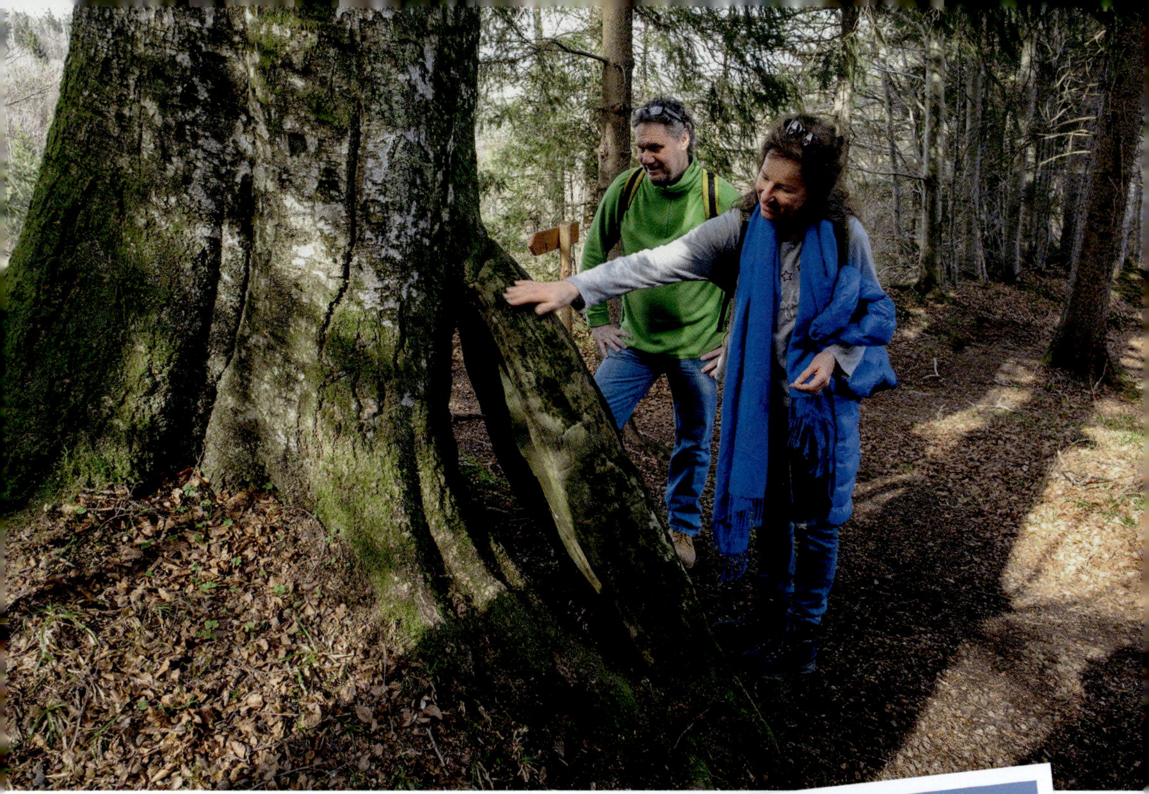

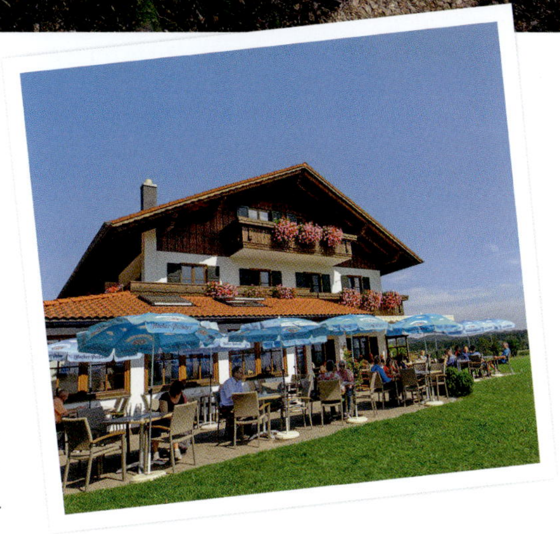

Auf dem Rückweg verführt der Kuchenduft aus dem Café Habersetzer zu einer Einkehr.

Ganz oben: Unterwegs gibt es viel zu entdecken.

Themenschilder weiter verlaufen – wir tanzen jedoch mal wieder aus der Reihe und wenden uns hier nach links auf den Hansltrad und laufen sozusagen in »falscher« Richtung weiter. Jedoch: Nur so lässt sich der Glashütten-Rundweg mit der Runde durch das Moor am besten kombinieren.

Aufwärts zum Aussichtspavillon Bevor die Straße den Wald erreicht, erblicken wir rechts oberhalb der Wiesen das kleine Schloss Grafenaschau mit seinem Zwiebeltürmchen, das von Emanuel von Seidl, dem berühmten Münchner Architekten u. a. des Gärtnerplatztheaters und des Elefantenhauses in Hellabrunn, entworfen wurde. Die Straße geht in einen Forstweg über und steigt steiler an. Kaum im Wald angekommen, verlassen wir den Hauptweg nach rechts in einen kleineren und weiterhin steil ansteigenden Karrenweg. Er führt uns zu einer ehemaligen Streuobstwiese, an deren oberen Rand wir schon den Aussichtspavillon sehen. Dieser ist schnell erreicht und bietet sich für eine erste Rast an. Der Blick schweift

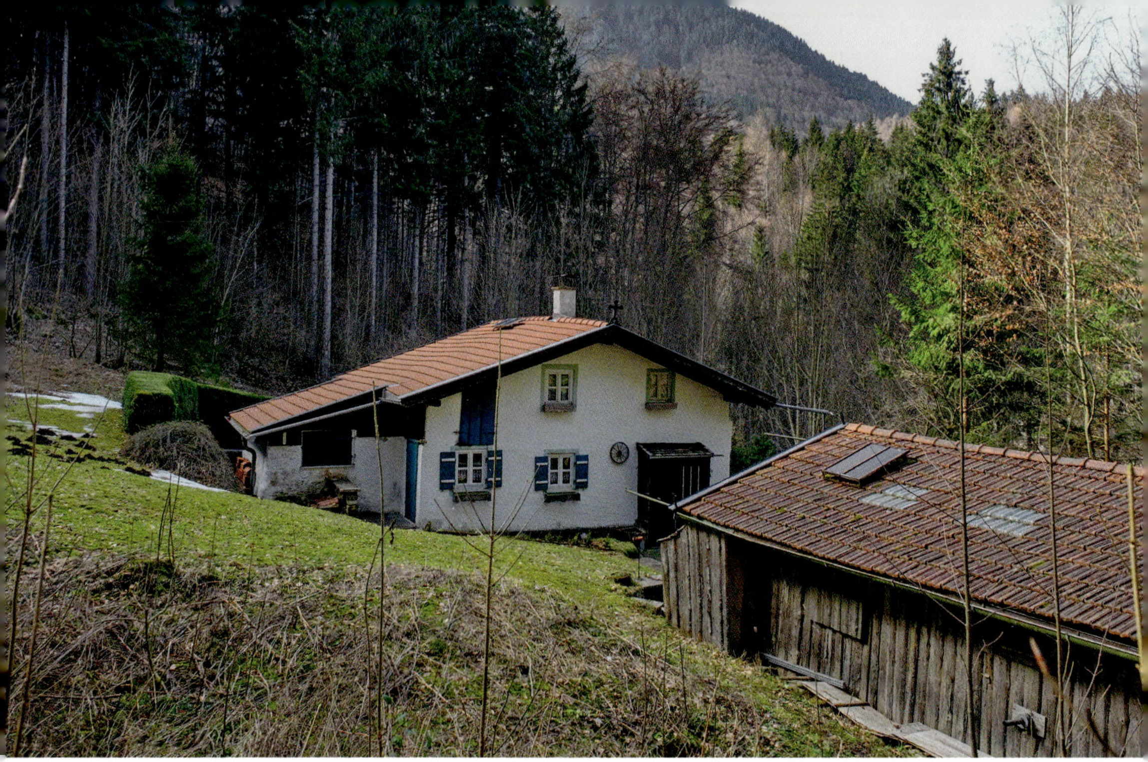

Versteckt liegt das Fuchsloch am Fuß vom Hinteren Hörnle.

von hier über Grafenaschau und Murnau mit den großen Moorflächen, und am Horizont erheben sich Heimgarten, Benediktenwand und die Ausläufer des Estergebirges.

Wanderpfade ins Fuchsloch Nach der kurzen Verschnaufpause biegen wir vor dem Pavillon rechts auf den Pfad ab, der nun gleich wieder im lichten Wald verschwindet. Bald wandern wir entlang einer Hangkante und bewundern die mächtigen alten Buchen, die mit ihren dicken und tiefen Wurzeln das Erdreich festhalten. Hinter dem Gedenkstein für die Frau des Glashüttenbesitzers (einer Steinplatte, die von den Wurzeln fest umwachsen ist) wendet sich der Weg scharf nach links, und wir steigen ins Fuchsloch hinunter, wo wir am Talboden das einsame einstige Haus eines Arbeiters erreichen. Das Fuchsloch war in vergangenen Zeiten einer der Standorte der Glashütte. Hinter dem Haus queren wir an der kleinen Kapelle nach rechts den Bergbach Lahnegraben und folgen dem breiteren Forstweg nach Norden.

Der Weg durchs Moor Nach wenigen Minuten erreichen wir eine Lichtung mit einem Lehrbienenstand, an der sich die Wege verzweigen. Der kürzeste Weg zurück nach Grafenaschau führt nach rechts und quert erneut den Bach. Wir wollen jedoch noch ins Moor und wählen daher direkt am Pavillon des Lehrbienenstands den Weg, der weiter nach Norden führt. Nach wenigen Schritten sind wir im Wald und biegen gleich links auf den kleineren Pfad ein, auf den nur ein kleines gelbes Wanderschild hinweist. Malerisch geht es jetzt leicht bergauf durch einen jungen Fichtenwald. Wir stoßen auf einen breiteren Forstweg, in den wir nach rechts einbiegen, nur um ihn nach ein paar Metern gleich wieder nach rechts auf einen schmäleren Weg zu verlassen.

Jetzt sind wir auf dem Moorweg angekommen und können uns nicht mehr verlaufen. Der Baumbewuchs wird mit jedem Schritt spärlicher, und links und rechts von uns liegen feuchte Wiesen, die durch einige Bächlein entwässert werden. Der Weg ist schmal und führt stellenweise über Fichtenrundlinge. Genau solche Wanderwege mögen wir am liebsten, da nehmen wir gern die eine oder andere Pfütze in Kauf. Schilf wächst an vielen Stellen, und dazwischen zeigen krüppelige Kiefern und krumme Fichtenbäumchen in den Himmel. Der Ausblick wird nun immer schöner, und Rastbänke locken zum längeren genussvollen Schaurasten. Wir sind im westlichsten Teil des Murnauer Mooses unterwegs, und viel zu schnell mündet dieser wunderbare Weg in einen Feldweg, dem wir nach rechts folgen (Schild »Grafenaschau«).

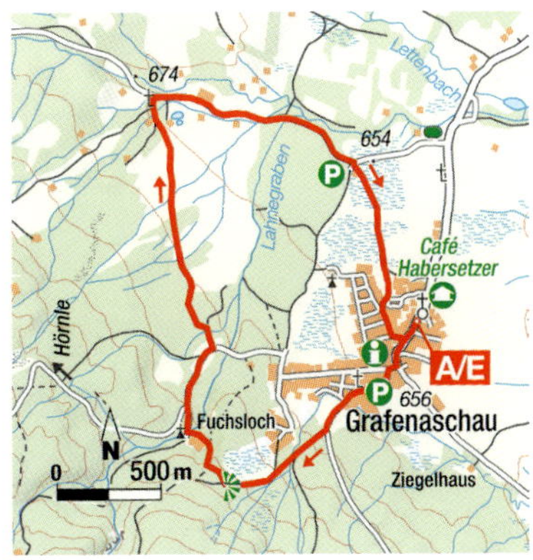

Ein Paradies für Biber Am letzten Abschnitt unserer Wanderung geht es zunächst begleitet von den Moorbächen über Felder. Bald erreichen wir ein Waldstück, das sich als wahres Biberparadies entpuppt: Zahlreiche Bäume sind von eifrigen Zähnen angeknabbert und teils schon umgeworfen worden. Die Biberdämme liegen direkt am Weg und stauen das Bachwasser zu kleinen Seen. So bilden sich Auwälder – sehr spannend zum Ansehen, auch wenn sich die nachtaktiven Nager selbst nicht blicken lassen. An einem Wanderparkplatz gelangen wir an den Waldrand und erneut zu einer Weggabelung. Dort bleiben wir geradeaus und wandern an der Ostseite des Hauses vorbei (Schild »Grafenaschau Ortsmitte«). Nun genießen wir die Sonne auf den letzten Metern über die Felder und erreichen alsbald den Ort auf dem Angerweg. Nach dem zweiten Bauernhof gibt es links einen Trampelpfad, mit dem wir direkt unseren Ausgangspunkt ansteuern können. Wer diesen übersieht, bleibt einfach geradeaus und hält sich an den nächsten Straßen links – so ist man ebenfalls schnell wieder bei der kleinen Kirche von Grafenaschau.

8 Zwischen Antdorf und Dürnhausen

Bayerische Frömmigkeit im Voralpenland

Leicht | 7 km | 100 Hm | 2 Std.

Tourencharakter
Einfache, sehr sonnige Wanderung mit zwei kleineren Anstiegen. Wenige Markierungen, dafür schöne Feld- und Wiesenwege

Ausgangs-/Endpunkt
Kirche St. Martin in Dürnhausen
GPS: 47.733006, 11.307697

Anfahrt
Bahn & Bus: Mit dem Zug nach Weilheim oder Penzberg und weiter mit dem Bus
Auto: A 95 bis Ausfahrt Sindelsdorf, weiter Richtung Murnau und 600 m nach der Autobahnausfahrt rechts nach Dürnhausen abbiegen. Es gibt keine offiziellen Parkplätze – bitte so parken, dass keine Ein- und Ausfahrten der Anwohner behindert werden!

Einkehr
In Antdorf Gasthof Petermichl (Mo/Di Ruhetage)

Information
www.antdorf.de

Begleitet von wunderbaren Ausblicken wandern wir über Moränenhügel zur wenig bekannten Wallfahrtskirche Frauenrain. Auf unserem Weg begegnen wir dabei der tief verwurzelten bayerischen Frömmigkeit in Form von Marterln, Gedenkstätten sowie Kirchen und Kapellen, deren Zauber man auch ohne religiösen Hintergrund versteht.

Nach Frauenrain Wir starten an der Kirche St. Martin in Dürnhausen und gehen auf der Hauptstraße in östliche Richtung. Nach ca. 100 Metern biegen wir links in den ansteigenden Berghofweg ein. Er führt in einer Rechtskurve bergauf und teilt sich. Wir halten uns links und steigen entlang einiger Kreuzwegstationen den Hügel weiter bergauf. Mit jedem Schritt wird die Aussicht schöner, wir müssen uns dafür nur ab und an umdrehen. An

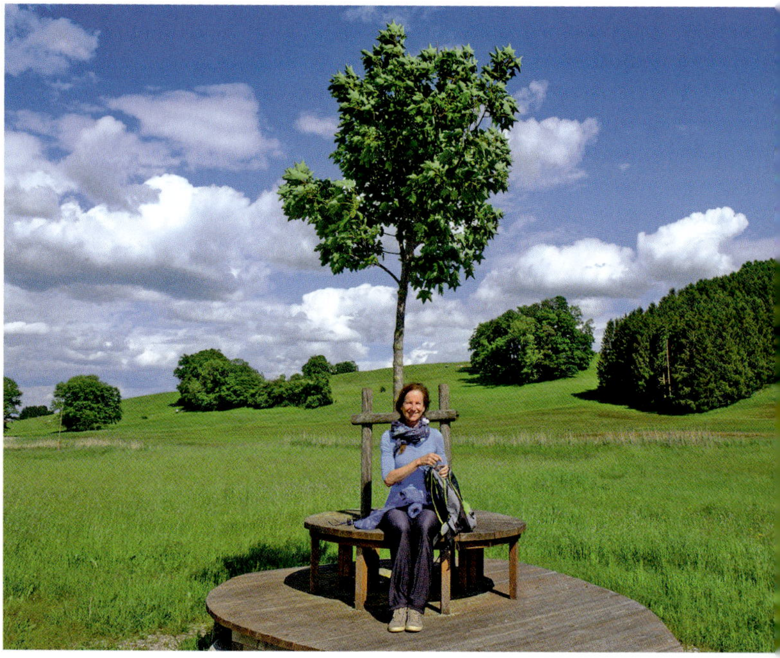

Zeitweise ist die Tour identisch mit dem Kapellenweg.

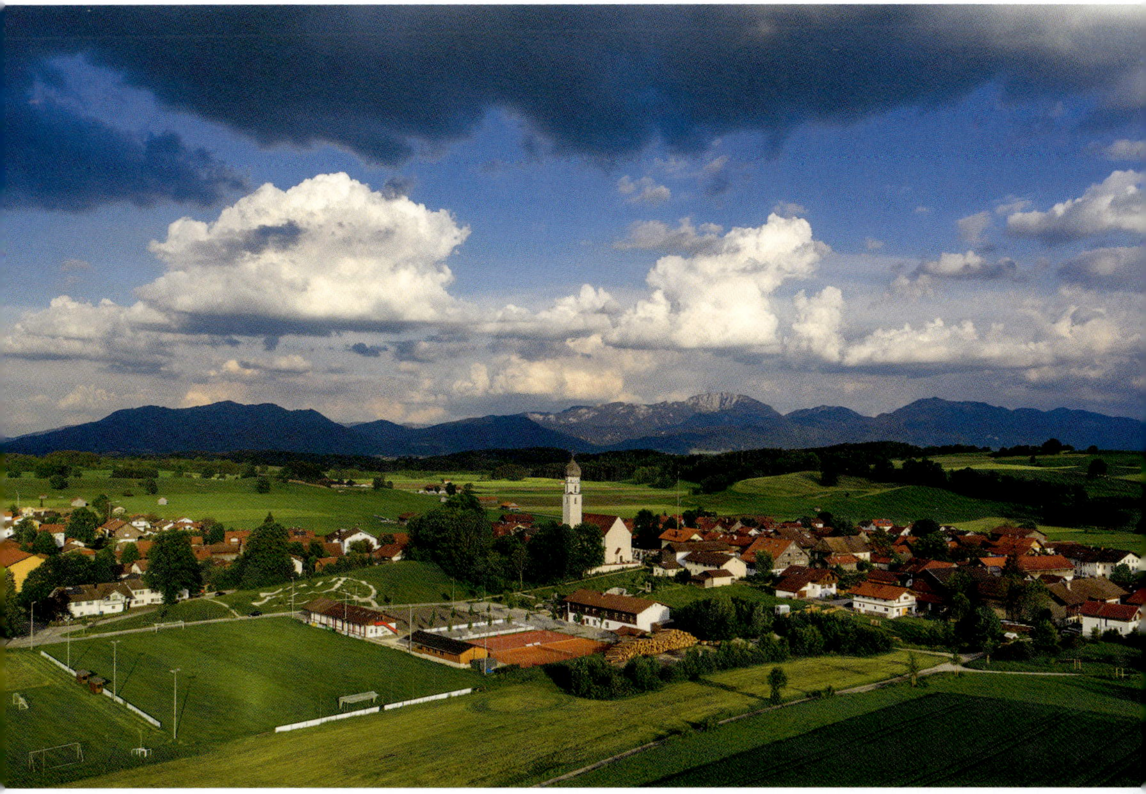

einer Scheune haben wir den ersten Aufstieg fast schon geschafft; wir halten uns rechts und wandern nun nach Norden weiter. Der Weg senkt sich langsam, wird schlechter und verschwindet dann fast. Er führt rechts an einer kleinen Baumgruppe vorbei, wird wieder angenehmer zu gehen, und wir erreichen den kleinen Weiler Frauenrain.

Wer möchte, kann die Tour auch in Antdorf starten.

Dort besuchen wir als Erstes die kleine Kirche, die nicht nur eine kunsthistorische Besonderheit, sondern auch ein kleiner Wallfahrtsort ist. Bereits im 11. Jahrhundert urkundlich erwähnt, ist sie eine der ältesten Kirchen im Landkreis. Ihr Äußeres weist auf romanische Ursprünge hin, eine Seltenheit im barocken Oberbayern. Aber ganz ohne Prunk und Pracht kommt auch dieses Gotteshaus nicht aus: Innen wurde es um 1720 herum dem Zeitgeist entsprechend barockisiert. Bis heute wird in den umliegenden Pfarrgemeinden die Wallfahrt zu dieser Kirche aufrechterhalten. Vor allem im Mai kommen die Pilger hierher zur Marienverehrung.

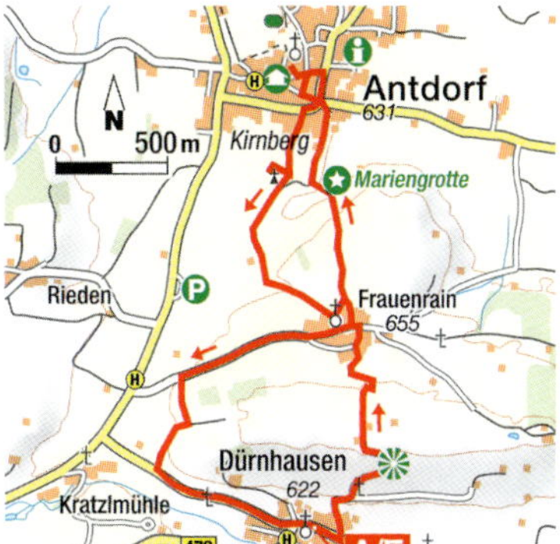

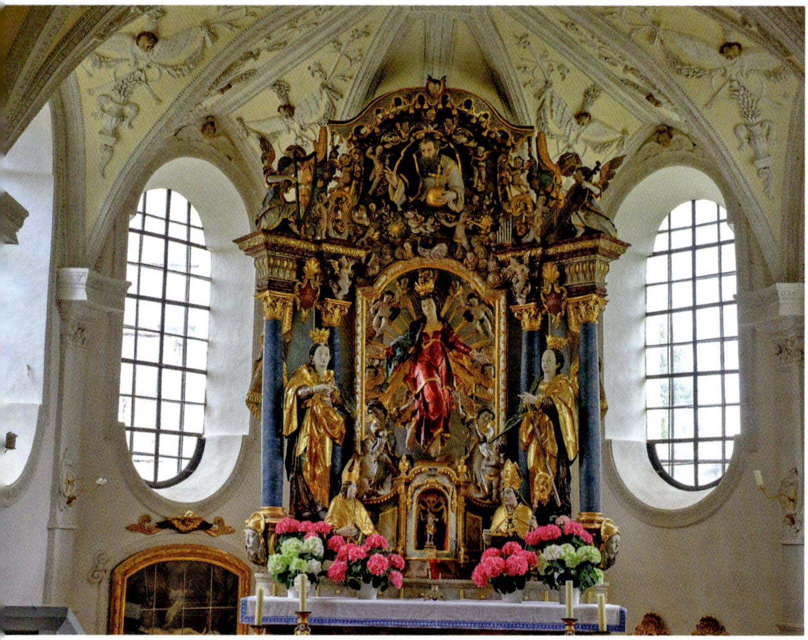

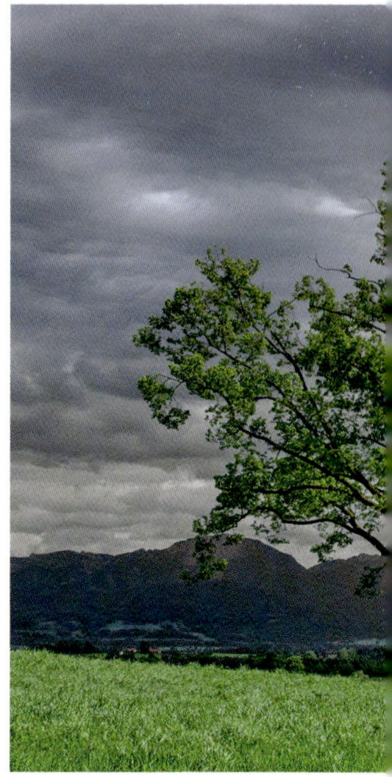

Geradezu himmlisch ist die Kirche Maria Himmelfahrt in Frauenrain.

Rechts: Beim Aufstieg von Dürnhausen

Antdorf und die Kirnbergkapelle

Für den Weiterweg gehen wir wenige Schritte auf demselben Weg zurück und biegen dann nach dem Bauernhof links ein. Erneut geht es aufwärts, und am Scheitelpunkt, dem Rainerbichl, sehen wir im Norden bereits Antdorf. Wir sind nun auf der Betbichlrunde unterwegs, einem Spazierweg, der normalerweise in Antdorf startet. Abwärts erreichen wir zunächst eine aufgestellte alte Glocke, die ursprünglich in der Antdorfer Kirche die Stunden schlug. Etwas tiefer stehen wir dann vor einer kleinen Mariengrotte, erneut ein Andachtsort und ein Beleg dafür, dass wir im Pfaffenwinkel unterwegs sind.

Am nächsten größeren Feldweg hinter der Kirche halten wir uns rechts; zu unserer Linken sehen wir die Kirnbergkapelle, die wir aber erst am Rückweg besuchen. Zunächst geht es nach Antdorf hinein. Das hübsche Dorf lockt mit der Pfarrkirche

Pfaffenwinkel

Irgendwie klingt der Name Pfaffenwinkel nach dem Paradies auf Erden. Jedoch: Wo liegt dieses? Landesgrenzen gibt es nicht und einen Staat erst recht nicht. Also legen wir es einfach fest, und zwar mit dem Lech im Westen, den Alpen im Süden, der Loisach im Osten und den großen Seen im Norden. Zwölf Klöster gab es einst in diesem Bereich und mindestens vier große Wallfahrtsorte. Für alle galt der Satz: »Unterm Krummstab ist gut leben«, der von den Klöstern auch den Untertanen auferlegt wurde.

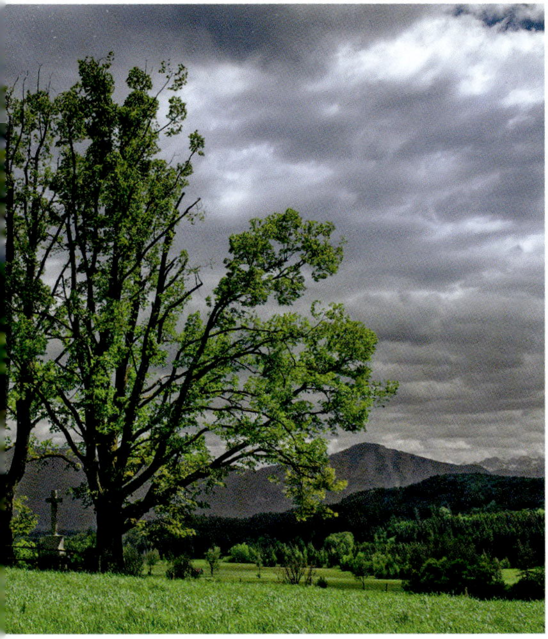

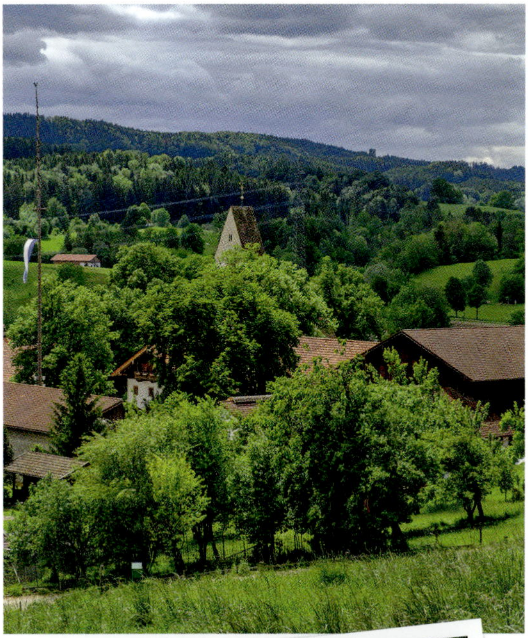

St. Peter und Paul und der guten Verköstigung im Gasthof Petermichl. Nachdem wir uns umgesehen haben, verlassen wir Antdorf und gehen von der Hauptstraße weg links in den Kirnbergweg. Jetzt wandern wir wieder nach Süden und steuern direkt die Kapelle auf dem Hügelchen an. Auch sie ist ein wahres Schmuckstück, und wer eine Brotzeit mitgebracht hat, findet hier mit bester Aussicht ein ruhiges Plätzchen unter den ehrwürdigen alten Bäumen.

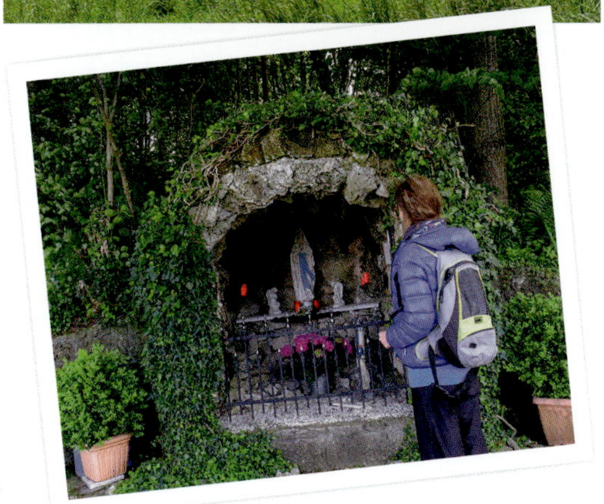

An der Lourdeskapelle

Ganz oben: Dürnhausen ist ein ganz kleines Dorf.

Über den letzten Hügel Wir steigen wieder hinab und halten uns nun rechts an der Baumreihe entlang. Dahinter stoßen wir auf einen Feldweg, der uns weiter in Wanderrichtung leicht bergauf zurück nach Frauenrain führt. Diesmal folgen wir dort der kleinen Dorfstraße nach rechts. Sie senkt sich leicht, und kurz bevor wir die größere Autostraße erreichen, biegen wir links in den Feldweg ein. Mit einem letzten kleinen Aufschwung queren wir wieder hinüber auf die Dürnhausener Hügelseite. Nun müssen wir nur noch der kleinen geteerten Straße ein Stück nach links folgen, und schon sind wir zurück bei der Kirche St. Martin.

9 Rund um Penzberg

Campendonk und Alpenblick

Leicht | 12 km | 50 Hm | 3.15 Std.

Tourencharakter
Längere Rundtour ohne größere Steigungen, zumeist auf Wander- und Feldwegen sowie auf wenig befahrenen Nebenstraßen

Ausgangs-/Endpunkt
Bahnhof in Penzberg
GPS: 47.749026, 11.372594

Anfahrt
Bahn & Bus: Mit dem Zug nach Penzberg
Auto: A 95 bis Ausfahrt Iffeldorf/Penzberg, in die Ortsmitte von Penzberg und zur Ampel an der großen Kreuzung, dort rechts zum Bahnhof fahren

Einkehr
Unterwegs keine; im Penzberger Stadtzentrum mehrere Möglichkeiten

Information
www.penzberg.de

Als allseits bekannten Naherholungsort kann man Penzberg sicher nicht bezeichnen, und auch optisch besitzt die Stadt wenig Charme. Aber genau das ist der Vorteil für diese Tour, denn wer Penzberg kennt, weiß seine Vorzüge sehr zu schätzen. Neben einer lebendigen Kunstszene gibt es traumhafte und einsame Wege zu erkunden.

Raus ins Grüne Vom Penzberger Bahnhof gehen wir zur Schranke am Bahnübergang und von dort auf der großen Bahnhofsstraße Richtung Stadtmitte. An der nächsten größeren Straße biegen wir rechts in die Ludwig-März-Straße und laufen das kurze Stück geradeaus zur Eisenbahnbrücke, die hier die Ludwig-März-Straße quert. Unmittelbar davor wenden wir uns links in die Südstraße. An deren Ende halten wir uns weiter geradeaus und kommen zum Waldrand, wo ein kleiner Pfad beginnt. Wir

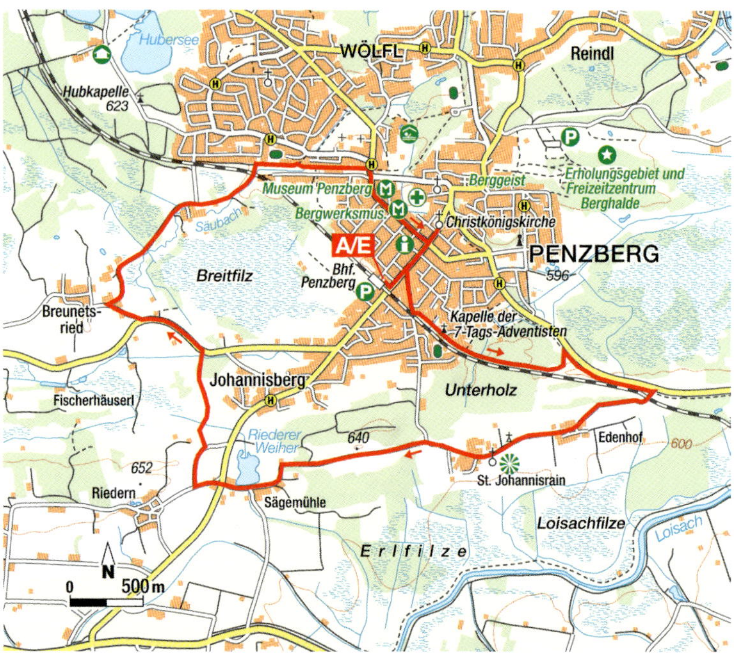

Rechte Seite oben: Benediktenwand, Rabenkopf und Jochberg über dem Riederer Weiher bei Penzberg

Rechte Seite unten: Das Wegkreuz steht bei Johannisrain.

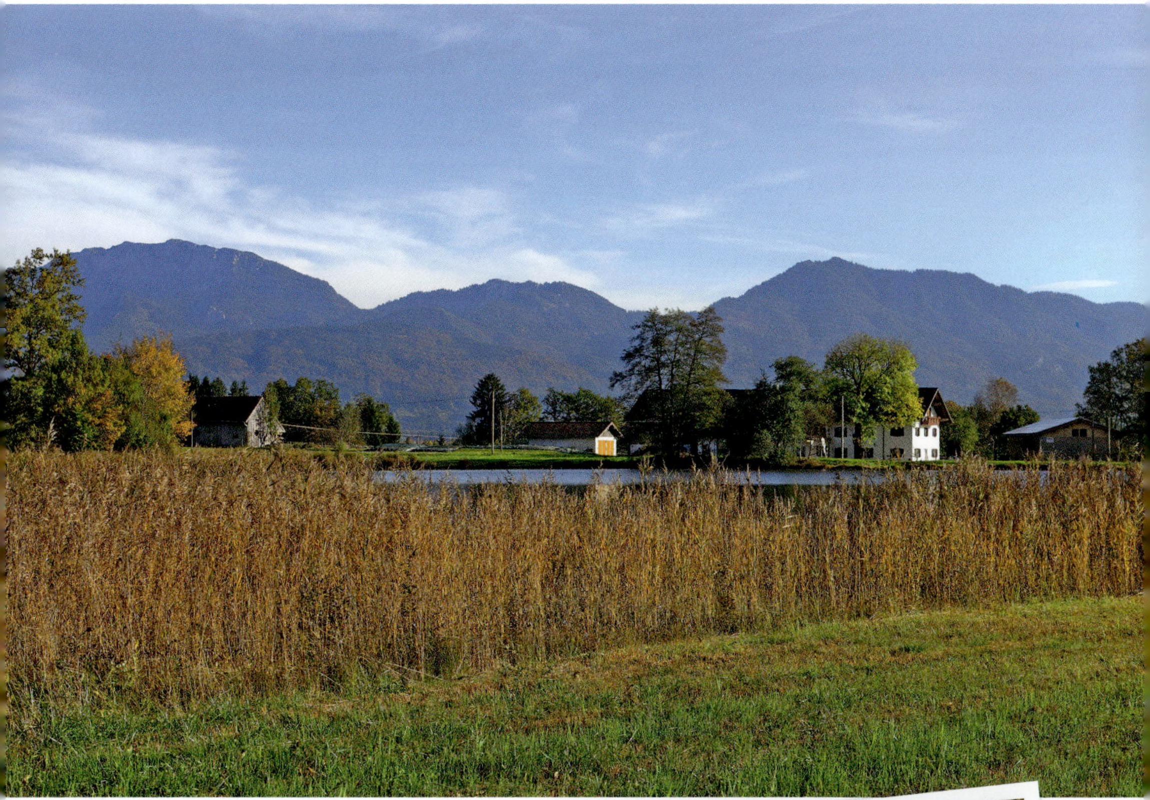

halten uns gleich zu Beginn rechts, eher in Gleisnähe, aber ohne diese zu überqueren. Anfangs ist der Pfad schmäler und verwirrenderweise teilt er sich. Aber wenn wir uns einfach an die parallel zu uns verlaufenden Schienen halten, liegen wir richtig. Das Beste daran ist, dass wir nun schon mitten im Grünen sind und die Stadt somit durch das Hintertürl verlassen haben.

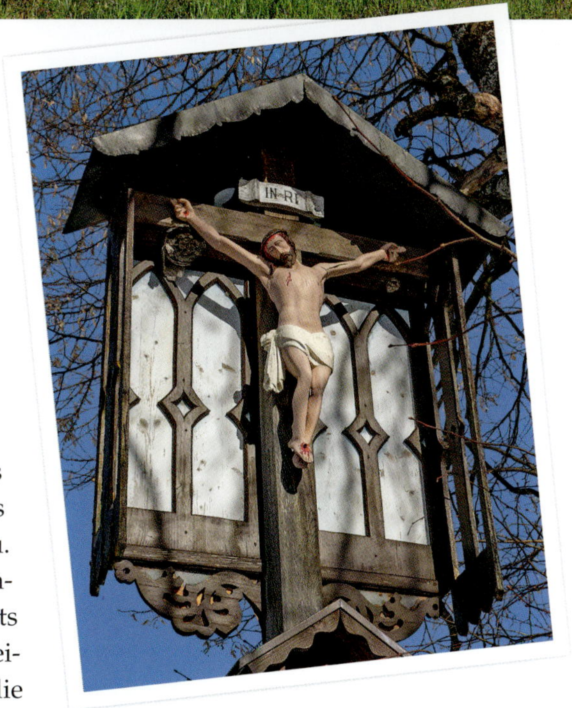

Johannisrain und Zwinkweiher Wo wir aus dem Wald kommen, wandern wir nach links am Rand einer Wiese auf die Staatsstraße zu. Hier stoßen wir auf einen Rad- und Fußgängerweg, dem wir für 700 Meter nach rechts folgen. Dann biegen wir rechts in die Abzweigung nach St. Johannisrain ein, queren die

Gleise und folgen der kleinen geteerten Straße durch Edenhof. Hinter dem Weiler sehen wir bereits das berühmte Johannisrainer Kirchlein St. Johann Baptist. Die kleine Zwiebelturmkirche liegt traumhaft erhöht vor den weiten Benediktbeurer Moorflächen. Die Berge erheben sich im Hintergrund wie die Kulissen in einem Theater. Zum Glück gibt es ein paar nach Süden ausgerichtete Rastbänke, denn dieser Schauplatz hat eine kleine Pause verdient.

Anschließend spazieren wir durch den dazugehörigen und nur aus wenigen Häusern bestehenden Weiler St. Johannisrain. Wer jetzt schon genug vom Wandern hat, der hält sich an der Weggabelung rechts und erreicht Penzberg wieder auf der Ludwig-März-Straße. Wer aber noch etwas Energie übrig hat, bleibt geradeaus auf dem für den öffentlichen Verkehr gesperrten Feldweg und kommt zu den wenigen Häusern von Unterrieden am Riedener Weiher, der bei Einheimischen Zwinkweiher heißt. Dort gehen wir zur großen Staatsstraße vor, an der wir erneut nach rechts den Weg abkürzen könnten.

Auch im Winter lohnt sich diese Wanderung.

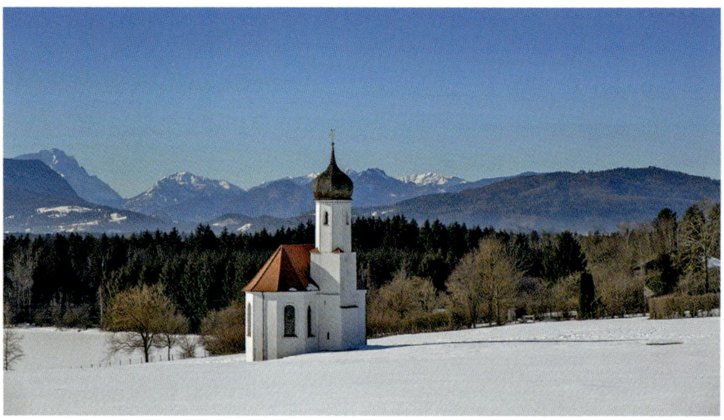

Campendonk und Penzberg

Zur Gruppe Blauer Reiter gehörten viele weltberühmte Künstler wie Wassily Kandinsky, Franz Marc, Gabriele Münter, August Macke und Henri Rousseau. Weniger bekannt ist, dass auch Heinrich Campendonk dazugehörte, der 1916–1922 in Seeshaupt lebte und auch mehrere Szenen aus Penzberg malte. Seine Werke kann man in der Sammlung Campendonk in Penzberg bewundern. Falls dieses geschlossen haben sollte, empfehlen wir, an der Kreuzung in der Penzberger Innenstadt nach links die moderne Christkönigskirche zu besuchen. Hier finden sich zwei wunderschöne von Campendonk gestaltete Glasfenster: das Passions- und das Jesaja-Fenster.

Rückweg über Breunetsried

Für den schöneren, aber längeren Rückweg queren wir die Staatsstraße geradeaus und biegen dann hinter dem ersten Haus auf der rechten Seite rechts ein. Leicht bergab halten wir uns anschließend links auf den Feldweg. Nach einem kleinen Waldstück stoßen wir wieder auf eine befahrene Straße. Dieser folgen wir für 500 Meter nach links, am besten auf dem Wiesenstück entlang der Straße. Gleich an der nächsten

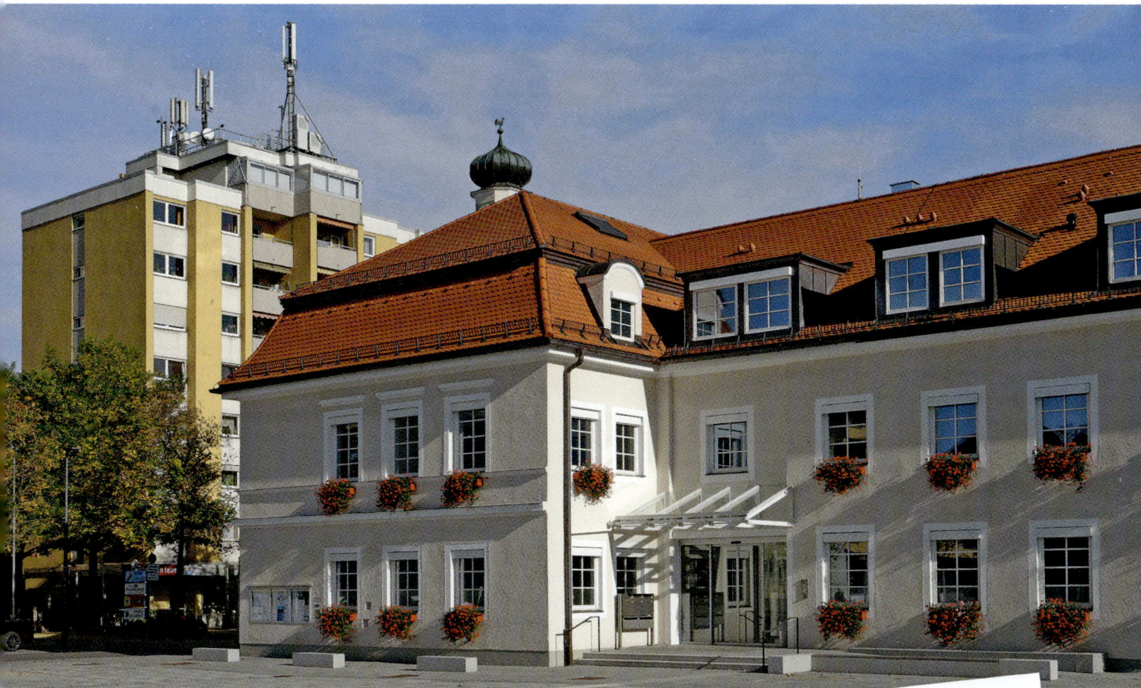

Möglichkeit verlassen wir die Autostraße nach rechts und wandern leicht aufwärts zum ersten Haus von Breunetsried. Hier beginnt rechts ein schmales geteertes Sträßchen, das für Anlieger freigegeben ist. Auf unserem Weg bewundern wir nun prächtige Villen mit angegliedertem Pferdegestüt.
Wo der Weg sich scharf nach links wendet, bleiben wir geradeaus. Unmittelbar vor dem Säubach geht es dann nach links über ein Feld zu den Gleisen der Bahn. Eine Unterführung bringt uns zu einem kombinierten Fuß- und Radweg, dem wir nun nach rechts folgen. Der Bahnhof ist bereits ausgeschildert. Der Weg mündet fast schon im Stadtzentrum in die große Seeshaupter/Karlstraße. Letzterer folgen wir nach rechts und erreichen 200 Meter weiter das Museum Sammlung Campendonk, dessen Besuch sicher ein Höhepunkt für alle Kunstinteressierten ist. Weiter auf der Karlstraße gelangen wir kurz darauf im Zentrum von Penzberg zu einer Ampel. Nach rechts ist es nun nicht mehr weit bis zu unserem Ausgangspunkt.

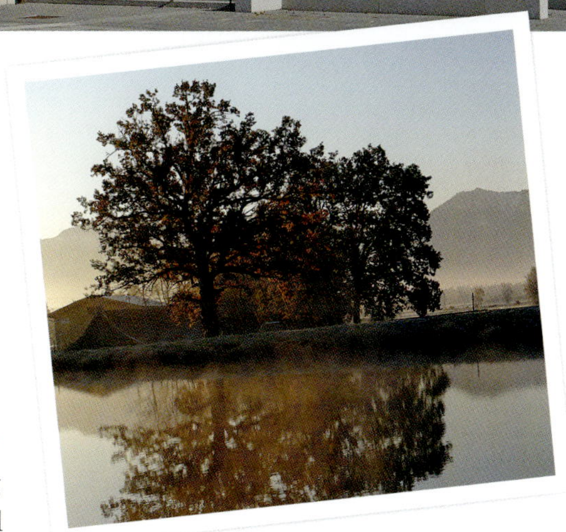

Herbstnebel am Riederer Weiher

Ganz oben: Am Penzberger Stadtplatz

10 Von Degerndorf zum Starnberger See

Einkehrglück am berühmten See

Mittel | 12 km | 150 Hm | 3.15 Std.

Tourencharakter
Längere Rundtour mit Steigungen, zumeist auf Wander- und Feldwegen sowie wenig befahrenen Nebenstraßen

Ausgangs-/Endpunkt
Degerndorf bei Münsing
GPS: 47.880604, 11.380053

Anfahrt
Bahn & Bus: Mit der S7 bis Endstation Wolfratshausen, dann weiter mit dem Bus
Auto: A 95 bis Ausfahrt Wolfratshausen/Münsing, weiter nach Münsing und dort links nach Degerndorf. Parkplätze an der Dorfstraße unterhalb der Kirche, dort starten wir auch.

Einkehr
Unterwegs verschiedene Möglichkeiten: Gasthaus Fischmeister, Landgasthof Huber und Schlossgut Oberambach. Das Café Waldhauser in Holzhausen hat nur am Wochenende geöffnet, aber seine leckeren Kuchen (allen voran die »Himmlische Torte«) sollte man sich nicht entgehen lassen.

Information
www.sta5.de

Auf dieser Wanderung sollten wir uns die Zeit nehmen, um den einen oder anderen Einkehrstopp einzulegen – diese sind zwar keine Geheimtipps, aber in kulinarischer Sicht wahre Träume. Wir nähern uns ihnen auf einsamen Wegen, durch alte Alleen und vorbei an wunderschönen Aussichts- und tollen Badeplätzen.

Maria sei Dank! Wir starten unterhalb der Degerndorfer Kirche am kleinen Platz mit dem »Mitfahrerbankerl« und laufen auf der Dorfstraße nach Süden. In die nächste Straße biegen wir rechts ein und passieren den Dorfweiher. An der folgenden Kreuzung wenden wir uns nach links und verlassen Degerndorf in südlicher Richtung auf der wenig befahrenen Straße. Die Abzweigung nach Ambach ignorierend wandern wir zum nächsten Bauernhof und biegen rechts in den Feldweg ein, der uns zur

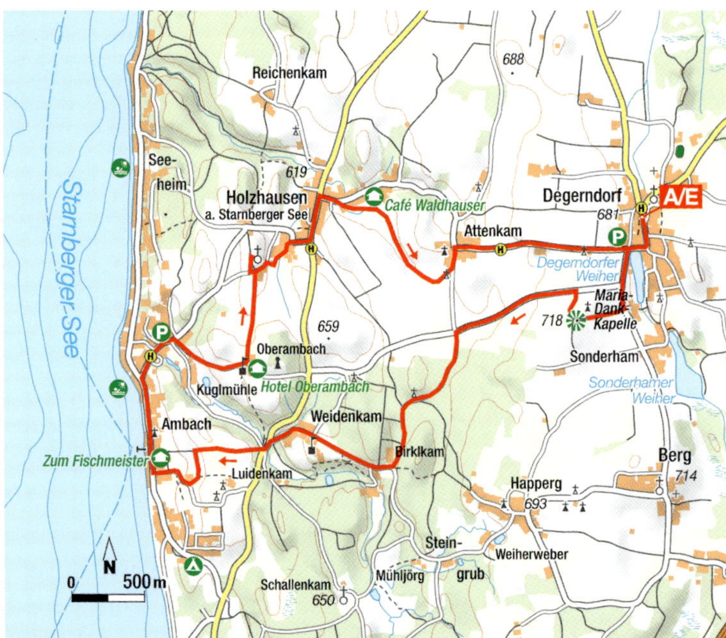

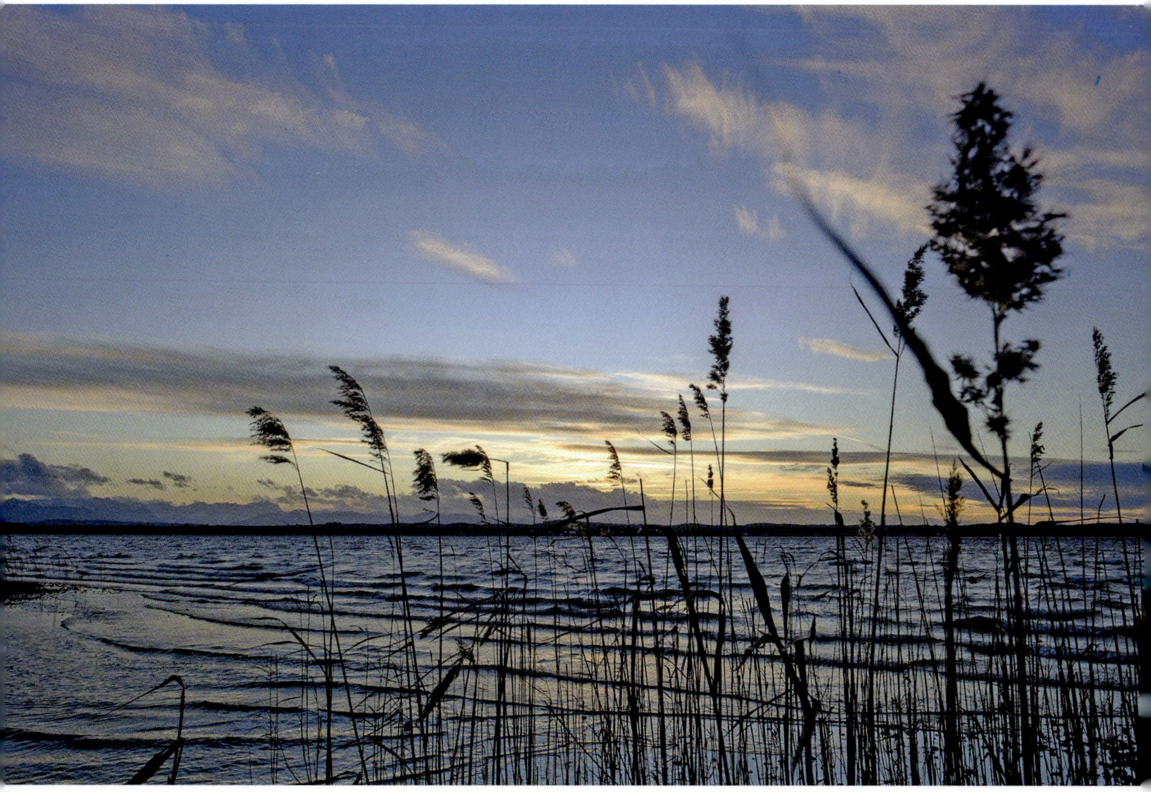

Ein Sonnenuntergang am See ist immer schön, nur für den Rest der Tour müssen wir uns dann beeilen.

Anhöhe mit der Maria-Dank-Kapelle hinaufführt. Gleich zu Beginn unserer Wanderung also werden wir dort schon mit einer herrlichen Aussicht belohnt, auch wenn wir an diesem wunderbaren Belvedere wohl nicht allein sein werden. Vor uns liegt der Starnberger See, und im Süden dahinter blicken wir auf die gesamte Alpenkette. Ein bisschen Zeit, um das alles zu genießen, räumen wir uns einfach ein.

Schloss Weidenkamm und der See Danach steigen wir nach rechts abwärts zur kleinen Teerstraße, der wir bergab für ca. 800 Meter folgen. Dann biegen wir links auf den kleinen Feldweg ein, der an einer großen Scheune, die zur Hackschnitzelproduktion genutzt wird, in den Wald führt. Das kleine Schild »Schloss Weidenkam« zeigt uns, dass wir hier richtig sind. Im Wald folgen wir stets dem Hauptweg und erreichen bald das einsame Haus Birklkam. Hier biegen wir rechts ein, der Dampfersteg von Ambach ist bereits ausgeschildert. Nun wandern wir durch eine Allee entlang der leicht verwitterten, aber romantisch bewachse-

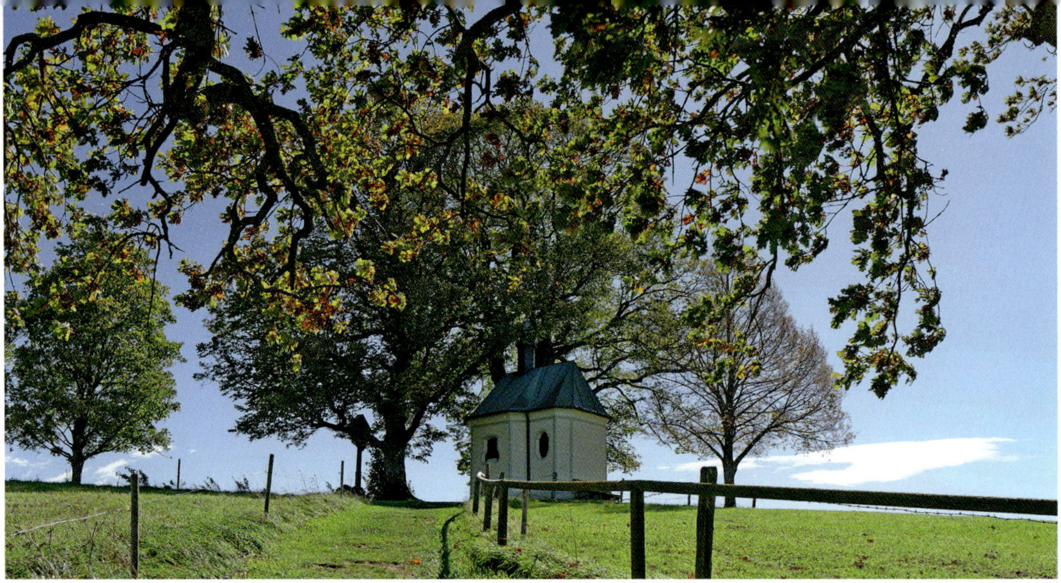

Maria-Dank-Kapelle bei Degerndorf

nen Weidenkamer Schlossmauer. Erst am großen Schlosstor können wir einen Blick auf die Prachtvilla werfen, die Anfang des 20. Jahrhunderts erbaut wurde. Sie befindet sich in Privatbesitz und kann nicht besichtigt werden.
Weiter in Wanderrichtung erreichen wir kurz darauf die Autostraße, die um den Starnberger See herum verläuft. Wir queren die Straße leicht nach links; auf der gegenüberliegenden Seite beginnt wieder ein Wanderweg. Über eine Brücke und geradeaus die Treppen empor geht es nun auf einem Trampelpfad über eine Wiese auf einen Hügel. Am Wiesenbuckel sind wir dem See schon ganz nahe, er liegt herrlich vor uns. Wir wandern auf die Hecke aus Sträuchern und Bäumen zu, halten uns dort links, und schon beginnt wieder ein Feldweg, der uns an einem einsamen Haus vorbei direkt zur Seeuferstraße bringt. Nun sind es nur noch wenige Meter nach rechts, und wir stehen am Dampfersteg vor dem Gasthaus Fischmeister, wo es bekanntermaßen aus ist mit der Ruhe und der Einsamkeit.

Wer die Wahl hat, hat die Qual Wer jetzt einkehren möchte, hat die Qual der Wahl: Der Fischmeister ist legendär, etwas weiter lockt mit Terrasse der Gasthof Huber, und dazwischen können wir auch im kleinen, aber feinen Ambacher Kiosk und im Dorfladen »Seeliebe« eine Brotzeit oder Kaffee und Kuchen erstehen, um uns ein eigenes Plätzchen zum Rasten zu suchen. Oder wir zügeln unseren Hunger noch bis zum nächsten Schloss, das mit großartiger, gehobener Bioküche aufwartet und auch mit vegetarischen Gerichten verwöhnt. Dafür folgen wir weiter der Seeuferstraße, beachten das imposante Holztor der Bonsel-Villa, die einst dem Autor der Biene-Maja-Bücher gehörte, und halten uns wenig später rechts, weiter der Vorfahrtsstraße folgend. Sie führt uns nun wieder weg vom See. Unmittelbar bevor die Straße in den Wald eintaucht, biegen wir rechts in die Allee, die zum Schloss Oberambach führt. Jetzt geht es bergauf, aber wenig später stehen wir schon vor dem Schlossgut Oberambach mit seinem Hotel. Gut, dass das Café-Restaurant mit seiner biologischen Küche nicht nur den Hotelgästen offensteht. Auf der Südseite finden wir das wunderschöne Café Rosengarten und einen wunderbaren Garten.

Holzhausener Dorfschönheit Für den Weiterweg halten wir uns am Hotel links und gehen über den kleinen Parkplatz am Badeteich und an den Nebengebäuden vorbei. Dann beginnt wieder ein kleiner Wiesenweg, der in nördliche Richtung auf die malerische Kirche von Holzhausen zuführt. Unterhalb der auf einem Hügel gelegenen Kirche stoßen wir auf die Zufahrtsstraße, der wir nach rechts bergab folgen. Zuvor lohnt sich aber noch der kleine Abstecher hinauf zur Kirche, die zu einer der schönsten Dorfkirchen im Fünf-Seen-Land zählt. Die Zufahrtsstraße zur Kirche lässt sich über Dorfwege abkürzen.
Dann folgen wir der großen St.-Heinricher-Straße nach links in Richtung Dorfmitte und biegen gegenüber des ehemaligen Gasthauses Altwirt in die Brunnenstraße ein. Nach ca. 150 Metern geht es rechts in den Höfertalweg und auf die alte Attenkamer Straße. Wer sich zur Krönung des Tages noch Kaffee und Kuchen gönnen möchte, bleibt auf der Brunnenstraße und gelangt zum Café Waldhauser, das aber nur am Wochenende und feiertags geöffnet hat. Alle anderen marschieren zum Finale weiter und erreichen über eine Linkskurve den Weiler Attenkam. An Bauernhöfen vorbei stoßen wir auf eine Vorfahrtsstraße, in die wir rechts einbiegen. Nun müssen wir nur noch einen letzten Hügel bezwingen (Achtung, Straßenverkehr!), dann erreichen wir Degerndorf am Dorfweiher, von dem aus wir die letzten Meter des Wegs zurück zu unserem Ausgangspunkt schon kennen.

Beim Bierbichler

Als fast schon legendär gilt das Gasthaus Fischmeister in Ambach, dass überall nur »Bierbichler« genannt wird. Zum einen liegt dies wohl am netten Biergarten, zum anderen an der kreativen Küche. Neben dem obligatorischen bayerischen Krustenbraten finden sich viele äußerst schmackhafte italienische Gerichte auf der Karte.

11 Von Münsing zum Starnberger See

Traumhafte Schleichwege

Mittel | 16 km | 100 Hm | 4 Std.

Tourencharakter
Fast flache, aber längere Rundwanderung auf Feld- und Waldwegen; ab dem Starnberger See ist es nicht mehr so ruhig. Wenig Beschilderung! Nach Regen können die Moor- und Waldwege feucht sein.

Ausgangs-/Endpunkt
Kirche in Münsing
GPS: 47.903159, 11.367632

Anfahrt
Bahn & Bus: Mit der S7 nach Wolfratshausen, weiter mit dem Bus nach Münsing bis Haltestelle Am Kirchberg
Auto: A 95 bis Münsing, dort an der Ampel links Richtung Holzhausen, dann aber am Münsinger Ortsende rechts in den Hartlweg; am Sportplatz gibt es einige Wanderparkplätze. Tour dort beginnen und zum Kirchturm gehen

Einkehr
Gegen Ende der Wanderung treffen wir am Starnberger See auf das traditionsreiche Gasthaus Gerer (Mo/Do Ruhetage, nur am Wochenende ganztags geöffnet, sonst erst ab 17 Uhr). In Münsing empfehlen wir die sehr gute Pizzeria Pinocchio oder den Altwirt.

Information
www.muensing.de

Ja, auch am viel geliebten Starnberger See gibt es noch einige Schleichwegen zu entdecken. Auf dieser Wanderung geht's durch ein herrliches Moor und den wilden Höllgraben. Diese Schlucht lässt ihr Pendant auf der anderen Seeseite, die bekannte Maisinger Schlucht, wie einen Ponyhof wirken.

Zum Buchsee Der Münsinger Kirchturm ist auf dieser Runde unser Ausgangspunkt. Wir starten dabei allerdings etwas unterhalb der Kirche, in der Straße Am Kirchberg, die von der Ampelanlage wegzieht. Ihr folgen wir leicht abwärts zur Straßenverzweigung und gehen dort links in die Schwabbrucker Straße. Auf ihr verlassen wir Münsing, doch schon nach wenigen Schritten, nach den letzten Häusern, geht es für uns rechts auf einen Feldweg und leicht ansteigend am Waldrand entlang.

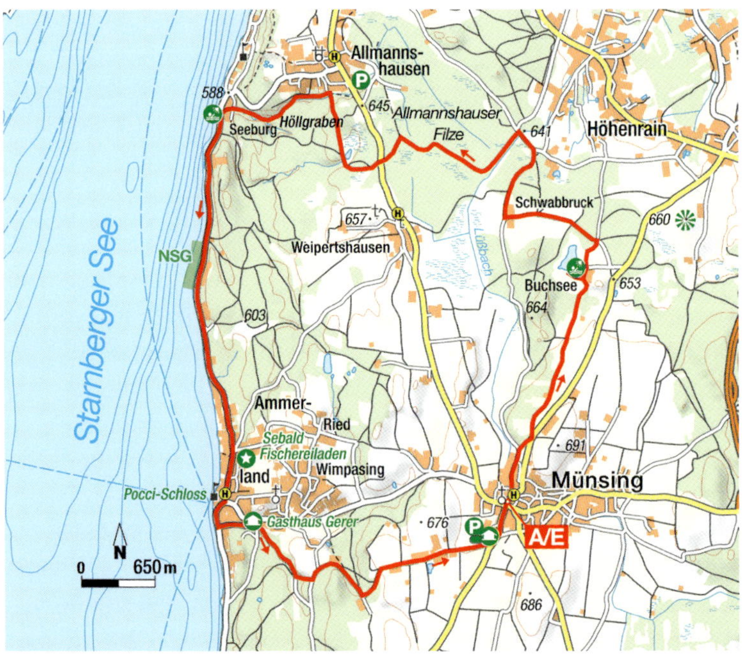

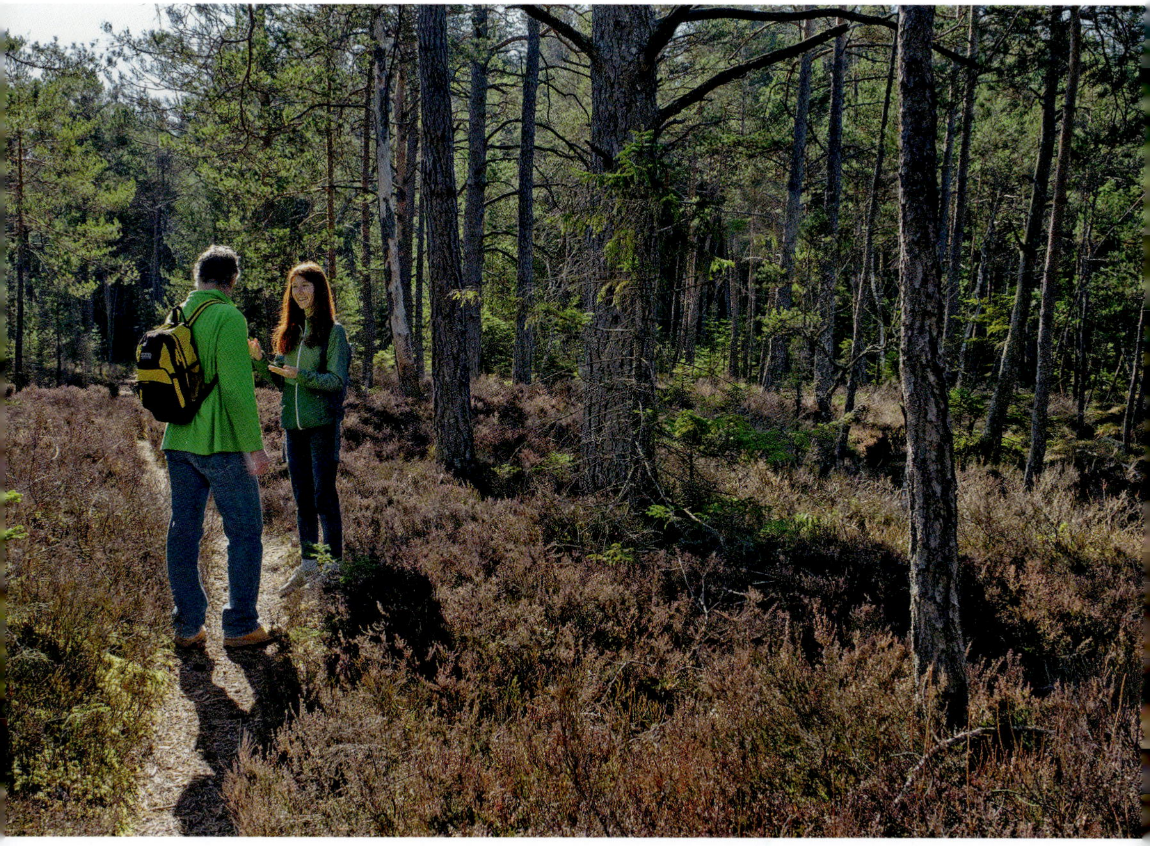

Den kleinen Trampelpfad durch das Allmannshauser Moor darf man nicht übersehen.

Oben angekommen und nahe bei der Straße geht es für uns nach links auf einem Feldweg weiter. Bevor wir in diesen einbiegen, sollten wir uns aber unbedingt umdrehen, denn die Aussicht über Münsing bis hinüber zur Zugspitze könnte nicht feiner sein! Alsdann folgen wir dem sonnigen Feldweg, der uns schließlich durch ein kleines Waldstück führt. Auf der anderen Seite sind wir schon fast am Buchsee angekommen. Wie steuern über die Wiese auf den einsamen Bauernhof zu; links liegt etwas unterhalb der idyllische Badeweiher, der sich vor allem im Sommer ideal für einen Sprung ins kühlende Nass anbietet.

Ein Bach, der auch anders kann Danach wandern wir am Bauernhaus vorbei, weiter in nördlicher Richtung, und stoßen auf ein kleines Sträßchen, dem wir nun nach links zu den Bauernhäusern von Schwabbruck folgen. Dort geht es rechts in den Wald hinein, und wir erreichen, dem Hauptweg folgend, den Lüßbach an seinem Wehr. Rechts sehen wir bereits die ersten Häuser von

Höhenrain. Wir queren den Bach, biegen sofort links ein und folgen nun dem langen geraden Weg entlang des Gewässers. Der Lüßbach ist der drittgrößte Zufluss des Starnberger Sees, was man ob seiner eher bescheidenen Größe kaum glauben möchte. Er startet seinen Lauf in der Nähe von Eurasburg und mündet

Wissenswertes

Die Seeburg ist ein Schloss, das 1889 vom Münchner Bauunternehmer Heinrich Theodor Höch errichtet wurde. Nach mehreren Besitzerwechseln wurde das denkmalgeschützte Anwesen 1941 an die Nationalsozialistische Volkswohlfahrt verkauft. Nach dem Zweiten Weltkrieg ging es an den Freistaat Bayern, der es heute an Wort des Lebens e. V. vermietet hat, ein christliches Kinder- und Jugendwerk, das zur Deutschen Evangelischen Allianz gehört. Direkt davor ist ein kleiner Strandbereich für die Öffentlichkeit freigegeben, und im Sommer können wir hier herrlich in den See springen.

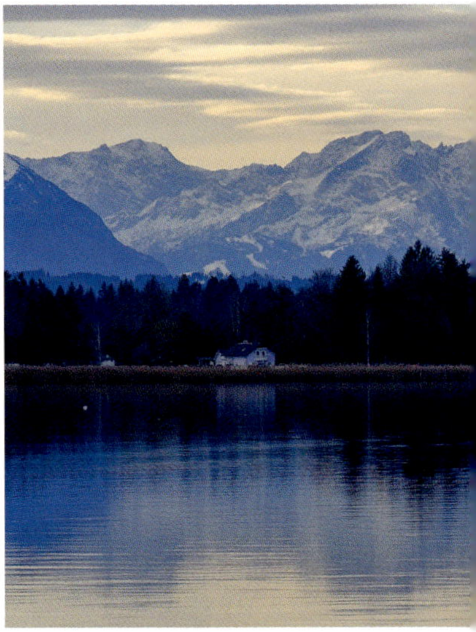

bei Percha unweit von Starnberg in den See. Obwohl dieser Bach so sanft dahinplätschert, kann er doch auch verheerende Überschwemmungen verursachen – was das Stauwehr verdeutlicht.

Durchs Allmannshauser Filz Der Weg wendet sich schließlich nach rechts und führt uns in das Allmannshauser Filz hinein. Dieser Wanderabschnitt ist herrlich: Von Birken und zwei Entwässerungsgräben begleitet, wandern wir nun durch das Moor. Durch den jahrelangen Torfabbau zerstört, ist das Allmannshauser Filz nur noch in seinen Kernbereichen ein echtes Hochmoor. Doch seit den 1980er-Jahren sorgt der Bund Naturschutz gemeinsam mit dem Forst für eine Renaturierung. Erste Ergebnisse werden sichtbar, denn nun wachsen hier wieder seltene Moose und andere Pflanzen. Im Frühjahr, wenn die Erika blüht, ist der Weg besonders schön.

Ein bisschen müssen wir nun aufpassen, denn die nächste Abzweigung ist leicht zu übersehen. Zur Orientierung: Unser breiter Weg wendet sich nach der ersten langen Geraden im Moor leicht nach links, dann nach rechts, und bevor er erneut nach rechts abknickt, geht es für uns links auf einem kleinen schmalen Fußweg mitten ins Moor. (Als wir unterwegs waren, hätten wir das kleine Wanderschild, das noch dazu herausgerissen an einem Baum lehnte, fast übersehen.) Der Boden federt unter jedem Schritt und verströmt einen würzig harzigen Duft. Viele Wild-

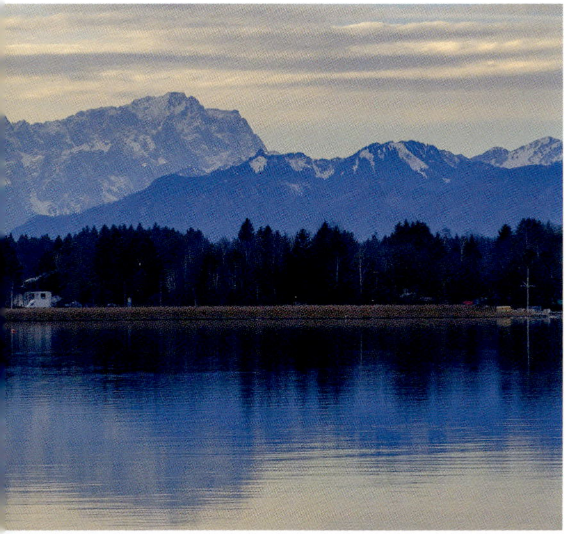

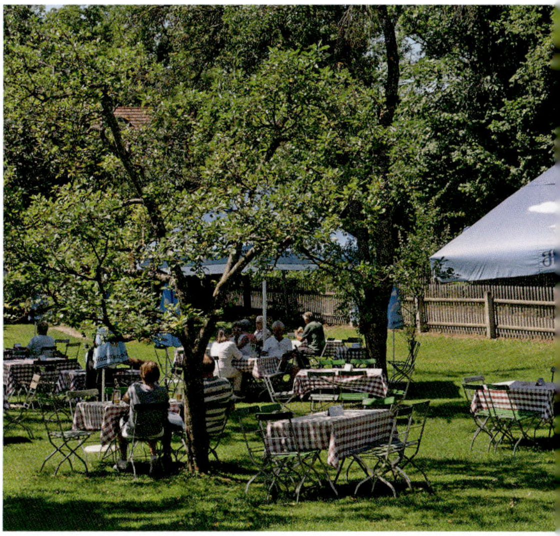

pfade führen links und rechts tiefer ins Moor hinein – wir bleiben aber unbedingt auf dem Hauptweg, der schon klein genug ist!

Am Ende der Tour können wir im netten Fischereihofladen Sebald (ein echter Geheimtipp!) einkehren.

Links: An klaren Föhntagen scheint die Zugspitze direkt hinter dem Südufer zu stehen.

Nach Allmanshausen Schließlich erreichen wir dichteren Wald, und der Moorboden bleibt zurück. Auch hier halten wir die Augen offen – bei unserer Erkundung war durch Forstarbeiten der weitere Weg zunächst kaum ersichtlich. Am besten halten wir uns an die ursprüngliche Wanderrichtung, wenn wir vom Moor in den Wald kommen. Kurz darauf geht der zunächst verschwunden geglaubte Pfad in einen Forstweg über, der sich nun langsam nach Süden wendet und uns zu einer größeren Landstraße bringt. Dieser Forstweg ist wichtig, denn genau an der Stelle, an der er auf die Landstraße trifft, geht es für uns auf der anderen Seite gleich wieder in den Wald hinein.

Der zunächst schmälere Waldweg führt in einem Bogen minimal bergab. Wieder fehlt jegliche Beschilderung, weshalb hier Orientierungssinn, gepaart mit etwas Abenteuerlust, gefragt ist. Dann treffen wir auf einen größeren Forstweg, dem wir nach rechts

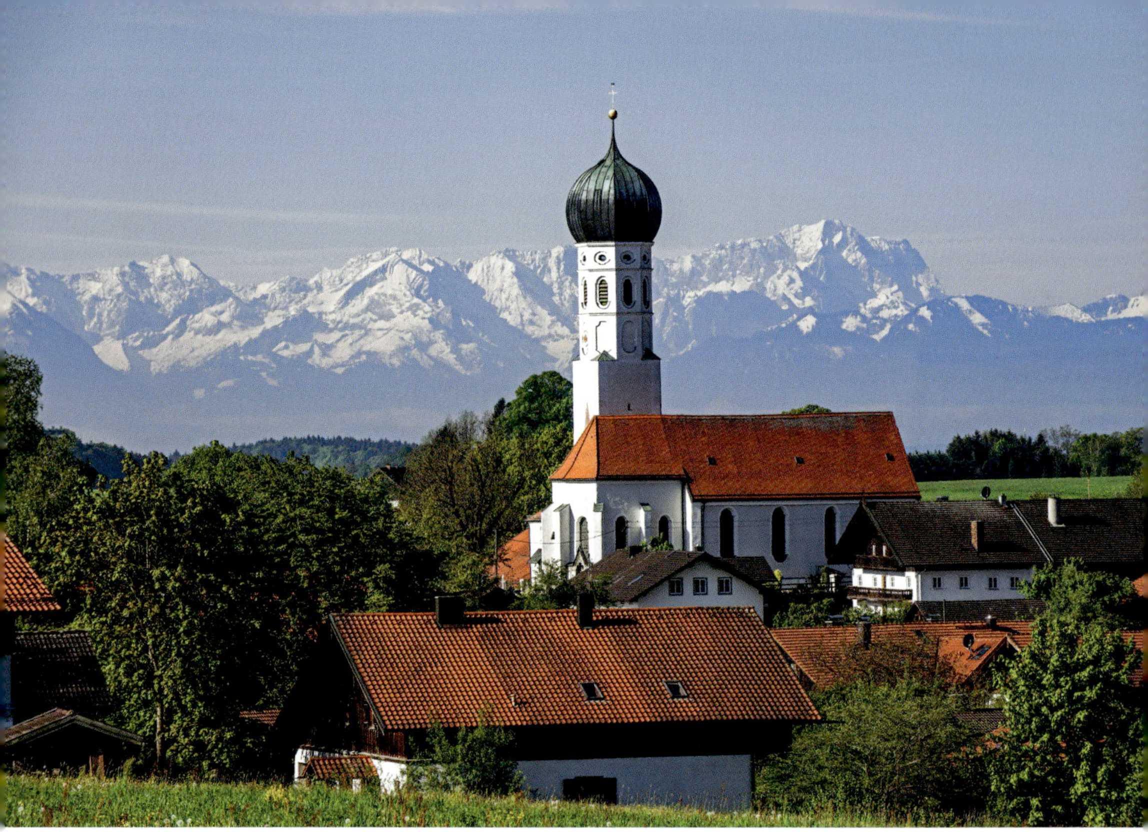

An der Kirche von Münsing starten wir unsere Tour.

folgen. Nach wenigen Metern passieren wir einen hübschen, aber namenlosen Waldweiher – wer diesen findet, hat schon mal alles richtig gemacht. Jetzt geht es in nördlicher Richtung für uns weiter. Alle querenden Forstwege ignorieren wir, auch wenn sie größer erscheinen. Wir wandern so lange weiter, bis wir leicht abwärts durch einen malerischen Hohlweg kommend vor uns die ersten Häuser von Allmannshausen sehen.

Durch den Höllgraben zum See Unterhalb der Häuser erreichen wir den Höllgraben, diese unbekanntere, aber wildromantische Schlucht auf der Ostseite des Starnberger Sees. Wir queren den Bach und halten uns sogleich links. Der Pfad, der nach Regen feucht und rutschig sein kann, folgt dem Wasser. Unglaublich, wie tief sich dieses kleine Gewässer im Lauf der Zeit in die Hänge gefressen hat. Links und rechts sehen wir abgestürzte Bäume, der lockere Boden rutscht nach. Unser Weg ist eigentlich gut ersichtlich, zum Teil geht es aber unter Bäumen hindurch oder auch drüber hinweg, und wir wechseln wieder das Ufer. Ein wirklich spannender Weg und ein wahrer Geheimtipp!
Irgendwann wird der Weg flacher, wir verlassen den Wald und sind direkt am Starnberger-See-Ufer an der mächtigen Seeburg.

War bis hierhin unser Weg eher einsam, tauchen wir nun in den Seetrubel ein. Immer auf der nördlichen Seestraße bleibend, wandern wir gen Süden. Weil man für das Befahren der Straße einen eigenen Ausweis braucht, müssen wir hier mit nicht allzu viel Verkehr rechnen. Mit der Sonne auf der Nase genießen wir das Glitzern auf dem Wasser. Noch sind wir viel im Grünen, aber bald dürfen wir die zahlreichen feudalen Häuser und Villen der Gemeinde Ammerland bestaunen. Alter und neuer Geldadel geben sich hier ein Stelldichein, jedoch entdecken wir dazwischen auch immer wieder alte Fischerhäuser. Bei gutem Wetter können wir alsdann herrlich im Garten der Fischerei Sebald einkehren und uns zusätzlich noch mit geräuchertem Fisch eindecken. Kurz darauf passieren wir das berühmte Pocci-Schloss, in dem sich heute Privatwohnungen befinden.

Bergauf nach Münsing Schließlich stößt von links die Ammerlander Hauptstraße auf unsere Seestraße. Dort steht am Ufer das Hotel Am See, das früher einen herrlichen Biergarten direkt neben dem Dampfersteg bot. Letzteren gibt es leider nicht mehr, und auch der Biergarten wird nicht mehr betrieben. Wir folgen dem Uferweg, der nun zur Südlichen Seestraße geworden ist, nur noch ein kleines Stück, dann geht es nach links in den Kapellenweg. Vorbei an der Marienkapelle passieren wir den Biergarten des Gasthauses Gerer. Dahinter verzweigt sich der Weg mehrfach; wir bleiben geradeaus auf dem ansteigenden Forstweg, der der Ammerlander Hauptstraße am nächsten liegt. Durch den Wald erreichen wir eine Wiese mit einem Gebäude. Hier gehen wir nach links und wandern weiter ansteigend mit Abstand vorbei am Gut Staudach. Schließlich haben wir den Anstieg geschafft und verlassen den Wald unweit von Münsing. Durch den Hartweg kommen wir zum Sportplatz (Parkplatz der Autofahrer). Wer mit dem Bus angereist ist, läuft weiter bis zur Straße, wendet sich dort nach links und ist, immer den Kirchturm ansteuernd, in wenigen Minuten zurück an der Bushaltestelle.

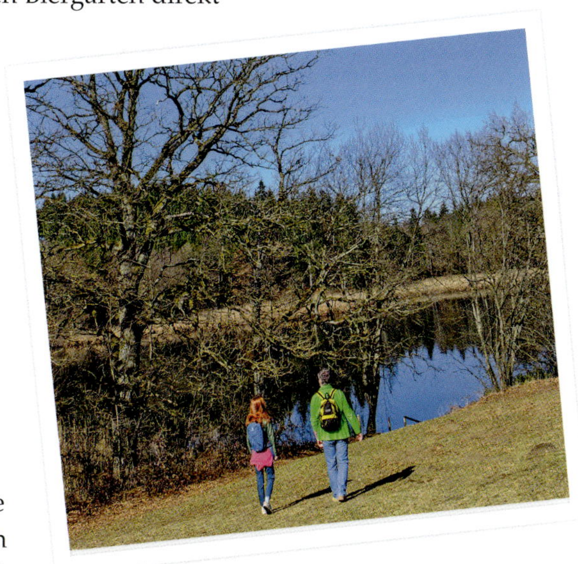

Badesachen nicht vergessen! Wir erreichen sowohl den Starnberger als auch den Buchsee.

12 Von Wolfratshausen entlang der Isar

Zur ehemaligen »Schokoladenfabrik«

Leicht | 14 km | 25 Hm | 3.30 Std.

Tourencharakter
Einfache, etwas längere Runde mit viel Schatten auf Wanderwegen, Feldwegen und Ortsstraßen mit nur wenigen Anstiegen. Im Sommer Badesachen mitnehmen

Ausgangs-/Endpunkt
S-Bahnhof Wolfratshausen
GPS: 47.91480, 11.42700

Anfahrt
Bahn & Bus: Mit der S7 bis Endstation Wolfratshausen
Auto: A 95 bis Ausfahrt Wolfratshausen, vom Zubringer über die erste Abfahrt zur Altstadt; der Bahnhof ist beschildert. Parkplätze in der Umgebung des Bahnhofs

Einkehr
Gasthaus Aujäger in Puppling (mit einem kurzen Abstecher über die Isar); Wirtshaus Alter Wirth in Gelting; am Ende der Tour einige Möglichkeiten in der Altstadt von Wolfratshausen

Information
www.wolfratshausen.de

Im Gegensatz zu den meisten anderen Wanderern, die lieber die Pupplinger Au ansteuern, geht es für uns heute entlang der Isar gen Süden. Dabei dürfen wir den ungebändigten Wildfluss von Nahem erleben. Vorbei an Waldram erreichen wir Geretsried und kehren entlang der Loisach zurück zum Ausgangspunkt.

Beliebter Lokalheiliger Wir starten am Bahnhof von Wolfratshausen und gehen über den Busbahnhof zur Sauerlacher Straße, in die wir links einbiegen. Auf dem kombinierten Rad- und Fußweg erreichen wir den Friedhof von Wolfratshausen mit dem Kirchlein St. Nantwein. Es besitzt eine feine Barockausstattung und im Eingangsbereich eine mittelalterliche Deckplatte mit dem Bild des heiligen Nantovinus. Der Legende nach war er ein adeliger Rom-Pilger, den der Pfleger der Burg Wolfratshau-

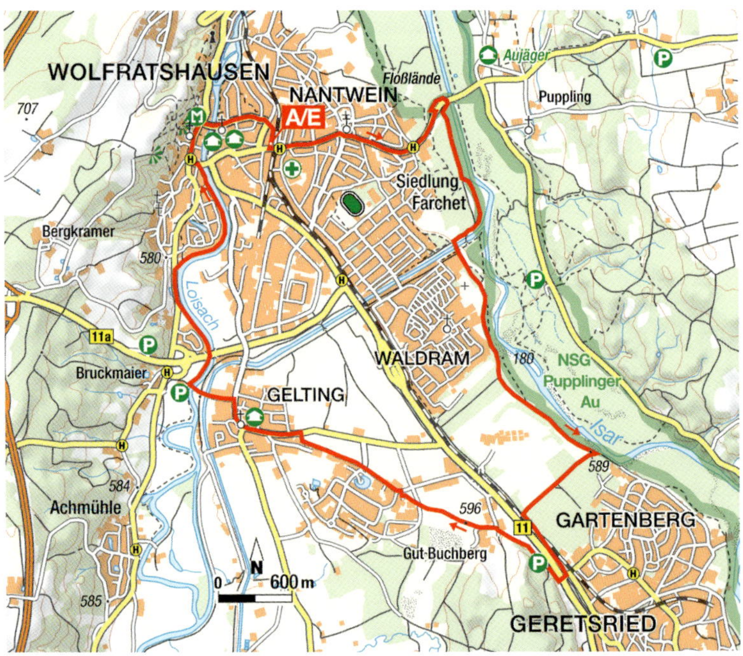

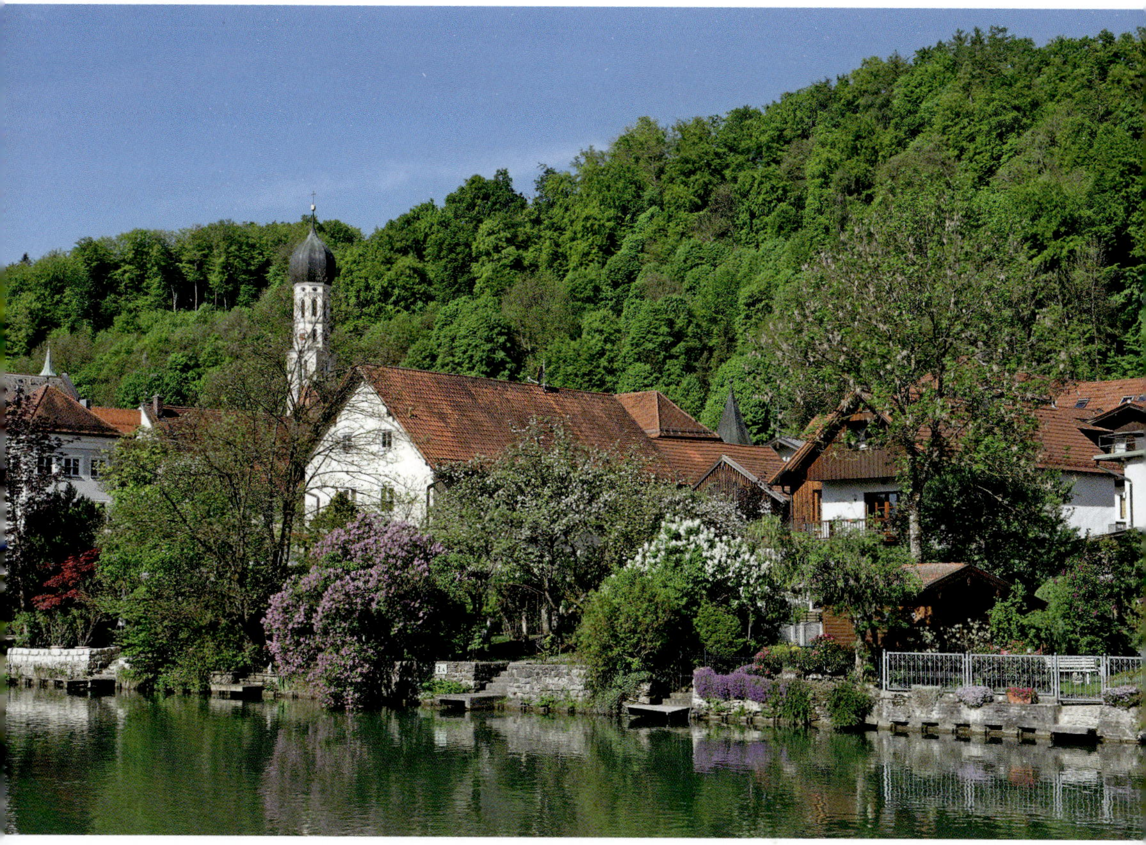

Wolfratshausen liegt an der Loisach.

sen auf dem Scheiterhaufen hinrichten ließ, um an sein Pferd zu kommen. Das stellte sich rasch als Justizmord heraus, man sah Nantovinus als Märtyrer an und eine Wallfahrt entstand, die bis ins vergangene Jahrhundert hinein lebendig war. Theatergänger und Filmliebhaber kennen diesen seltenen Lokalheiligen aus dem Stück »Der Brandner Kaspar«, wo er im Himmel gemeinsam mit dem Erzengel Michael sein Bier zischt.

Am wilden Fluss Nach dem Besuch der Kirche wandern wir auf dem Weg neben der Straße weiter und kommen zur Isarbrücke. Die meisten Wanderer queren sie, um in die Pupplinger Au zu gelangen. Wir bleiben aber auf unserer Isarseite, halten uns links und stehen gleich darauf an der Floßlände der Flößerei Angermeier. Schon frühmorgens werden diese traditionsreichen Fuhrtransporte zusammengebaut, und gegen 9 Uhr legen die Flöße Richtung München ab – danach ist es hier wieder ruhig. Wir gehen von der Floßlände unter der Autostraße hindurch und

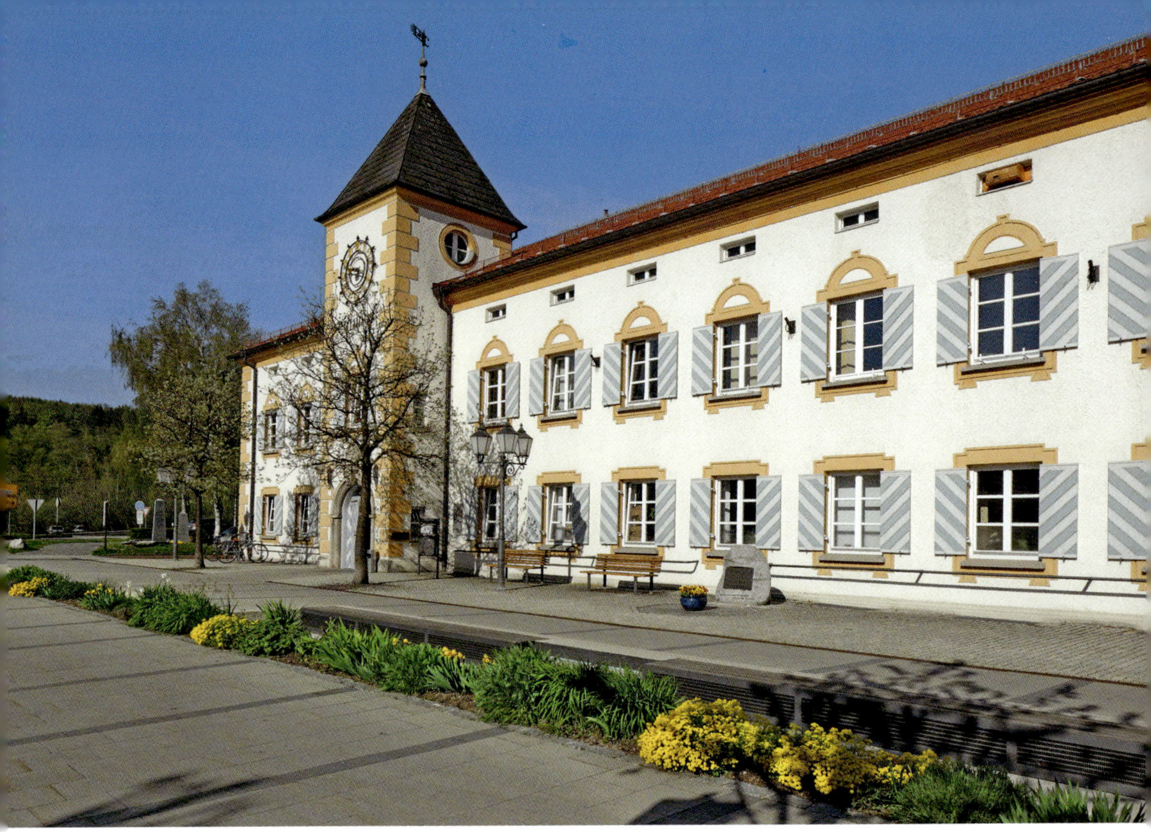

Hinter dem Rathaus von Geretsried liegt ein interessantes Museum zur Geschichte der Stadt.

stoßen dahinter auf einen Weg, der parallel zur Isar flussaufwärts in den Wald führt. Geretsried ist ausgeschildert, überdies sind wir nun auch auf dem Bavarica-Tyrolensis-Radweg unterwegs. Es lohnt sich, links von dem breiteren Fuß- und Radweg einen der Pfade zur Isar einzuschlagen, um möglichst nah an ihrem Ufer weiter flussaufwärts zu wandern. Fließt die Isar zunächst noch gezähmt zwischen zwei Dämmen dahin, schlägt sie bald Schleifen, um jeweils auf den Innenseiten Kies und Geröll abzulagern, den ihre Wasser zuvor aus den Prallwänden ausgewaschen haben.

Geschichtsträchtiges Waldram Mit etwas Abstand passieren wir die Siedlung Farchet, die im Wesentlichen erst nach dem Zweiten Krieg entstanden ist. Dann hören wir ein wildes Rauschen und stoßen auf den Loisach-Isar-Kanal, der sein Wasser über eine große Kaskade in die Isar entlässt. Wir gehen am Kanal entlang und können ihn nach gut 300 Metern auf einer Eisenbrücke überqueren. Jetzt sind wir am Rand von Waldram angekommen, das wie Farchet ein Stadtteil von Wolfratshausen ist und eine interessante Geschichte aufweist. Bis 1937 stand hier nur Auwald der Isar. Dann baute man die für die damaligen Verhältnisse mustergültig ausgestattete NS-Siedlung Föhrenwald, in der die zivilen Arbeiter der Pulver- und Munitionsfabrik von Geretsried Häuser zugeteilt bekamen. Nach dem Krieg wurde die Siedlung zehn Jahre lang zum Auffanglager für heimatlose Ausländer, den »displaced persons«, darunter viele Juden, die den Holocaust überlebt hatten und auf ihre Ausreise nach Israel warteten. Später diente die Siedlung dazu, den Heimatvertriebenen neuen Wohnraum zu bieten. Damit brach eine neue Zeit im Föhrenwald an, und aus dem Namen Föhrenwald wurde Waldram nach einem der Gründer des Klosters Benediktbeuern. Wer sich mehr für diese Geschichte interessiert, findet in Waldram das Museum »Erinnerungsort Badehaus« (geöffnet Fr 9–17 Uhr, Sa/So 13–17 Uhr).

Badefreuden am Weg nach Geretsried Unser Weg führt am Ostrand von Waldram vorbei. Aber auch hier öffnen sich immer wieder Pfade hin zur Isar, die man mit etwas pfadfinderischem Geschick erreicht. Hier gibt es viele Kiesbänke, auf denen man sich in die Sonne legen oder von denen man zur Abfrischung

Geretsried

Geretsried ist mit seinen ca. 25 000 Einwohnern heute die größte Stadt des Landkreises Bad Tölz-Wolfratshausen, auch wenn sie noch keine hundert Jahre alt ist. Ab 1936 entstanden hier mit gewaltigem Bauaufwand zwei gigantische Fabriken zur Herstellung von Sprengstoff und Munition – große Bunker mit meterdicken Decken aus Stahlbeton, teils mit unterirdischen Gängen miteinander verbunden. Sie waren, genauso wie die Straßen, bewusst zufällig im Gelände verteilt, sodass sie auf Luftbildern kaum zu erkennen waren. Für das Gebiet galt strenge Geheimhaltung. Die Anwohner in der Umgebung hatten die Anweisung, Fragen nach den Fabriken möglichst nicht zu beantworten bzw. anzugeben, es sei eine Schokoladenfabrik. Was heute fast lächerlich klingt, konnte damals bei Nichteinhalten der Vorschriften die Einweisung nach Dachau bedeuten. Immer wieder testete die zivile Gestapo die Einheimischen in Gelting und befragte sie »rein zufällig« nach den Fabriken. Erst gegen Ende des Zweiten Weltkriegs wurde die Fabrik von den Alliierten entdeckt und bombardiert. Nach dem Krieg wurden die meisten Bunker von den Amerikanern gesprengt. Ab 1946 siedelten sich die ersten Vertriebenen in Geretsried an, um sich eine neue Heimat zu schaffen – das ist ihnen bestens gelungen. Heute findet man allenthalben noch Häuser, denen man ihre Vergangenheit als Bunker mehr als deutlich ansieht, und in den Wäldern liegen noch Relikte alter Bauten, auch wenn sich die Natur ihren Raum mittlerweile wieder zurückerobert hat.

ins Wasser waten kann. Aber Vorsicht: Die Isar ist ein Wildfluss und kein Schwimmbad mit Bademeister! Jeder muss sich selbst überlegen, wie weit er ins Wasser gehen kann.

Nach der Abkühlung wandern wir auf unserem Weg weiter Richtung Süden. Links von uns taucht schließlich eine große Weidefläche auf, ein baumbewachsenes Grasland. Das ist das Untere Gut Buchberg, im Eigentum der Stadt Geretsried, das immer noch landwirtschaftlich genutzt wird. Dann beginnt wieder der Auwald, und wir erreichen eine Wegverzweigung. Hier biegen wir rechts ab und wandern auf einem schnurgeraden Weg am Waldrand entlang in Richtung der B 11. Reste der Sperrzäune der einstigen Rüstungsfabrik sind immer noch am Wegrand zu erkennen. Vor der Straße und dem Industriegleis biegen wir links auf den kombinierten Rad- und Fußweg ein, der Wolfratshausen mit Geretsried verbindet. Der Weg ist recht frequentiert, doch schon nach ca. 500 Metern erreichen wir die erste Einfahrt von Geretsried und können an einer Ampel (etwas umständlich) die B 11 überqueren.

Grabmal des hl. Nantovinus

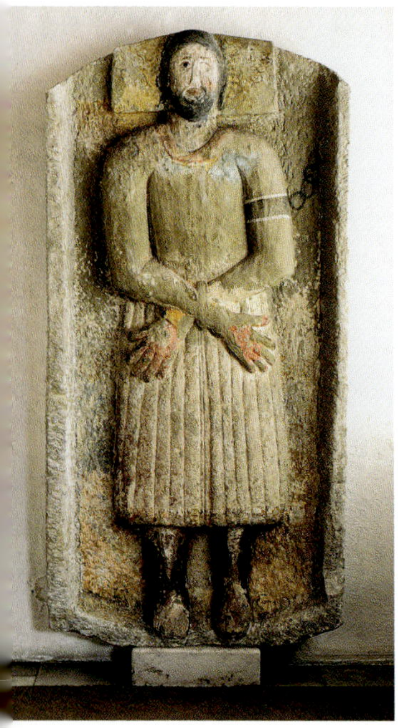

Auf dem alten Seegrund Jetzt geht es rechts den Leitenweg entlang. Der Weg bringt uns zum Oberen Gut Buchberg, zu dem eine wunderschöne Allee mit uralten Bäumen als Anfahrtsstraße von der B 11 herführt. Wir queren die Allee und den Eingang zum Gut. Auch wenn das Tor hier meist offensteht: Das Gut ist in privatem Besitz und kann nicht besichtigt werden. Unser Weg führt daran vorbei und erreicht, jetzt als Leitenstraße, rasch den Rand des großen Gewerbegebiets von Gelting. Nach rechts genießen wir einen Blick bis nach Wolfratshausen, kein Hügel verdeckt die Sicht. Das ist kein Wunder, denn wir wandern auf dem Grund des Wolfratshauser Sees, der allerdings schon seit ein paar Tausend Jahren verschwunden ist. Die Leiten, an denen wir entlanggegangen sind, bildeten das einstige Seeufer. Das heutige Gewerbegebiet war noch bis vor wenigen Jahrzehnten eine gewaltige Kiesgrube, die im Vergleich zum Niveau des ehemaligen Seebodens viel tiefer ausgebaggert wurde. Dadurch verschwinden die Gewerbebauten fast im Untergrund. Mit einigem Abstand ist nichts mehr davon zu sehen.

Beim Fußballplatz erreichen wir das Dorf Gelting. Wir bleiben in Wanderrichtung und folgen der Buchberger Straße, der Hauptstraße, ins Zentrum. Gelting besitzt noch einen richtigen Dorfmittelpunkt mit Kirche, Dorfladen und Wirtschaft. Bis zur

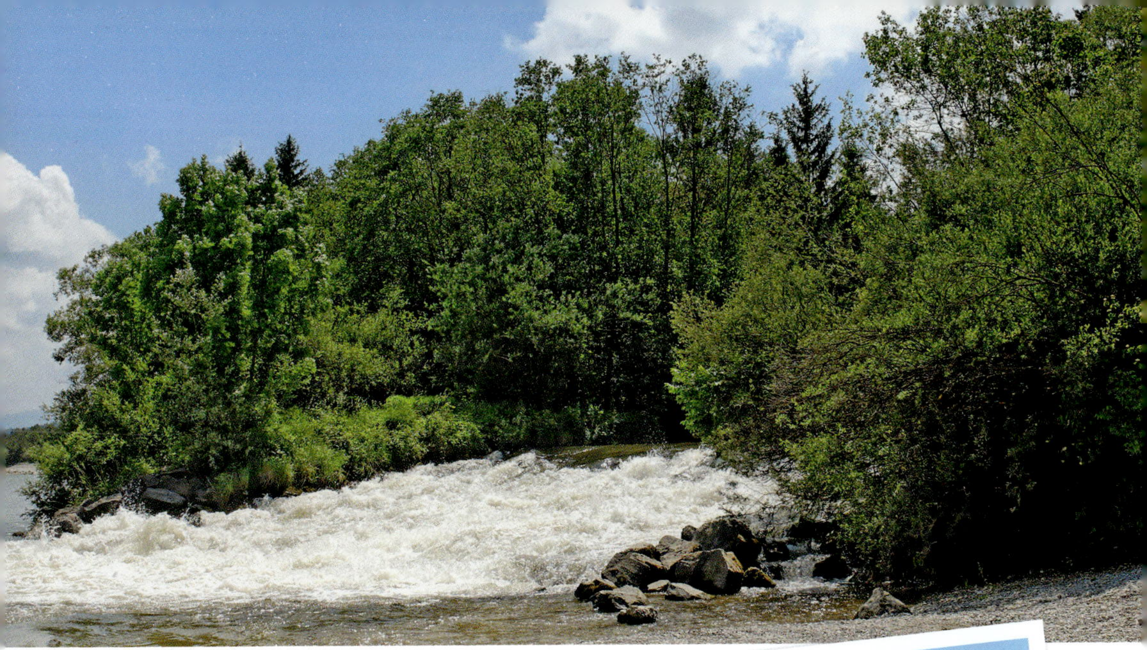

Gebietsreform 1978 war es selbstständig und prunkt mit einer fantastisch ausgestatteten Barockkirche, die aus der ersten Hälfte des 17. Jahrhunderts stammt.

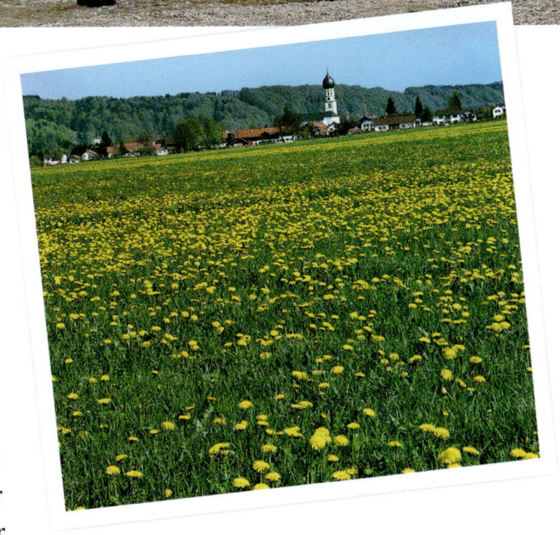

Am Rückweg wandern wir durch Gelting.

Ganz oben: Wild rauscht der Loisachkanal in die Isar, er wurde zum Wasserausgleich gebaut.

Zurück nach Wolfratshausen In Gelting folgen wir der Hauptstraße, die sich an der Kirche nach rechts wendet und dann zur Wolfratshauser Straße wird. Wir biegen in die erste Straße links ein, die (etwas überraschend) Bahnweg heißt – das kommt aber nicht von ungefähr, denn westlich der Loisach gab es einmal eine Haltestelle der heute schon lange aufgelassenen Lokalbahn Wolfratshausen–Beuerberg–Bichl. Wir überqueren auf unserem Weg zunächst den Loisach-Isar-Kanal, den wir schon bei Farchet kennengelernt haben, und überqueren anschließend auf der blauen Schepperbrücke die Loisach. Ihren Namen bekam die Brücke durch die losen, in den Stahlbau eingelegten Holzbohlen, die beim Darüberfahren mit dem Rad klappern bzw. auf Bayrisch »scheppern«. Nach der Brücke biegen wir sofort rechts in den Dammweg ein, der uns, herrlich verkehrsberuhigt, zur Johannisbrücke von Wolfratshausen bringt. Jetzt können wir noch einen Bummel durch die Altstadt unternehmen und vielleicht einen Cappuccino im Eiscafé Cristallo trinken, ehe wir über die Bahnhofstraße zum Ausgangspunkt zurückkehren.

13 Egling, Thanning und Moosham

Wälder, Wiesen und ein wildes Moor

Leicht | 13 km | 120 Hm | 3 Std.

Tourencharakter
Schattige Rundwanderung auf Feld- und Waldwegen. Keinerlei Beschilderung, etwas Orientierungssinn ist nötig! Nach Regen können die Moor- und Waldwege feucht sein. Badesachen nicht vergessen!

Ausgangs-/Endpunkt
Kirche St. Martin in Egling
GPS: 47.923027, 11.508196

Anfahrt
Bahn & Bus: Von München mit der S7 bis Endstation Wolfratshausen und weiter mit dem Bus nach Egling
Auto: A 95 bis Ausfahrt Wolfratshausen/Münsing, weiter nach Wolfratshausen und von dort Richtung Sauerlach. Egling liegt östlich der Isar. Es gibt ein paar Parkplätze am kleinen Platz gegenüber der Kirche oder am westlichen Ortseingang in der Wolfratshauser Straße.

Einkehr
Unterwegs treffen wir auf das Gasthaus Hansch in Feldkirchen (Mo/Di Ruhetage), am Ende der Wanderung liegt der Gasthof Oberhauser mit eigener Metzgerei in der Ortsmitte von Egling.

Information
www.toelzer-land.de

Östlich von Wolfratshausen liegen malerische Dörfer mit alten Bauernhäusern und wunderbare Weiher. Versteckte Wege führen dorthin, einer davon durch das wilde Moor der Spatenbräufilz. Hinzu kommt die herrliche Aussicht auf die Berge, kurz: ein Insider-Tipp!

Über die Hügel Startplatz ist die Kirche St. Martin in Egling. Wir folgen der Vorfahrtsstraße ein Stück nach links. Gleich darauf geht es rechts in den Thanninger Weg, dem wir bergauf aus dem Dorf hinaus folgen. Nach dem großen auffälligen Baum biegen wir rechts ab, nur um gleich darauf wieder nach links weiter in östliche Richtung zu wandern. Schnurgerade über die Felder erreichen wir so Thanning in der Schulstraße. Wir schlendern mit Blick auf den Thanninger Kirchturm hinab zur Hauptstraße, die wir minimal nach rechts in die Schmiedbergstraße queren.

Spatenbräufilz

Wie der Name schon verrät, war einst eine große Münchner Brauerei Grundstückseigentümerin des Moors. So wollte die Brauerei im 19. Jh. eigentlich mit dem Torf der Mooshamer Filze ihre Sudkessel befeuern, um goldenen Gerstensaft zu brauen. Warum es dazu nicht kam, ist bis heute nicht ganz geklärt. Trotzdem wurde über viele Jahre lang (bis 1960) das Moor abgebaut. Das Land um die Filze hatte man in der Zwischenzeit trockengelegt, um es nutzbar zu machen. Durch die Austrocknung schrumpften die intakten Moorflächen weiter und drohten zu verbuschen. Der Landesbund für Vogelschutz initiierte ein großes Projekt, erwarb fast ein Drittel der Moorflächen und begann diese wieder zu vernässen und zu renaturieren. Langsam zeigen sich Erfolge, und der Lebensraum moortypischer Tier- und Pflanzenarten scheint gesichert.

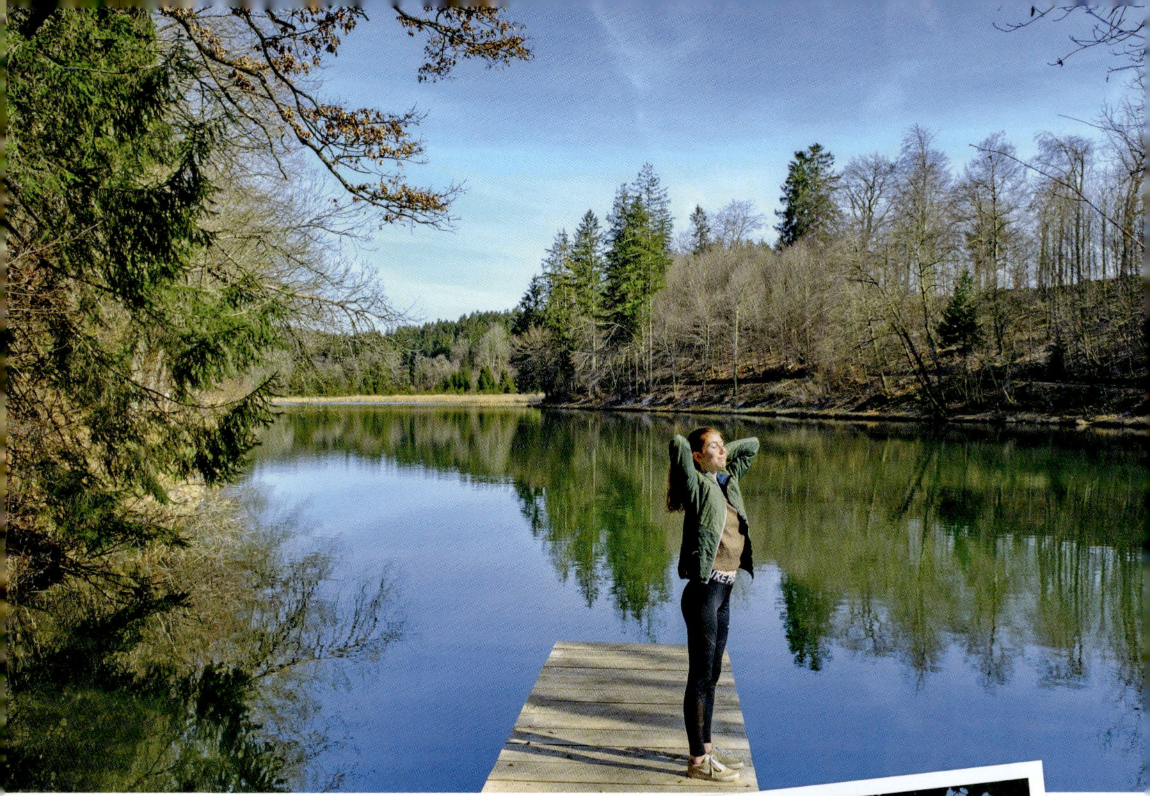

Herrliche Thanninger Weiher Vorbei an einigen schönen Bauernhäusern folgen wir dieser Straße über die Linkskurve abwärts, biegen in die nächste Straße rechts ein und halten uns in der Kurve gleich wieder rechts auf den für Fahrzeuge gesperrten Feldweg. Bald sind wir am ersten der Thanninger Weiher angelangt, die sich wie Perlen an einer Schnur hintereinanderreihen. Wer baden will, darf in den ersten Weiher hüpfen, die anderen beiden sind einem Fischerverein vorbehalten. Für den ersten Weiher bleiben wir noch auf der Nordseite; es gibt einen breiteren Weg etwas oberhalb des Ufers und einen Pfad in Wassernähe. Am zweiten Weiher halten wir uns dann rechts, passieren den Baum mit der »Knüppelnase« und das Fischerhäuschen und wechseln damit auf die Südseite. Dieser bleiben wir nun lange treu. Anfangs noch auf einem breiteren Wanderweg, geht dieser ab dem dritten Weiher in einen malerischen wurzeligen Waldpfad über. Die Weiher wechseln sich mit Schilfbereichen ab, herrlich!

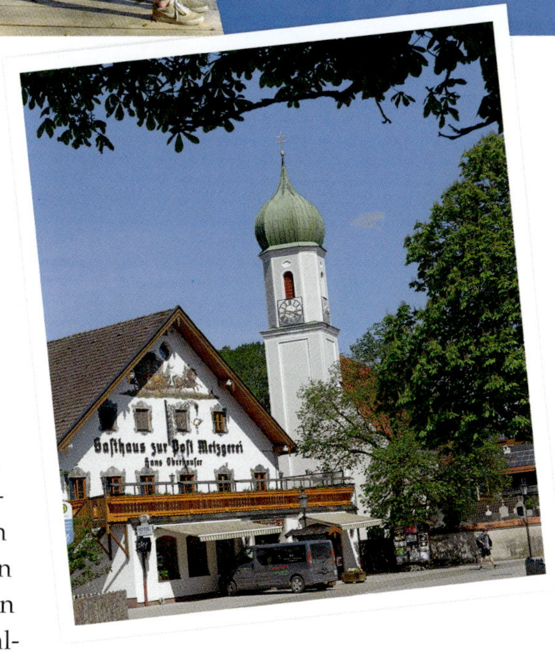

Die Eglinger Kirche liegt in der Dorfstraße, die hier Wolfratshauser Straße heißt.

Ganz oben: Am Thanninger Weiher lässt sich die Natur so richtig genießen.

Nach Feldkirchen und Moosham Schließlich stoßen wir im Wald wieder auf einen breiteren Forstweg, dem wir weiter in Wanderrichtung folgen. Er wendet sich nach rechts und trifft am Rand einer Wiese auf eine Wegverzweigung. Rechts haltend steigen wir aufwärts. Zunächst noch sonnig geht es bald wieder in dichteren Wald, wo wir stets geradeaus auf dem Hauptweg bleiben. Vorbei an einer kleinen Kiesgrube erreichen wir den Waldrand und sehen vor uns bereits den Weiler Feldkirchen liegen. Direkt auf die Kirche zusteuernd ist er schnell erreicht. Der Gasthof Hansch bietet sich für eine Rast an, denn wir haben die Hälfte der Tour bereits geschafft.

Für den Weiterweg wandern wir an der Feldkirchner Kirche vorbei zur Straßenkreuzung. Geradeaus geht es für uns nun ein kurzes Stück entlang der wenig befahrenen Nebenstraße bis nach Moosham, und im Ort halten wir uns links. Das einzige Schild, auf das wir heute treffen, weist uns als Radwegschild Richtung Ascholding. So passieren wir die schönen Mooshamer Bauernhäuser und verlassen nahe dem südlichen Ortsende die Dorfstraße nach rechts in die Straße Am Bergl.

Durchs Spatenbräufilz Leicht bergab teilt sich diese an einem Wäldchen; hier geht es rechts auf einem landwirtschaftlichen Weg wieder in den Wald hinein. Jetzt ist Orientierung gefragt: Sogleich teilt sich der Weg erneut, und wir bleiben rechts. Auf dem Hauptweg weiterwandernd, wendet sich der Weg an einer gerodeten Lichtung nach rechts. Wir passieren eine Wiese mit ei-

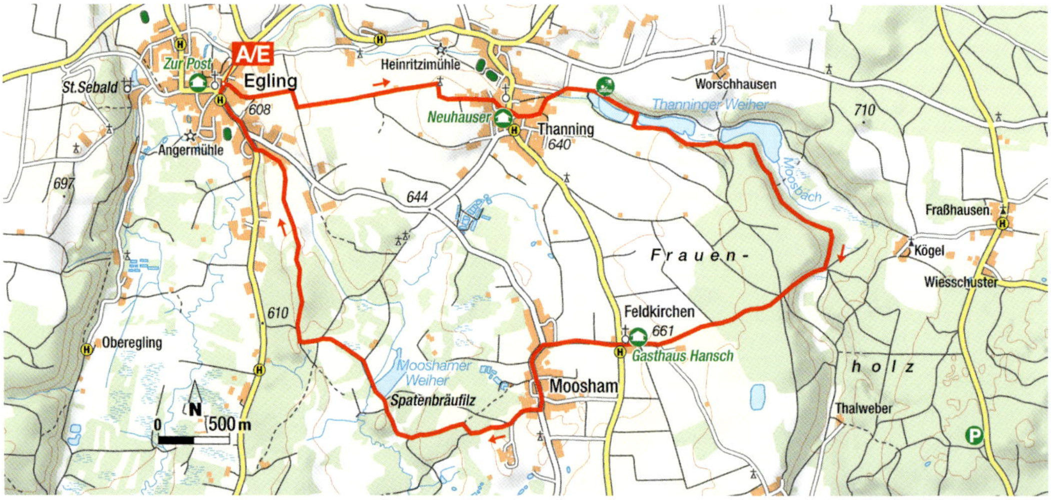

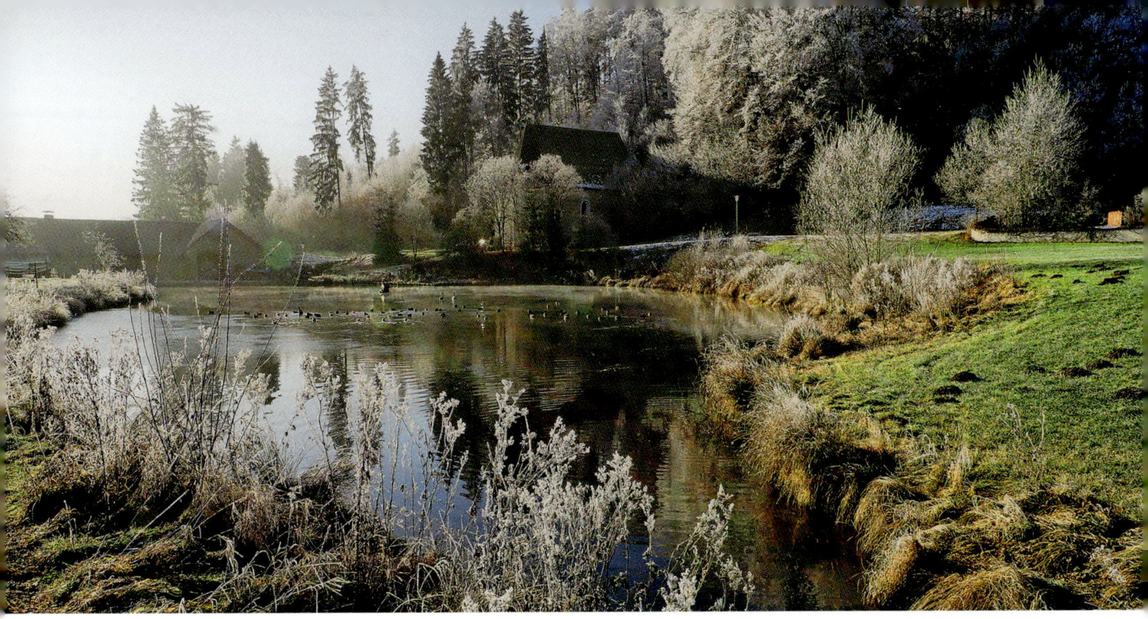

Auch im Winter bei Frost ist dies eine herrliche Tour.

ner Scheune, dahinter geht es durch ein Waldstück zur nächsten Wiese, und dort haben wir, uns geradeaus haltend, schon den Mooshamer Weiher erreicht.

Wir sind am Rand des Spatenbräufilzes angekommen, einem herrlichen Moorgebiet, und der gar nicht so kleine Mooshamer Weiher lädt noch einmal zum Schwimmen ein. Weiterwandernd, steigen wir am Seeende über den Ablauf des Mooshamer Bachs und sind dahinter schon mitten im Moor. Es versteht sich von selbst, dass wir in dem fragilen ökologischen System immer auf den Pfaden bleiben!

Rückweg nach Egling Hier heißt es wieder einmal: Augen auf, denn der Weg teilt sich gleich erneut. Für unseren weiteren Weg geht es dort nach links auf den kleineren, schlechteren Weg. Wer möchte, kann aber zuvor noch einen Abstecher nach rechts zu den Wasserstellen machen, in denen abgestorbene Baumstümpfe mystisch aus dem dunklen Wasser ragen. Ansonsten führt uns der Weiterweg am Rand von einem alten Entwässerungsgraben auf federndem Moorboden durch die Filze. Ein fast völlig verfallenes, windschiefes Moorhüttchen regt dabei unsere Fantasie an. Schließlich führt der Pfad wieder in den Wald, wird trockener und breiter. Nach wenigen Minuten stoßen wir auf einen quer verlaufenden Waldweg, der uns rechts zurück nach Egling bringt. Den letzten Kilometer wandern wir über die Wiesen und erreichen Egling am Reisererweg. Abwärts gelangen wir zur Hauptstraße, gehen noch kurz nach rechts und stehen alsdann wieder vor der Kirche, unserem Ausgangspunkt.

14 Von Bad Tölz nach Fischbach

Genusstour, auf der Appetit willkommen ist

Mittel | 15 km | 250 Hm | 4 Std.

Tourencharakter
Längere Rundwanderung, vorwiegend auf Wanderwegen und nur wenigen Nebenstraßen. Eine Abkürzung ist möglich.

Ausgangs-/Endpunkt
Isarbrücke in Bad Tölz
GPS: 47.760522, 11.556856

Anfahrt
Bahn & Bus: Mit dem Zug (BOB) nach Bad Tölz-Bahnhof, von dort zu Fuß in die Altstadt und durch die Marktstraße hinab zur Isarbrücke (15 Min.)
Auto: A 95 bis Ausfahrt Sindelsdorf und über Bichl und Bad Heilbrunn nach Bad Tölz

Einkehr
Das Gasthaus Fischbach verwöhnt mit bester bayerischer Küche, großen Portionen und zackigen Bedienungen, die aber nicht zwingend bayerisch sprechen (Mo Ruhetag, Nov.–April nur Fr–So außer in den Ferien). Das nette Bauernhof-Café Bolzmacher liegt aussichtsreich im Obstgarten der Familie Bolzmacher – gut, dass die Tochter gelernte Konditorin ist, denn das schmeckt man (Mi–So ab 9 Uhr).

Information
www.bad-toelz.de;
www.toelzer-land.de

Die einsame Wanderung führt über lauschige Waldwege und saftige Wiesen durch das Tölzer Hinterland. Mit zwei hervorragenden Einkehrmöglichkeiten, einmal passend zum Mittagessen und später dann als Option für Kaffee und Kuchen, wird die Runde zu einer perfekten Genusstour.

Immer dem Wasser nach Wir starten an der Bad Tölzer Isarbrücke, begeben uns auf die Kurviertel-Seite und folgen der Isar auf der Promenade flussabwärts. Wir passieren den Wohnmobilstellplatz und die Fußgängerbrücke (über sie kehren wir nach der Wanderung zurück) und verlassen den Uferweg an der Einmündung des Einbachs in die Isar. Dafür gehen wir nach links zur großen Straße und folgen dieser nach rechts vorbei am Futterhaus bis zur Bushaltestelle Hoheneck. Dort queren wir die

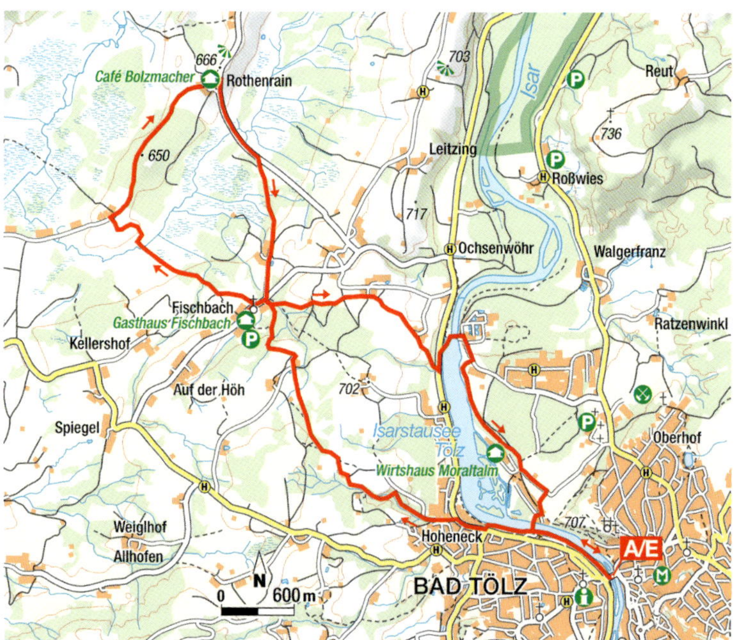

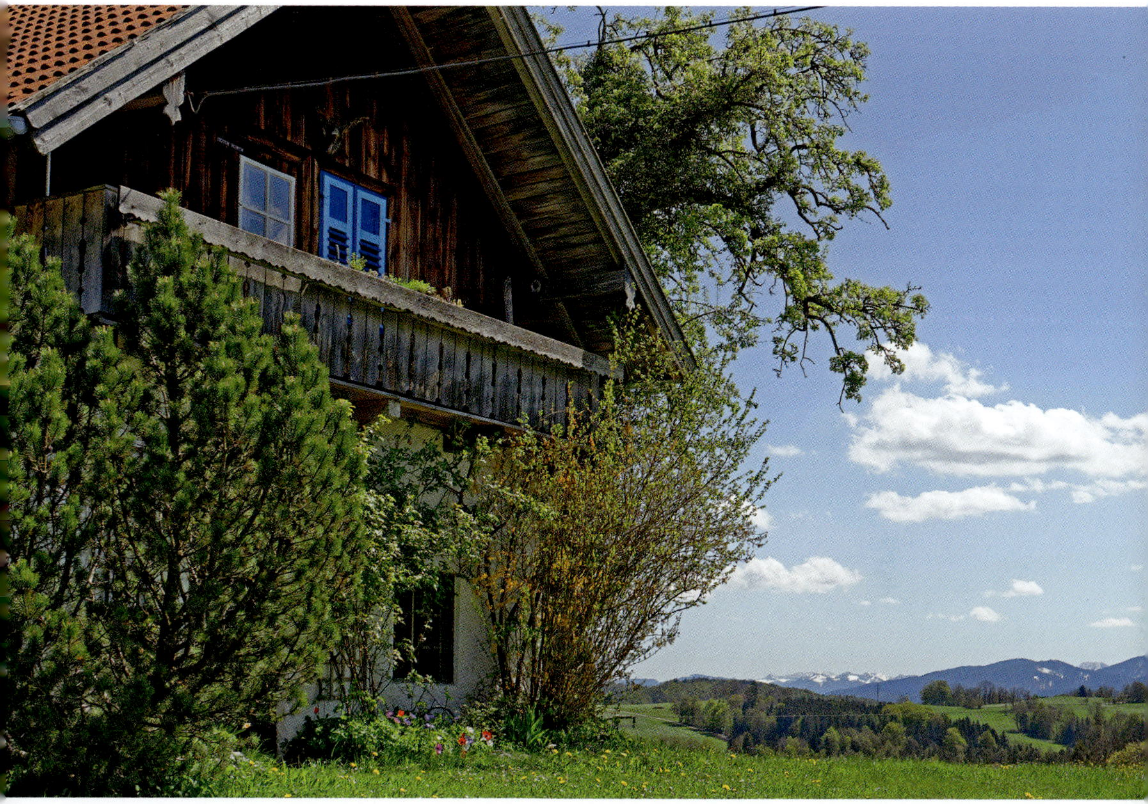

In Rothenrain haben wir den höchsten Punkt der Wanderung erreicht.

Straße und biegen links in die Straße Am Hoheneck bzw. Bürg ein. Sie bringt uns nach gut 200 Metern an eine Weggabelung. Hier halten wir uns rechts, queren den Peterbach und folgen der Straße nach links ein kleines Stück in den Wald. Dann beginnt links ein Wanderweg, der direkt am Bach verläuft. Der idyllische Wegabschnitt führt nun am plätschernden Wasser entlang durch den Wald.

Über Wald und Wiesen Am Ende geht es leicht aufwärts, und wir verlassen den Wald auf eine Wiese. An der nahen Scheune treffen wir auf einen Feldweg, dem wir nach links folgen. Er führt wieder in den Wald. Stets auf dem Hauptweg bleibend, kommen wir erneut über Wiesen zum einsamen Haus von Lechen. Hier bleiben wir geradeaus und folgen dem Feldweg, der auf der linken Seite des Hauses verläuft. Wieder wandern wir in den Wald hinein und erreichen bergab einen Wanderparkplatz an der Straße. Jetzt geht es für wenige Meter nach links aufwärts zur kleinen Kirche von Fischbach und zum Gasthof, wo sich eine

Einkehr immer lohnt. Hinter dem Haus liegt ein kleiner Biergarten, aber auch innen ist es sehr gemütlich. Wer jetzt schon müde ist, kann hier die Wanderung abkürzen und sich auf den Heimweg machen, der Rückweg beginnt wieder am Wanderparkplatz.

Durchs Moor zum Kuchenparadies Alle, die trotz vollen Bauchs noch Kraft für weitere fünf Kilometer haben, dürfen sich über eine aussichtsreiche, gut ausgeschilderte Strecke freuen, die durch ein kleines Moor führt. Auf Höhe der Fischbacher Kirche beginnt der Heilklimaweg »50«, der über die Wiese verläuft. Beim Stadel am Waldrand biegt unser Weg nach rechts in ein Waldstück ab. Kaum haben wir dieses verlassen, geht es schnurgerade auf einem Pfad über Feuchtwiesen in ein kleines Moor. Schmetterlinge tanzen um Bach-Nelkenwurz, Knabenkraut, Mädesüß und Blutweiderich – alles Pflanzen, die feuchte Füße lieben. Wir queren das Bächlein Rottach und folgen dem sanft ansteigenden Weg nach Wolfsöd, wo wir auf einen breiteren Weg stoßen. Auf diesem gehen wir nach rechts in den Wald hinein; Rothenrain ist bereits ausgeschildert. In Rothenrain laufen wir zwischen den Häusern hindurch und an einer Kapelle vorbei zum Café Bolzmacher. Die feinen Kuchen verführen uns schon wieder, aber Zucker macht ja bekanntlich glücklich.

Rechts: Herrlich ist die Aussicht über die Wiesen von Rothenrain und Fischbach auf die Berge im Tölzer Land.

Fischbach

Ein Weiler wie aus dem Bilderbuch: Neben einigen Bauernhäusern und der hübschen Kirche St. Johann d. Täufer aus dem 17. Jh. steht ein urgemütliches Wirtshaus, wie man es nur noch selten findet – sie prägten über lange Zeit den ländlichen Raum in Bayern und waren ein fester Bestandteil im sozialen Miteinander auf dem Land. Hier trafen sich die Bauern zum Frühschoppen, es wurden Neuigkeiten ausgetauscht und natürlich gefeiert, von der Taufe über die Hochzeit bis zum Leichenschmaus. So ein Wirtshaus begleitet die dörfliche Bevölkerung durchs ganze Leben. Schön, dass es hier in Oberfischbach noch eines gibt – es gehört sogar zu den »100 besten Heimatwirtschaften in Bayern«!

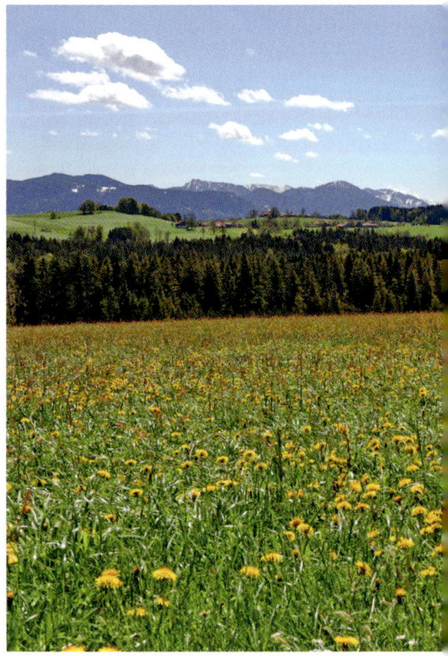

Heimwärts Für den Rückweg nach Fischbach folgen wir beim Café der Teerstraße abwärts. Kurz nachdem wir noch einmal die Rottach gequert haben, biegen wir rechts auf einen Forstweg ab, der uns an den Häusern von Fischbachmühl vorbei wieder zum Wanderparkplatz von Fischbach führt. Dort halten wir uns diesmal links und steigen über ein paar Treppenstufen aufwärts. Gleich queren wir den Lechnerbach und wandern am Rand einer Wiese nun auf dem Heilklimaweg »21« zum Weiler Prösteln. Dort folgen wir einem Wiesenweglein nach Abberg, wo wir uns rechts halten und hinunter zur großen Straße gehen. Diese queren wir und sind nun wieder an der Isar, die hier aufgestaut ist. Ein Stück wandern wir am Ufer nach links, dann queren wir am Isarkraftwerk den Fluss. Auf der anderen Seite führt der Weg verkehrsberuhigt zurück, wobei wir uns möglichst in Fluss- bzw. Stauseenähe halten. Über den Walgerfranzweg kommen wir zum Restaurant Altes Fährhaus, wo wir den Isarsteg benutzen, um auf die Uferseite des Hinwegs zu wechseln und über diesen nach links die Runde zu vollenden.

Im Café Bolzmacher werden wir mit Kuchen verwöhnt.

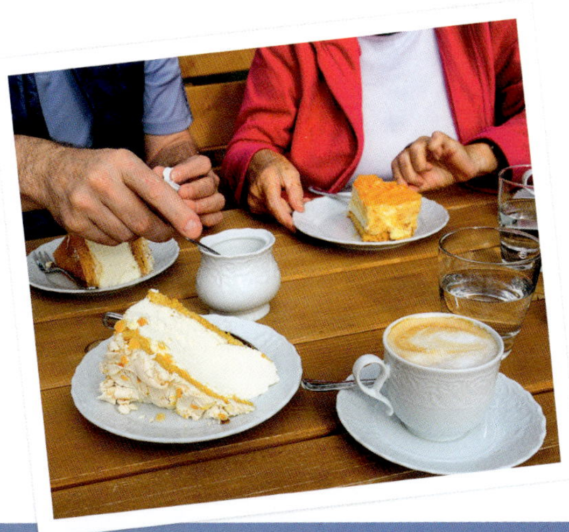

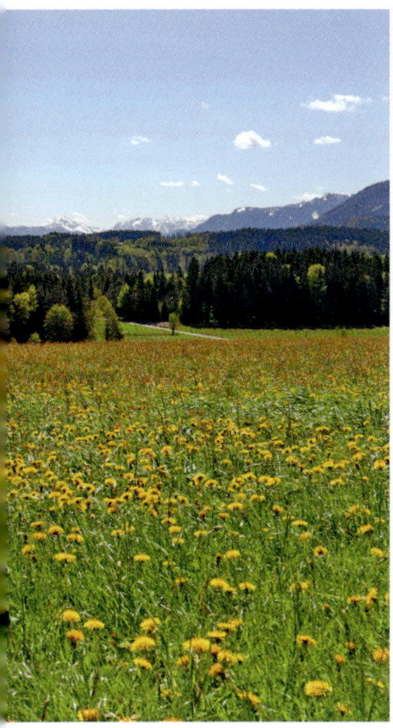

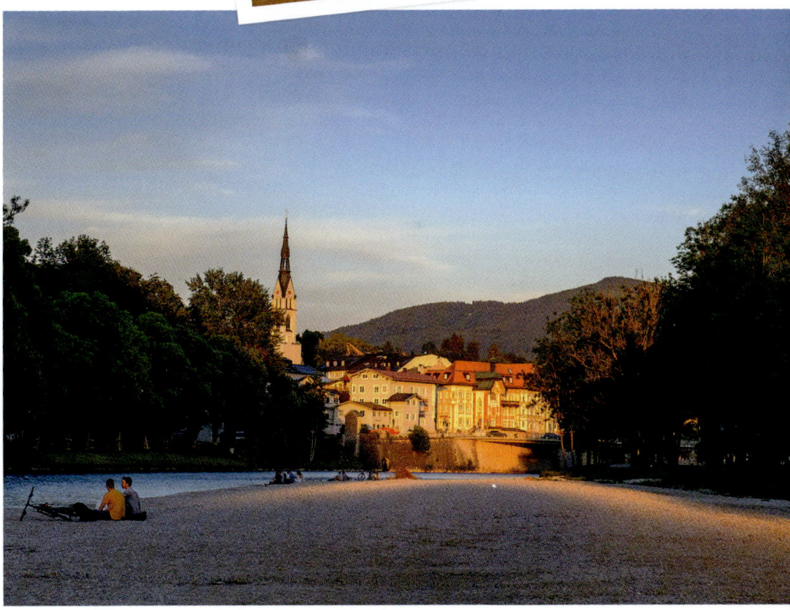

Abendsonne an der Isar-Promenade in Bad Tölz

15 Bad Tölz und die Isar

Neue und alte Wege

Leicht | 11,5 km | 180 Hm | 3 Std.

Tourencharakter
Leichte Rundwanderung mit viel Sonne, vorwiegend auf Wanderwegen mit einem kleinen Anstieg auf die Anhöhe von Wackersberg. Fast das ganze Jahr über möglich

Ausgangs-/Endpunkt
Isarbrücke in Bad Tölz
GPS: 47.760522, 11.556856

Anfahrt
Bahn & Bus: Mit dem Zug (BOB) nach Bad Tölz-Bahnhof, von dort zu Fuß in die Altstadt und durch die Marktstraße hinab zur Isarbrücke (zusätzlich 15 Min.)
Auto: A 95 bis Ausfahrt Sindelsdorf und über Bichl und Bad Heilbrunn nach Bad Tölz. Im Ort zahlreiche ausgewiesene Parkplätze

Einkehr
Mit einem Abstecher erreicht man in Wackersberg das Gasthaus Altwirt. In Bad Tölz gibt es sehr viele Möglichkeiten, vom Restaurant bis zum Eiscafé.

Information
www.bad-toelz.de

Es bleibt nicht aus, dass man sich eine so beliebte Stadt wie Bad Tölz mit vielen Touristen, Wanderern und natürlich Einheimischen teilt. Auch wir folgen zunächst dem beliebten Weg entlang der Isar, sind dann aber wieder auf unbekannteren Pfaden unterwegs – so fühlt sich Glück an!

Isarfreuden Wir starten in Bad Tölz unterhalb der Marktstraße an der Brücke über die Isar, queren den Fluss hinüber zur Kurviertelseite, und nun gibt uns die Isar die Richtung vor. Schnurstracks verlassen wir den Ort auf dem Isarwanderweg in Richtung Süden. Auch wenn wir uns diesen Weg mit so einigen Wanderern und Radfahrern teilen, stellen sich sogleich Glücksmomente ein, denn es dauert nur wenige Minuten, und wir sind inmitten der herrlichen Isarauen. Hell leuchten die Kiesbänke,

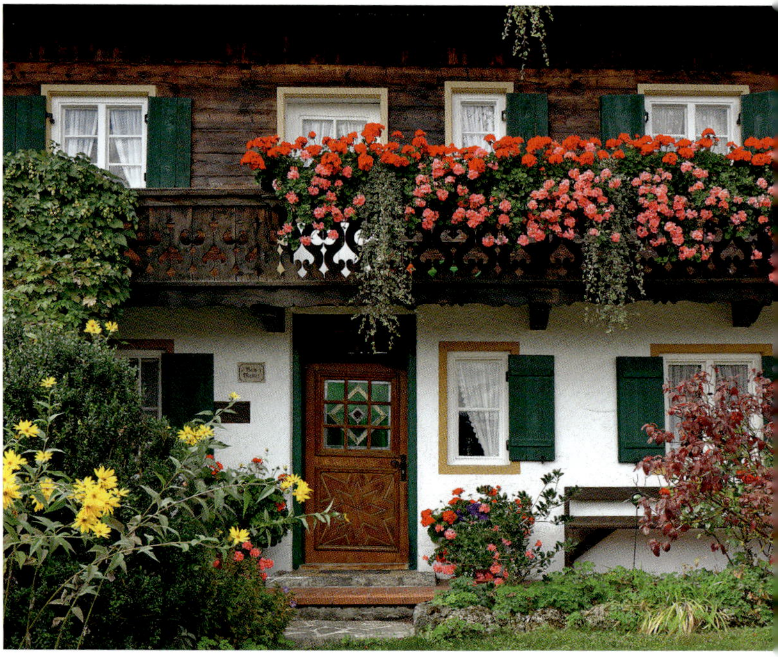

Die Höfe in der Ortsmitte von Wackersberg sind eine wahre Augenweide.

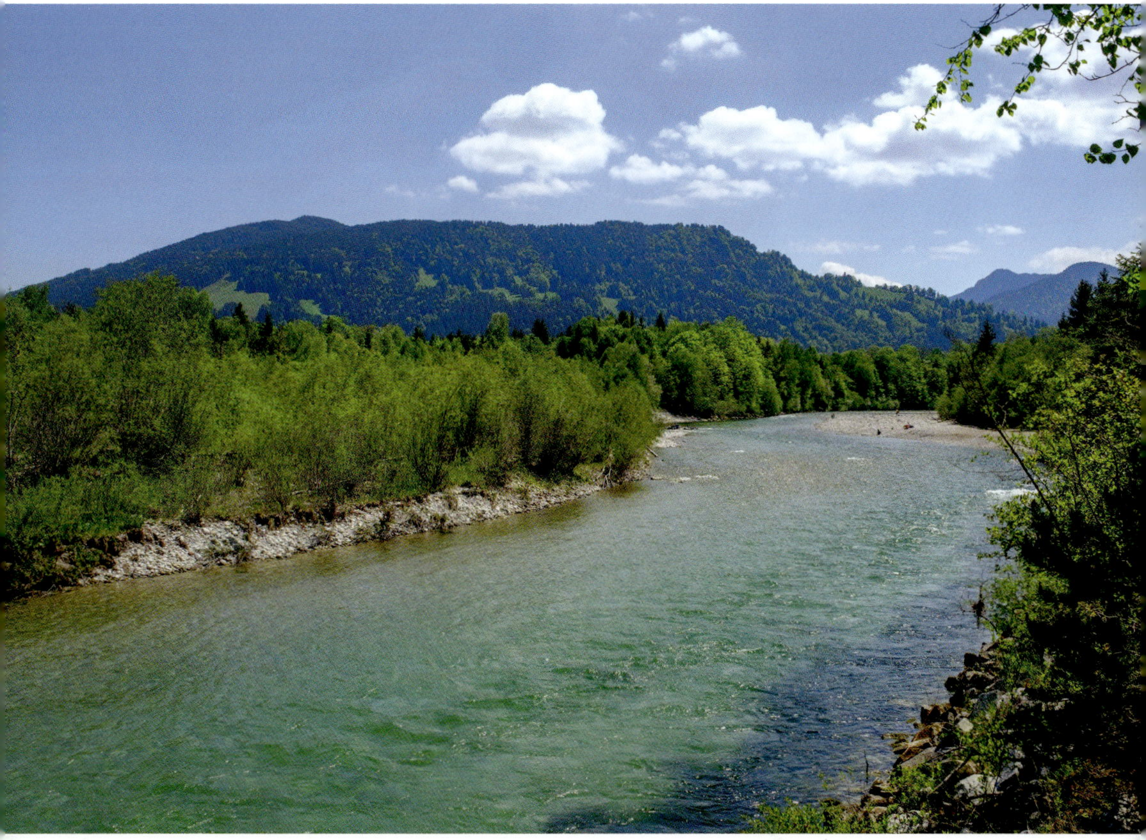

und nur vereinzelt wachsen Wacholderbäume, Weiden und kleine Kiefern. Im Sommer wird es hier heiß, Schatten ist rar. Wer jetzt noch schnell baden möchte, wandert auf einem der kleineren Isarpfade nach links ans Wasser. Aber wir können uns den Wasserspaß auch für das Ende der Tour aufheben, denn direkt in Bad Tölz gibt es die eine oder andere perfekte Kiesbank.

Nicht immer fließt die Isar ruhig und idyllisch. Ihr Name stammt vom keltischen »Isaria« und bedeutet »wild«, und so zeigt sie sich auch nach Regenwetter.

Auf das alte Hochufer Nach einer knappen Stunde Wanderns erreichen wir die große Wegverzweigung Bibermühle, wo wir nach rechts die Isar verlassen. Kurz darauf halten wir uns noch einmal rechts auf den Pfad, der uns direkt zu den Häusern von Bibermühle bringt. Hier stoßen wir auf eine Autostraße, die wir vorsichtig queren. Auf der anderen Seite steigen wir nun steil hinauf zum alten Isarhochufer und in Richtung Wackersberg. Kaum oben angekommen, treten wir aus dem Wald, wenden uns scharf nach rechts und wandern nun an der Hangkante und entlang einer Wiese in nördliche Richtung weiter. Immer wieder

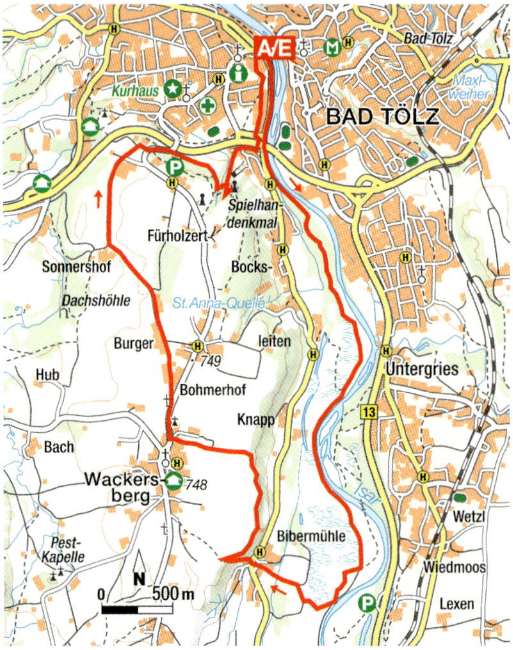

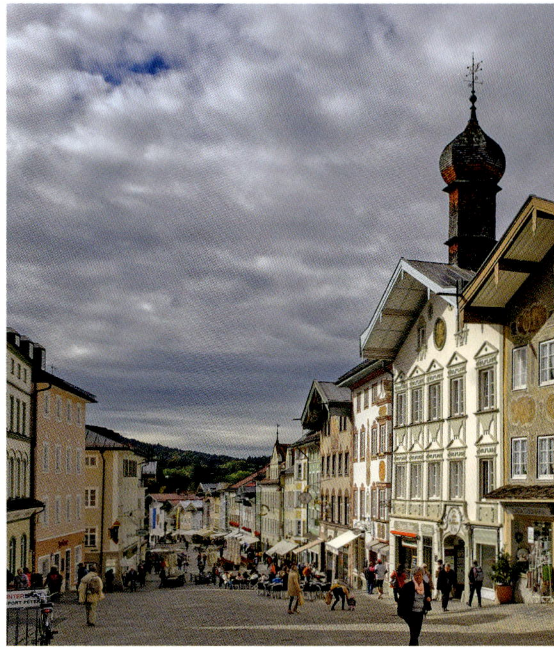

Rechts: In der malerischen Marktstraße von Bad Tölz kann man die Wanderung ausklingen lassen.

öffnet sich nach rechts der Blick auf die Isar und die Gaißacher Berge. Links von uns sehen wir das hübsche Dorf Wackersberg, zu dem unser Feldweg über eine Linkskurve hinführt. Am Ortsanfang von Wackersberg treffen wir wieder auf eine Straße. Wer Hunger oder Durst hat, kann nach links einen Abstecher zum Gasthaus Altwirt unternehmen. Auch das hübsche Bauernhof-Ensemble an der Wackersberger Kirche ist einen Blick wert.

Zum Spielhahn-Denkmal Nach der Einkehr folgen wir dem Fußweg nach rechts parallel zur Straße. Wo diese sich gabelt, wechseln wir nach links auf das Sträßchen nach Burgern, Richtung Sonnershof. Nun geht es wieder über Felder, Wiesen und durch kleine Waldabschnitte. Am großen Gut Sonnenhof biegen wir rechts auf den Sonnenhofweg ab, der uns schließlich leicht abwärts und dann erneut nach rechts zur größeren Wackersdorfer Straße bringt. Dieser folgen wir auf dem Fußweg nach links. Der schnellste Weg zurück wäre nun, dieser Straße durch das Kurviertel von Bad Tölz bis zur Isar zu folgen. Viel schöner ist jedoch der kleine Umweg über das Spielhahn-Denkmal. Dafür biegen wir in der scharfen Linkskurve rechts auf den Waldweg ein, der sogleich im leichten Auf und Ab an der Hangkante entlangführt. Das Kriegerdenkmal ist schnell erreicht, und von dort genießen

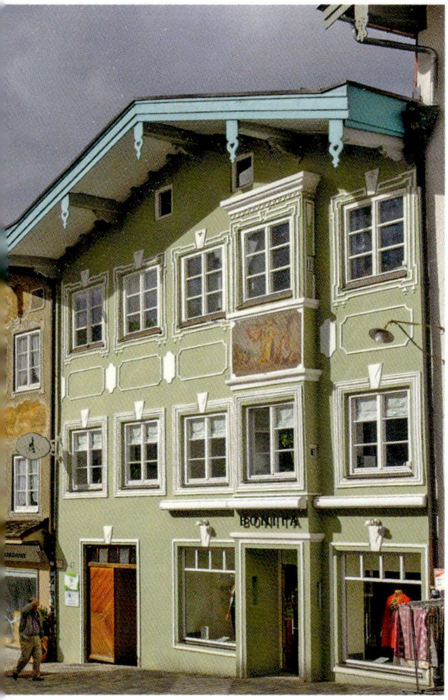

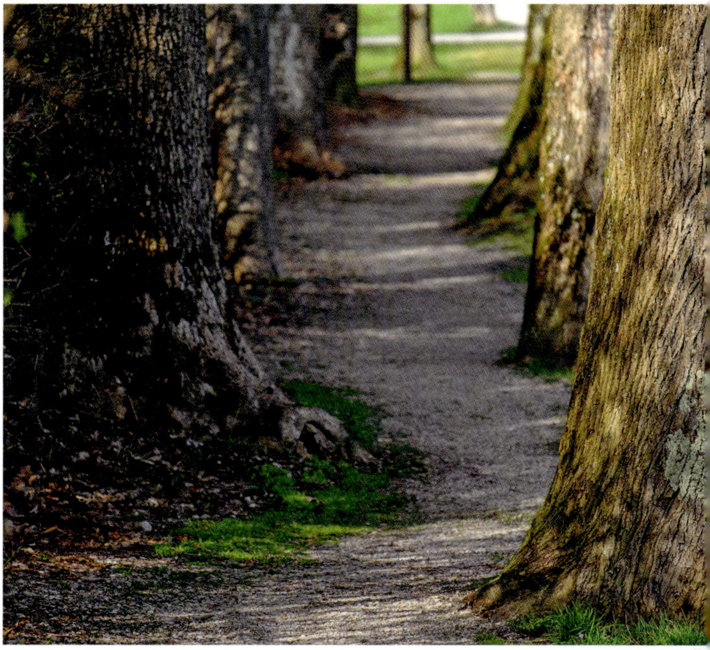

wir einen wunderbaren Blick über Bad Tölz.

Bad Tölz

Die lebendige kleine Stadt ist nicht erst seit der Fernsehserie »Der Bulle von Tölz« einem größeren Publikum bekannt. Über der Marktstraße, dem Herzstück von Tölz, thront die Kalvarienberg-Kirche. Auch die kleinen Gassen rund um den Jungmayrplatz sind sehr malerisch, dort findet man auch die größte Dichte an netten Straßencafés, die vor allem am Nachmittag noch lange in der Sonne liegen.

Barocke Schönheit Nach der Schaurast geht es ein Stück auf demselben Weg zurück, dann steigen wir steil nach Bad Tölz hinab. An der Straße Am Manfredhof erreichen wir die ersten Tölzer Häuser, halten uns links, laufen unter der Umgehungsstraße hindurch und wählen nun statt dem Weg entlang der Isar links den Isarleitenweg. Zunächst geradeaus, können wir mit einem Links-rechts-Schwenk in den Klosterweg einbiegen und so noch die schöne Franziskanerkirche besuchen, dem Pendant zur feudalen Stadtpfarrkirche. Gleich daneben steht die Tür zum Raum mit der Ganzjahreskrippe des Tölzer Krippenvereins eigentlich immer offen – ein weiterer Geheimtipp, gerade für Liebhaber dieses herrlich barocken Brauchs. Von der Kirche laufen wir dann die steile Franziskanergasse hinunter und stehen bald wieder am Ausgangspunkt unserer Runde.

Oben: Durch die Allee des Gabriel-von-Seidl-Wegs gehen wir die letzten Meter zurück zur Isar.

16 Rund um Bad Heilbrunn

Gemütlich über Feld- und Wiesenwege

Leicht | 13 km | 100 Hm | 3.15 Std.

Tourencharakter
Eine Wanderung über Feldwege und wenige kleine Nebenstraßen. Kaum Steigungen und viel Sonne. Die Tour lässt sich abkürzen. Badesachen nicht vergessen!

Ausgangs-/Endpunkt
Kirche St. Kilian in Bad Heilbrunn
GPS: 47.745791, 11.453998

Anfahrt
Bahn & Bus: Mit dem Zug (BOB) nach Bad Tölz und weiter mit dem Bus nach Bad Heilbrunn bis Haltestelle Kirche oder Birkenallee
Auto: A 95 bis Ausfahrt Sindelsdorf und weiter Richtung Bad Heilbrunn. Parkmöglichkeiten im Wörnerweg gegenüber dem Sportplatz, am Kräuterpark oder sonntags am REWE-Parkplatz am Kreisverkehr. Von dort zur Kirche laufen

Einkehr
Unterwegs kommt man am Wirtshaus RamsAu, dem Gasthaus Reindlschmiede und dem Café Kolb vorbei. In Bad Heilbrunn lockt die Parkvilla (hinter der Kirche).

Information
www.bad-heilbrunn.de

Bad Heilbrunn liegt etwas unbeachtet zwischen den viel bekannteren Orten Benediktbeuern und Bad Tölz. Zu Unrecht! Das Dorf kann auf eine lange Geschichte zurückblicken und ist für seinen Kräutergarten bekannt. Dazu kommen einsame Wege rundum und gute Wirtshäuser – besser geht es kaum.

Abwärts in die Ramsau Wir starten vor der barocken Pfarrkirche St. Kilian, deren Besichtigung wir jetzt gleich oder auch erst am Ende der Wanderung in Angriff nehmen, und folgen der Straße am Rathaus vorbei nach Norden. Sie wendet sich nach rechts und wird zur Birkenallee. Wir folgen ihr nur noch wenige Schritte und halten uns dann links durch den schönen Kräuter-Erlebnis-Park mit seinen zahlreichen Heil-, Duft- und Gewürzkräutern. Im weiteren Wegverlauf dürfen wir uns nicht wundern, denn es geht über absolut kleine Dorfwege, eben echte Geheimtipps. Am anderen Ende des Kräuterparks treffen wir auf die Schule; rechts von ihr führt ein kleiner Weg zum Krebsenbach. Dort halten wir uns links und laufen zwischen Sport- und Hartplatz zum Wörnerweg.
Für ein kurzes Stück geht es nach rechts, dann queren wir die Straße und spazieren über den Parkplatz zum Friedhof. Rechts davon finden wir wieder ein Weglein, das uns durch ein Waldstück zu einem Wegdreieck bringt. Wir halten uns rechts und wandern leicht bergab zu den Obermühlhöfen. Dort biegen wir noch vor dem Hof links ab und wandern zwischen Misthaufen und Stall weiter. Dabei folgen wir nicht dem größeren Feldweg, sondern halten uns auf dem Pfad über die Wiese. So gelangen wir schließlich über Stufen und über den Stallauer Bach zum Gasthaus RamsAu, einer hervorragenden Adresse zum Einkehren, auch wenn wir noch am Anfang der Wanderung sind.

Im Rams-Rausch am Stallauer Bach Der nächste Wegabschnitt ist nicht mehr kompliziert. Wir wenden uns nach links und fol-

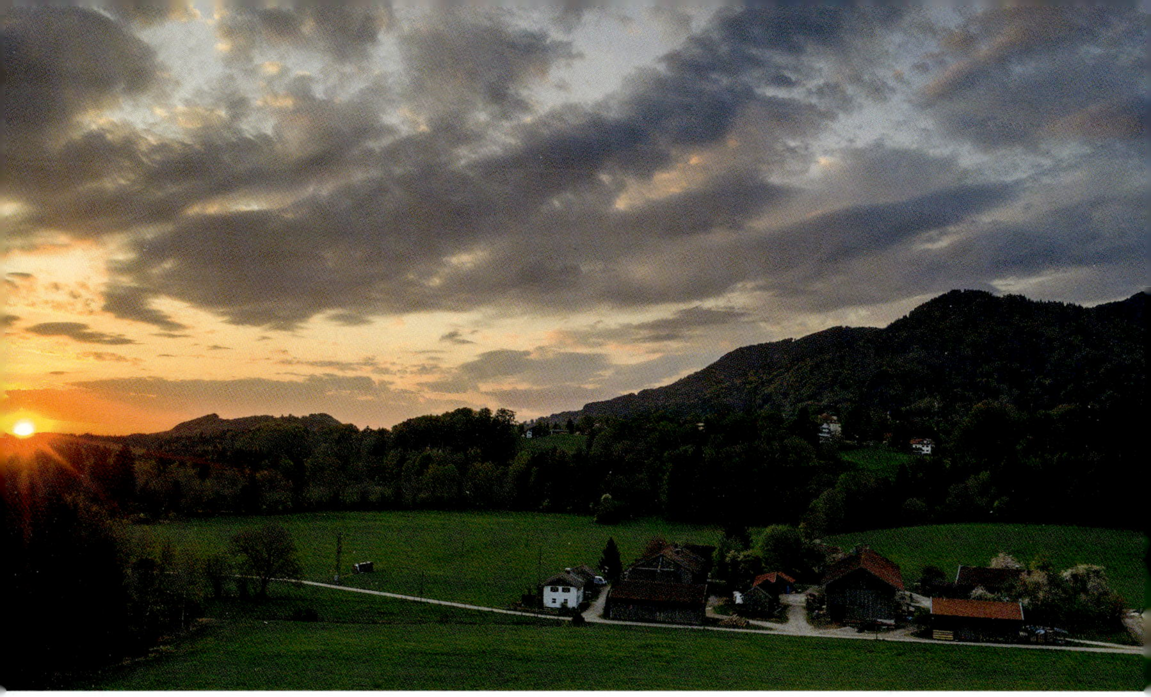

Sonnenaufgang an der Schönau

gen hinter dem Gasthaus einfach dem kleinen landwirtschaftlichen Weg, der uns herrlich sonnig durch die Felder führt. Neben uns plätschert mal mehr, mal weniger nah der Stallauer Bach dahin, und im Frühjahr können wir an seinem Ufer viel Bärlauch (auf Bayerisch: »Rams«) ernten. An der Weggabelung halten wir uns rechts und queren den Reindlbach, der sich kurz zuvor mit dem Stallauer Bach vereinte. Es geht durch ein Waldstück, und wir erreichen die große Bundesstraße 11. Wer jetzt genug vom Wandern hat, kann sich bereits hier links auf dem kleinen Weg entlang der Straße auf den Rückweg machen (s. Kasten).

Zur Loisach Egal für was man sich entscheidet, es lohnt sich, die Straße zu queren und etwas nach rechts zum Gasthaus Reindlschmiede zu wandern. Die hervorragende Wirtschaft mit eigener Metzgerei ist im Landkreis wohlbekannt und äußerst zu empfehlen. Nachdem wir uns dort gestärkt haben, wandern wir auf der kleinen Straße am Wirtshaus weiter. Wir passieren einen Teich, folgen den Straßenkurven vorbei an der Feuerwehr und erreichen die größere Häuseransammlung von Mürnsee.

Abkürzung

Wer etwas vor der Reindlschmiede die Tour abkürzen möchte, folgt dem kleinen Wanderweg, der kurz parallel zur B 11 verläuft und dann durch ein Waldstück über einen Hügel ebenfalls in den Ortsteil Schönau führt. Dort trifft man auf die Straße, die uns links zum Schönauer Weiher bringt (diese benützen im Übrigen später alle Länger-Wanderer auch).

Heilbrunn und seine Kurfürstin

1159 wurde das gesundheitsfördernde Wasser Bad Heilbrunns von Mönchen aus Benediktbeuern zum ersten Mal erwähnt. Aufschwung erlebte der Ort 1659, als Kurfürstin Henriette Adelaide, Prinzessin aus dem piemontesischen Königshaus Savoyen, zu einer sechswöchigen Trinkkur anreiste. Die Kurfürstin war bereits acht Jahre verheiratet, aber der so wichtige Nachwuchs immer noch nicht in Sicht – dies sollte das jodhaltige Heilbrunner Heilwasser ändern. Der Erfolg ließ nicht lange auf sich warten: Fast genau ein Jahr später wurde Adelaide von ihrer Tochter Marie Christina entbunden. Nach weiteren zwei Jahren erblickte der heiß ersehnte Thronfolger, der spätere Kurfürst Max Emanuel II., das Licht der Welt. Überglücklich ließ das königliche Paar zum Dank für die Geburt des männlichen Sprösslings in München die Theatinerkirche errichten. Auch wenn die Kurfürstin kein zweites Mal nach Heilbrunn reiste, so blieb sie dem gesunden Wasser doch treu und ließ es sich regelmäßig nach München liefern.
Heute sind nur noch spärliche Reste des einstigen Kurerfolgs im Ort zu finden, selbst der schöne Quellentempel musste Anfang des 20 Jh. einem moderneren Bau weichen. Aber die Deckenfresken in der Kirche St. Kilian erzählen noch immer die Geschichten vom heilsamen Wasser.

Nach dem ersten Haus auf der rechten Seite biegen wir an der kleinen Kreuzung (Bushaltestelle) rechts in die Sackgasse ein und folgen dem Sträßchen, das hinter den letzten Häusern zum Feldweg wird. Nachdem wir am Rand einer Wiese gewandert sind, biegen wir links ab und gehen an zwei Häusern vorbei zu einer Straße. Auf ihr geht es nach links, und wieder passieren wir einige Häuser (Unterkarpfsee). Kurz bevor die Straße ganz im Wald verschwindet, halten wir uns rechts und folgen dem Feldweg, der an einem einsamen Haus vorbei zur Loisach führt.

Wasserspaß Nun genießen wir den Gebirgsfluss, der seinen Lauf westlich von Biberwier in Tirol startet und bei Wolfratshausen in die Isar fließt. An der kleinen Kurve erreichen wir sogar einen Badeplatz. Kurz vorher wurde der Loisach bei Schönmühl etwas Wasser für ein Kraftwerk entnommen, das sich hier wieder mit dem natürlichen Fluss vereint. Wunderschön wurden einige Steine im Flussbett drapiert, sodass herrliche Badegumpen entstehen – auch wenn das Wasser das ganze Jahr über äußerst erfrischend bleibt. Wir setzen den Weg solange wie möglich entlang des Ufers fort. Es geht durch ein Wäldchen, und der Weg wird nun deutlich schlechter. Aber kurz darauf kommen wir an einen Feldweg und halten uns weiterhin in Wanderrichtung. Wieder am Reindlbach, erreichen wir links haltend die Häuser von Kiensee, durch die wir zur kleinen Straße spazieren.

Herrliches Moorbad Ihr folgen wir wenige Schritte nach rechts, und schon stehen wir wieder an der B 11. Nun müssen wir am Wiesenrand für 100 Meter nach links wandern, bevor wir die B 11 in die nächste ansteigende Straße queren können. Das ist aber schnell geschafft, und wir stapfen zur Anhöhe hinauf, von der wir einen wunderschönen Blick über den Ortsteil Schönau auf Bad Heilbrunn und den dahinter liegenden Blomberg mit dem Stallauer Eck genießen.
Die Straße führt uns zu den Bauernhäusern abwärts, wo wir links in die nächste Straße einbiegen. Sie bringt uns vorbei am Café Kolb zum herrlichen Moorbad Schönauer Weiher, ein echter Geheimtipp für eine entspannte Schwimmrunde. Zum Finale geht es für uns vor dem Schönauer Weiher nach rechts, sodass wir den kleinen Parkplatz queren und dann steil den Forstweg hinauf in den Wald wandern. Der Weg wird zur Teerstraße, und wir sind zurück in Bad Heilbrunn. Der Kirchturm gibt die Richtung vor, und wir gehen abschließend links durch den Adelheidpark das letzte Stück hinauf zur Kirche.

Ein unentdecktes Stück Loisach wartet sogar mit Badegelegenheit auf uns, natürlich auf eigenes Risiko.

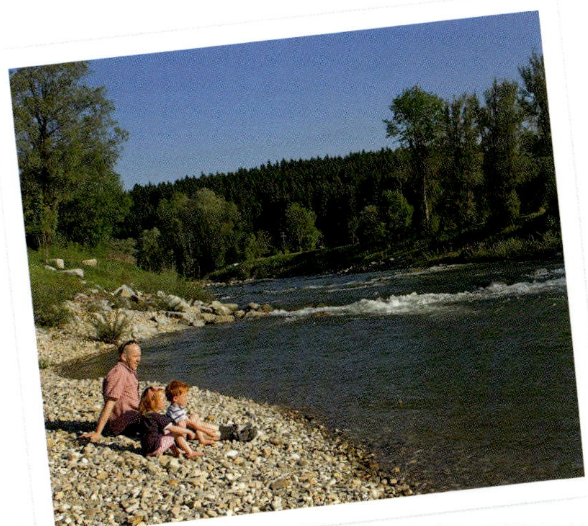

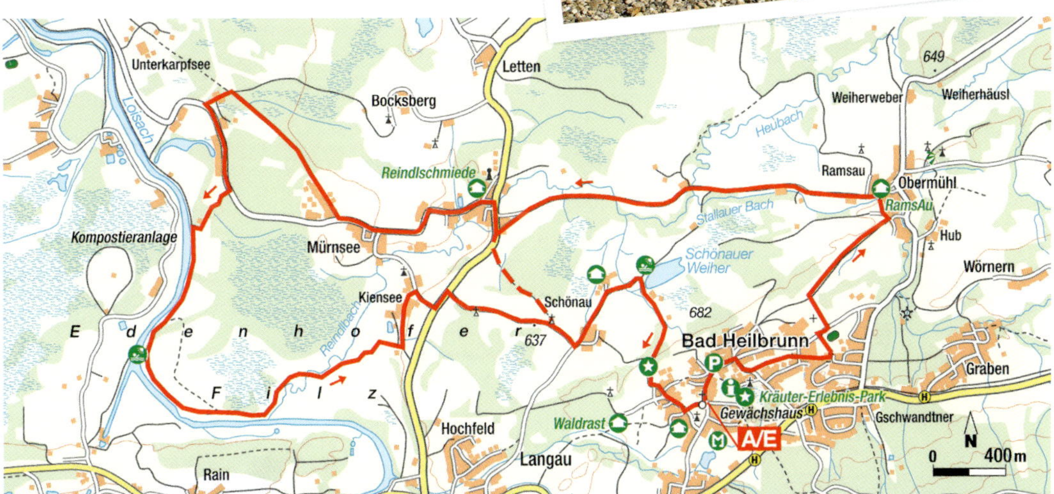

17 Von Waakirchen nach Marienstein

Zwischen Bergwerk und Schokobrunnen

Leicht	7,5 km	100 Hm	2 Std.

Tourencharakter
Kurze und einfache Wanderung mit wenigen Anstiegen. Kaum Markierungen, dafür schöne Wald-, Feld- und Wiesenwege

Ausgangs-/Endpunkt
Löwendenkmal in Waakirchen
GPS: 47.770573, 11.674911

Anfahrt
Bahn & Bus: Mit dem Zug (BOB) nach Bad Tölz und weiter mit dem Bus nach Waakirchen bis Haltestelle Rathaus
Auto: Waakirchen liegt an der B 472 zwischen Bad Tölz und Miesbach. Es gibt einen offiziellen Wanderparkplatz gegenüber der Schule in der Glückaufstraße. Zum Ausgangspunkt folgen wir dieser nach Süden und gehen dann rechts auf dem Fußweg entlang der großen Tegernseer Straße in die Ortsmitte.

Einkehr
Unterwegs keine, aber im Anschluss an die Wanderung zwei tolle Möglichkeiten in Waakirchen: die »Zapferei« im Hoppebräu und das Café »Dark Secret« in der Schokoladenmanufaktur

Information
www.waakirchen.de

Herrlich einsam geht es im Tölzer Land über Wiesen und durch Wälder. Den Rechelkopf im Isarwinkel vor Augen, besuchen wir das alte Bergwerksdorf Marienstein und dürfen uns nach der Tour bei einer genussvollen Einkehr verwöhnen lassen.

Bayerischer Aufstand Wir starten am Löwendenkmal in Waakirchen, das einer kurzen Erklärung bedarf: Im Spanischen Erbfolgekrieg kam Bayern unter österreichische Herrschaft, es wurde besetzt und ausgebeutet. Aufstände gegen die Besatzer wurden brutal niedergeschlagen. Höhepunkt dieses Widerstands war der misslungene Versuch, am 24.12.1705 München zurückzuerobern. Die Ermordung von 1100 Aufständischen ging als »Sendlinger Mordweihnacht« in die Geschichte ein und hat sich tief in das Gedächtnis der Bevölkerung gegraben. Zum 200. Jahrestag wurde 1805 das Oberländer Denkmal mit dem Löwen in Waakirchen eingeweiht, an dem heute noch alljährlich am 24.12. ein Gottesdienst für die Gefallenen von 1705 gefeiert wird.

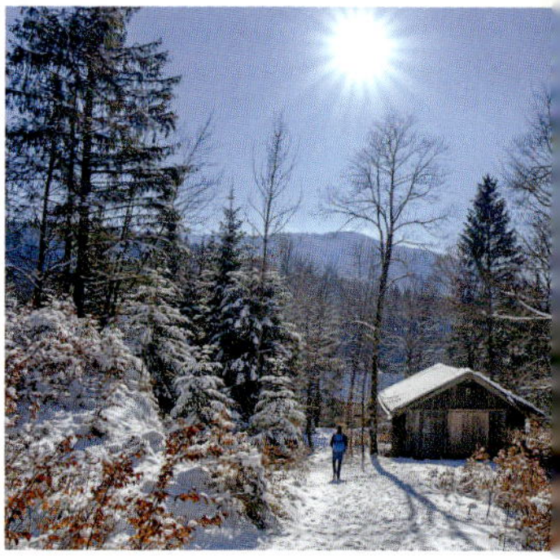

Wiesenglück mit Fernsicht Neben dem Denkmal liegt die Bäckerei Kuhn, bei der wir uns nach Bedarf noch mit einer Brotzeit für unterwegs eindecken können. Dann starten wir in den Weisenfeldweg, die Straße unterhalb der Bäckerei. Gelbe Wanderschilder weisen uns bereits Richtung Marienstein, wobei wir diese an der nächsten Weggabelung gleich einmal ignorieren: Wir halten uns hier rechts und verlassen Waakirchen auf einem Feldweg. In südwestlicher Richtung geht es nun mit schönem Blick über die Wiesen hinweg zu den Bergen des Isarwinkels bis zu einem größeren, quer verlaufenden Feldweg. In diesen biegen wir links ein

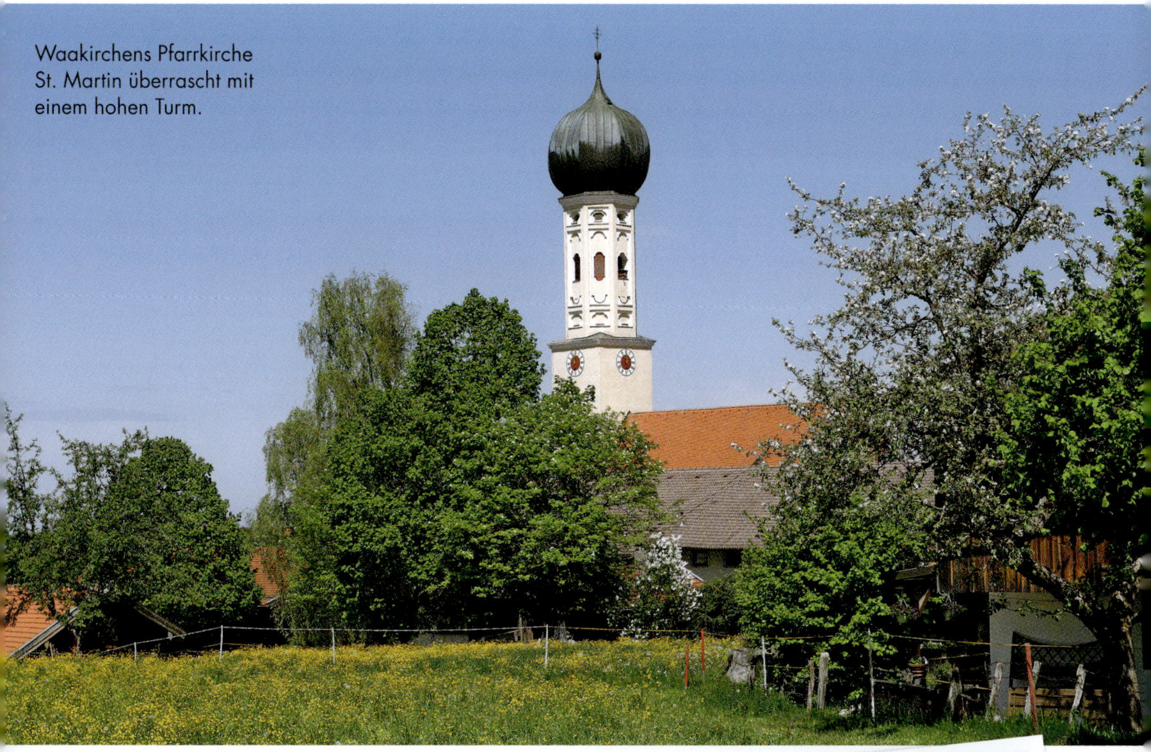

Waakirchens Pfarrkirche St. Martin überrascht mit einem hohen Turm.

und bleiben in der Rechtskurve auf dem Hauptweg (Schild »Marienstein«). Gemütlich erreichen wir den Wald und wandern angenehm schattig unter den Bäumen weiter. Nach der Brücke über den Rinnenbach kommen wir am Waldrand zu einer Weggablung. Hier halten wir uns links, spazieren über die Wiesen und gelangen erneut in ein Waldstück. Nun müssen wir etwas aufpassen: Wir erreichen eine unbeschilderte Kreuzung und biegen hier links ab, auch wenn der Hauptweg vermeintlich geradeaus weiter verläuft.

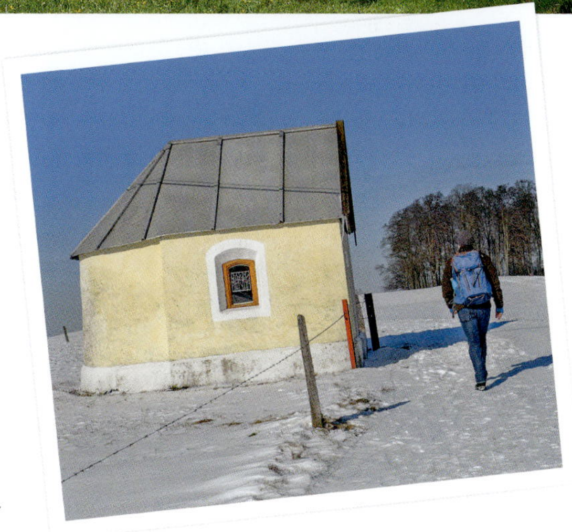

Herrliche Winterwanderwege warten auf uns.

Linke Seite: Bergab kommen wir nach Marienstein.

Marienstein und seine Bergwerksgeschichte Am Rand einer Wiese entlang führt der Weg wieder in den Wald hinein und wird holperiger. Wir nähern uns jedoch schon Marienstein, das wir schließlich leicht absteigend im Gewerbegebiet an der Hauptstraße erreichen. Im heutigen Marienstein, dem damaligen Holzwiesenthal, fand man Mitte des 19. Jahrhunderts Mergel, den man zu Zement brennen konnte. Das nutzte 1850 der Gutsbesitzer Paul Deuringer vom nahen Oberkammerloh und stellte zwei Zementöfen und eine Mühle auf. Damit hatte er Erfolg, und so nannte er die Anlage nach seiner Enkelin Marienstein.

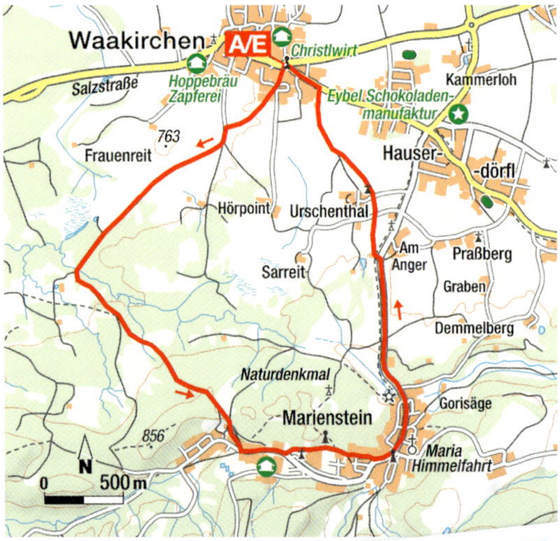

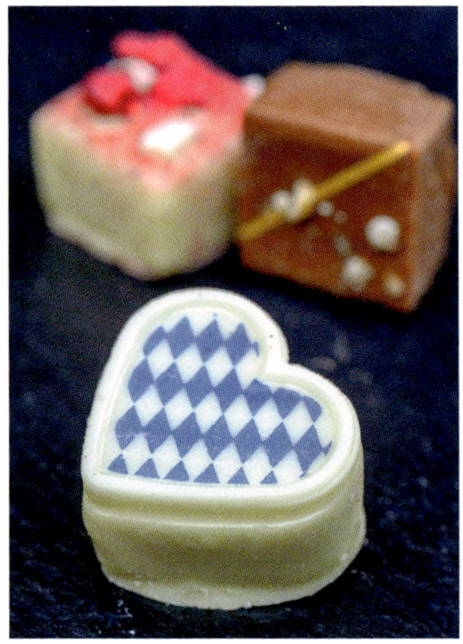

Mit feinsten bayerischen Pralinen darf man sich bei der Schokoladenmanufaktur Eybel belohnen.

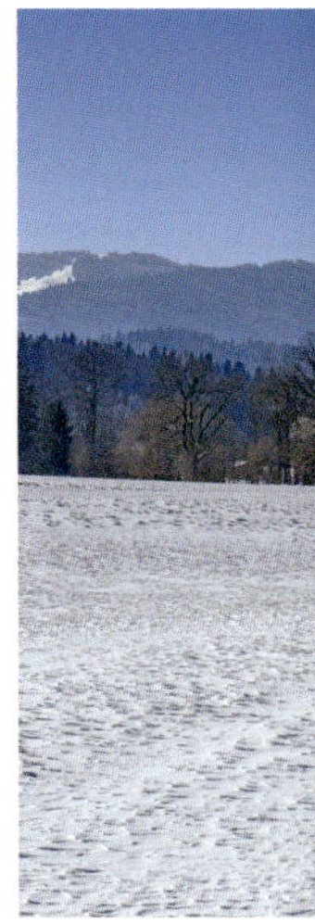

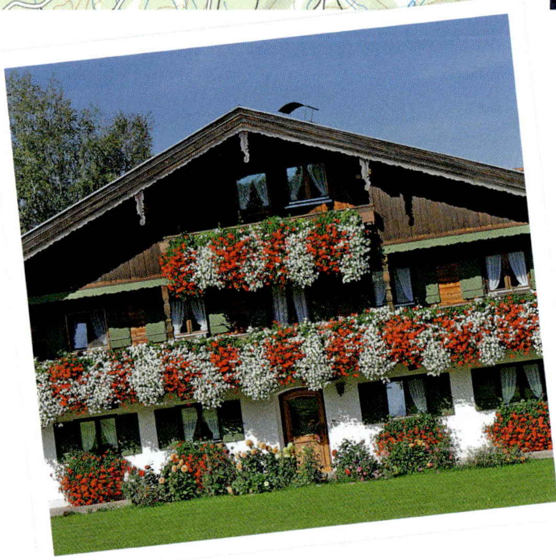

Im Spätsommer quellen die Geranientöpfe an dem Bauernhaus in Waakirchen über.

Beim Abbau des Mergels stieß man auch auf Pechkohle, die man zunächst für die Zementbrennöfen nutzte. Der Kohleabbau wurde aber immer wichtiger, vor allem als 1891 Marienstein durch einen Gleisanschluss mit dem Bahnhof von Schaftlach verbunden wurde. Als die Grube 1962 geschlossen wurde, hatte man über vier Millionen Tonnen Kohle abgebaut.

Rückweg über Praßberg Auf der Hauptstraße geht es nach links, wobei wir gleich nach dem kleinen Wanderparkplatz links in den Wanderweg einbiegen, der zur Bergwerkskapelle beschildert ist. So umgehen wir nicht nur die Hauptstraße, sondern kommen auch zum Förderturm-Denkmal, das zur Erinnerung an die Bergwerkszeit errichtet wurde. Durch den Karl-Lechner-Weg gelangen wir erneut zur Hauptstraße, der wir weiter nach links folgen. So verlassen wir Marienstein auf einem Fuß- und Radweg in nördliche

Richtung. Ein Blick nach links zeigt uns noch ein letztes Bergwerksrelikt: die große Abraumhalde. Auf dem Fußweg parallel zur Straße kommen wir nach Praßberg, wo die Straße in einer Rechtskurve leicht abknickt. Hier halten wir uns links, verlassen den Fußweg und wandern nun idyllisch auf einem Pfad mitten

Der Bayerische Löwe zum Gedenken an die Gefallenen der Sendlinger Mordweihnacht 1705

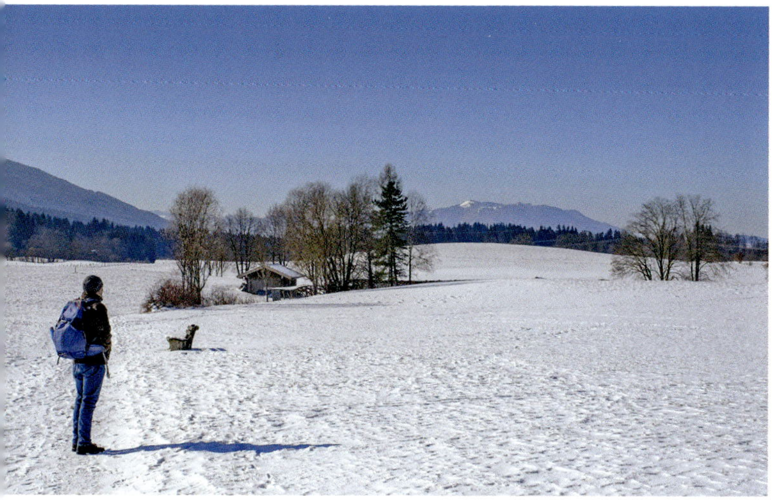

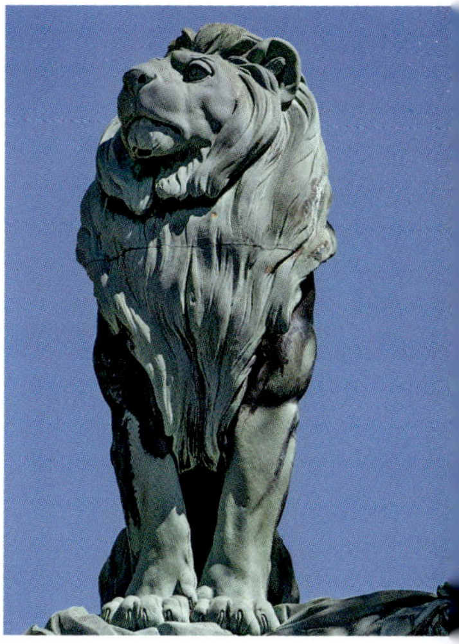

über die sonnigen Wiesen. Wir queren eine kleine Straße und steuern dann auf unserem Wiesenweglein die Bauernhofkapelle an, die neben dem stattlichen Hof in Alleinlage steht. Dahinter wird der Weg wieder breiter und bringt uns nach Waakirchen zurück. Dort geht es an der Hauptstraße links zurück zur Bushaltestelle und zum Löwendenkmal oder rechts zum Parkplatz in der Glückaufstraße.

Links: Weite Felder liegen am Anfang der Tour vor uns.

Je nachdem, wie viel Zeit wir noch haben oder welche Gelüste wir hegen, können wir den Tag im Hoppebräu oder in der Schokoladenmanufaktur ausklingen lassen – beide Einkehrmöglichkeiten sind sehr zu empfehlen!

Bier oder Pralinen?

Das Wirtshaus »Zapferei« der Craft-Bier-Brauerei Hoppe am Waakirchner Ortsausgang, an der B 472 Richtung Bad Tölz, ist ganz nach unserem Geschmack. Die lokalen Biersorten wie »Wuide Henna«, »Vogelwuid« oder »Wuidsau« werden vor Ort gebraut. Überzeugend ist auch die Küche mit ihrem Mix aus bayerisch traditionellen Speisen und raffinierten Angeboten wie »Hoppe-Dogs« oder »Falafelwraps« (Mo/Di Ruhetage).
Wer jedoch lieber noch auf Kaffee und Kuchen einkehren möchte, begibt sich zur Schokoladenmanufaktur Eybel und genießt im Café »Dark Secret« röstfrischen Kaffee und Schokoladenspezialitäten (nur Montag–Freitag 9–18 Uhr).

18 Von Dietramszell nach Peretshofen

Klosterfreuden und Alpenblick

Mittel	16,5 km	150 Hm	4.15 Std

Tourencharakter
Lange Runde mit wenigen Steigungen, meist auf Forst- und Feldwegen, kürzere Abschnitte führen über wenig befahrene Nebenstraßen.

Ausgangs-/Endpunkt
Kloster in Dietramszell
GPS: 47.849444, 11.595645

Anfahrt
Bahn & Bus: Mit dem Zug nach Wolfratshausen oder Holzkirchen und weiter mit dem Bus nach Dietramszell zum Busbahnhof Kloster
Auto: Dietramszell liegt zwischen Geretsried und Holzkirchen (A 8). Das Dorf besitzt viele Ortsteile. Das Kloster liegt etwas außerhalb, südlich des eigentlichen Dorfkerns.

Einkehr
Ein Traum: der Brotzeitplatz in Peretshofen. Unterwegs das Gasthaus Geiger in Humbach, der Gasthof Huber in Peretshofen (Di/Fr Ruhetage, warmes Essen bis 14 Uhr, Sa/So dann wieder ab 17.30 Uhr) und am Ende der Tour die sehr zu empfehlende Klosterschänke in Dietramszell

Information
www.dietramszell.de

Viele Wanderer zieht es von Dietramszell zum Kirchsee. Wir jedoch wählen bewusst die andere Richtung, die uns zwar keinen Badesee, dafür herrliche Aussichten sowie malerisches Tölzer Bauernland vom Feinsten beschert. Erst an der Dietramszeller Klosterschänke setzt der Trubel dann wieder ein.

Vom Kloster zur Wallfahrtskirche Ausgangspunkt ist das Kloster von Dietramszell. In das Gotteshaus sollten wir unbedingt einen Blick werfen, bevor wir starten: Innen ein Prachtbild an barocker Ausstattung, bietet die Kirche auch eine hervorragende Akustik, die man bei zahlreichen Konzerten erleben kann. Aus der Kirchentüre tretend, geht es für uns nach rechts, und wir folgen der Straße in Richtung Dorf. Wer jetzt noch keine eigene Brotzeit dabeihat, bleibt am besten entlang der Straße in die Ortsmitte. Dort gibt es Bäcker, einen Lebensmittelladen und am Ortsausgang den wunderbaren Hofladen Bertenbauer, wo wir uns noch mit allem Nötigen eindecken können. Dahinter würde es auf einem kombinierten Fuß- und Radweg parallel zur Straße weiter zur Wallfahrtskirche gehen.
Schöner ist es jedoch, kurz nach dem Kloster am Wanderparkplatz rechts auf den schmalen Fußweg einzubiegen, der uns zur Nordhofstraße hinaufführt. Hier biegen wir links und dann rechts in die Rieder Straße ab, auf der wir geradeaus bleibend den Ort verlassen. Über die Felder geht es in den Weiler Ried mit seinen stattlichen Bauernhöfen. Gleich nach dem ersten Hof biegen wir links ein und folgen dem Weg abwärts zur Straße, die wir hinüber zur Wallfahrtskirche St. Leonhard queren.

Großegelsee und Humbach Auch diese Kirche lohnt einen kurzen Besuch. St. Leonhard ist eine beliebte Hochzeitskirche, was zum einen an ihrer romantischen Lage abseits des Orts liegt, aber auch an ihrer bezaubernden und feinen Ausstattung. Hinter der Kirche folgen wir rechts der kleinen Straße in den Wald hinein

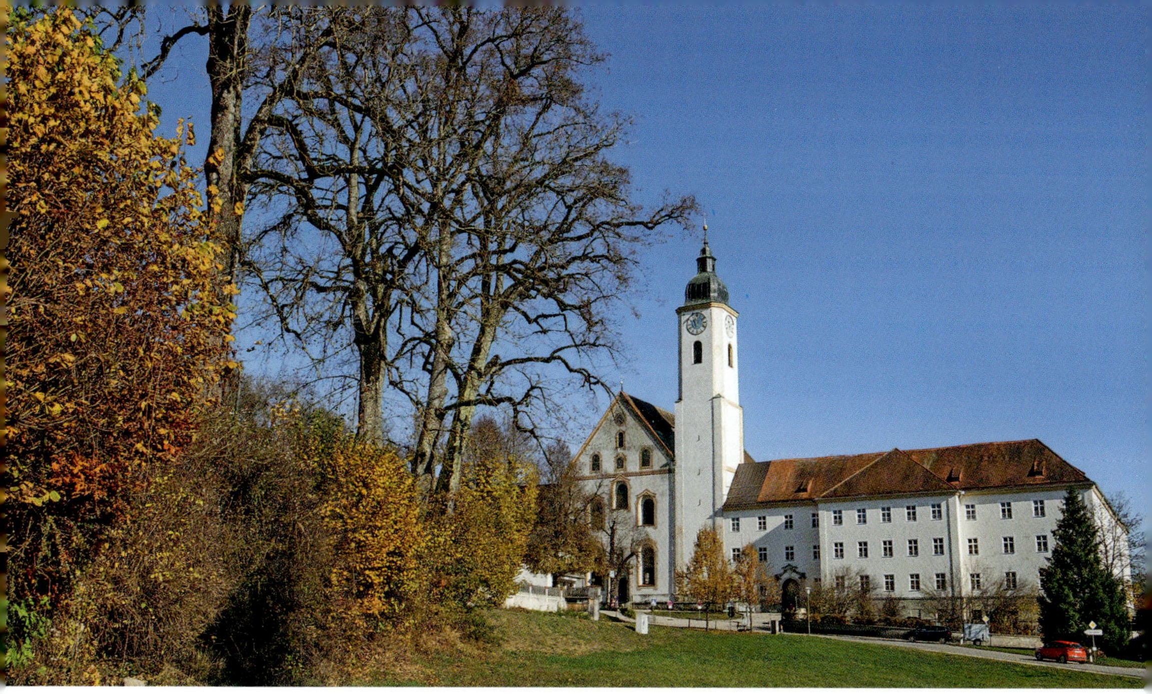

Die Klosterkirche von Dietramszell ist einen Besuch wert.

und erreichen nach ein paar Minuten eine Wiese. Jetzt müssen wir aufpassen: Für uns geht es links auf dem Feldweg weiter – die Stelle ist nicht bezeichnet, aber es gibt nur diesen einen Feldweg, der am hinteren Drittel der Wiese beginnt. Dieser bringt uns wieder in den Wald, und nun ignorieren wir alle Abzweigungen und bleiben stets in westlicher Richtung auf dem Hauptweg. So stoßen wir auf eine kleine Straße, die wir geradeaus queren. Kurz darauf verlassen wir den Wald und wandern oberhalb eins Hauses und der Fahrstraße nach Großeglsee.

In den kleinen Ort biegen wir links ein und verlassen ihn auf der Fahrstraße weiter nach Westen. An der T-Kreuzung sind wir dann links in wenigen Schritten in Humbach, wobei wir den Ort gleich nach den ersten Häusern auf der rech-

Dietramszell

Zu Beginn des 20. Jh. war das Land östlich der Isar ein mehr oder weniger undurchdringlicher Urwald. In dieser Wildnis lebte ein Priester namens Dietram, von dem eigentlich nicht mehr bekannt ist, als dass er vom Kloster Tegernsee unterstützt wurde. Von dieser Verbindung wollten die Nachfolger Dietrams nichts mehr wissen und lieber selbstständig sein. Letztlich dauerte dieser Kampf um ihre Unabhängigkeit bis zur Säkularisation 1803. Gut 150 Jahre zuvor war das Kloster zu einer von den Schweden in Brand gesteckten unbewohnbaren Ruine geworden. 1717 begann der aufwendige Neubau von Kloster und Stiftskirche, die gut 25 Jahre später eingeweiht wurde. Johann Baptist Zimmermann, den wir von der Wieskirche her kennen, war ganz wesentlich daran beteiligt: Der gesamte Kirchenraum zeigt sich in luftigem Rokoko. Mit der Säkularisation 1803 war die Herrlichkeit wieder zu Ende, und das Kloster wurde aufgelöst. Weil die Klosterkirche aber zur Pfarrkirche wurde, ist sie uns erhalten geblieben.

ten Seite ebenfalls nach rechts verlassen. Ein Feldweg, von dem wir schon die ersten Ausblicke genießen, bringt uns zu einer Scheune in den Wald.

Peretshofener Weitsicht Gleich nach den ersten Metern halten wir uns links und gehen auf einem breiten Waldweg bergab. Er endet an einer Straße, die wir etwas links versetzt queren. Auf der anderen Seite geht es auf einem kleinen geteerten Sträßchen weiter. Wir passieren mit etwas Abstand Steinsberg und folgen dort dem Weg nach links. Nach gerade einmal 250 Metern halten wir uns an einem Wanderparkplatz rechts in den ansteigenden Feldweg, der uns steil hinauf zum Höhenzug von Peretshofen bringt.

Um den schönen Picknickplatz zu erreichen, halten wir uns an der Weggablung links, weiter aufwärts, gehen dann rechts leicht abwärts, um gleich wieder links bergauf mit einer Linkskurve die Peretshofer Höhe zu erreichen. Rast- und Sitzbänke an der kleinen Baumgruppe stimmen uns glücklich, denn an klaren Tagen ist die Sicht von hier fantastisch: Der Alpenbogen vom Inntal mit dem Wendelstein bis weit in die Allgäuer Alpen hinein liegt vor uns. Im Tal sehen wir das Städtchen Geretsried, dazwischen fließt irgendwo die Isar, auch wenn sie sich noch vor unseren Augen verbirgt. An diesem schönen Platz haben wir schon etwas mehr als die Hälfte

Der Biergarten an der Klosterschänke ist nicht groß, aber sehr malerisch.

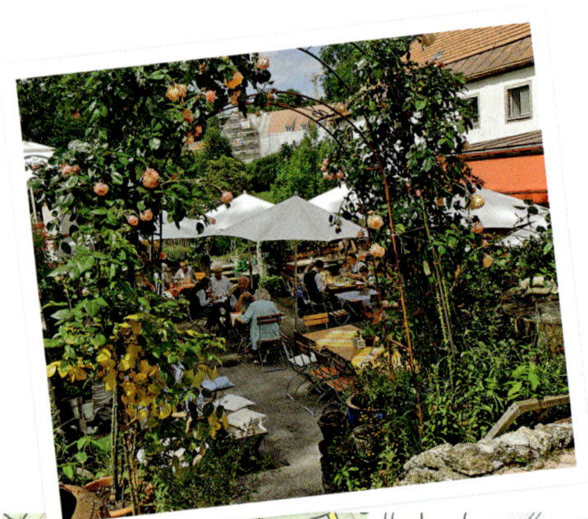

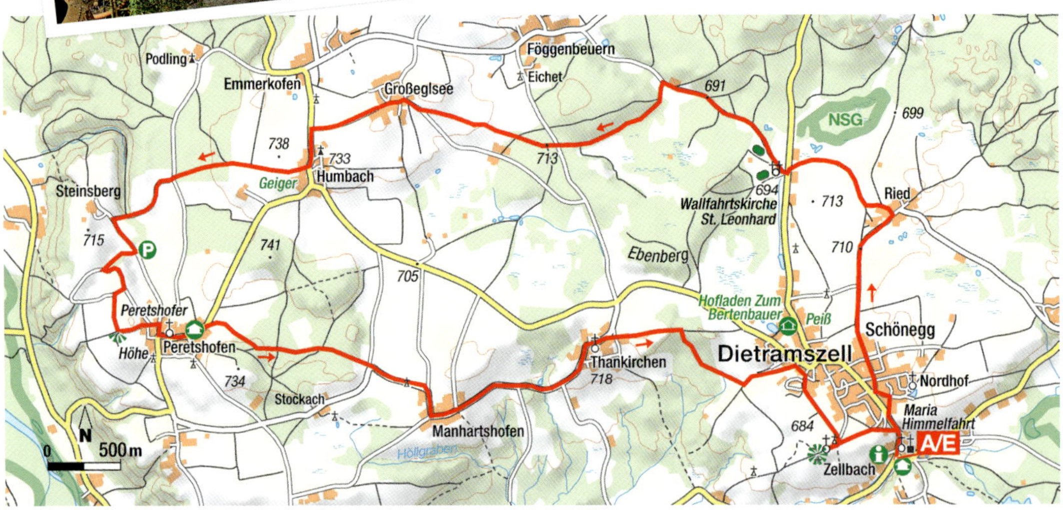

der Wanderstrecke geschafft, und nach der Pause machen wir uns auf den Rückweg.

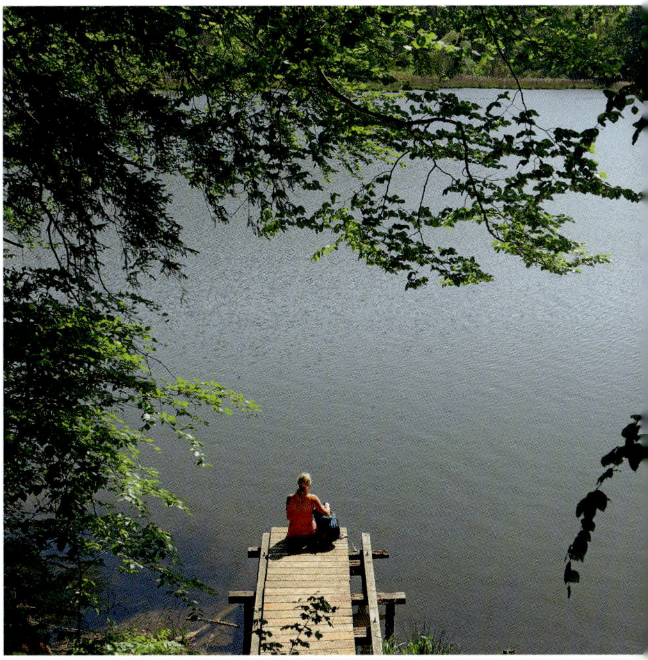

Wer im Sommer noch baden möchte, kann nach der Tour in den Waldweiher hinter dem Kloster hüpfen.

Manhartshofen und Thankirchen Wir steigen hinab nach Peretshofen, folgen der Straße rechts zur Hauptstraße und wandern auf ihr nach links Richtung Osten. Kurz vor dem Ortsende, nach dem kleinen Dorfweiher, halten wir uns rechts auf den Feldweg, der uns in einem kleinen Bogen bald in den Wald führt. Stets auf dem Hauptweg durchwandern wir diesen und kommen dann, eine Straße querend, über die Felder zum Weiler Manhartshofen. Rechts erreichen wir die Ortsmitte mit den schönen alten Höfen, dann geht es nach links auf der Dorfstraße weiter.
Am Ortsende folgen wir rechts der Beschilderung Richtung Thankirchen. Die Straße führt erst ab-, dann aufwärts nach Thankirchen hinein. Wir passieren die Kirche, die der Hl. Katharina geweiht ist, und bleiben danach geradeaus, d. h., wir folgen nicht der größeren Straße bergab. So verlassen wir das Dorf auf einem Weg, der uns schnurgerade nach Osten zum Waldrand führt. Dort teilt sich der Weg, und wir wählen den rechten Zweig, der uns bergab aus dem Wald bringt.

Über den Kreuzbichl Vor uns sehen wir hinter den Wiesen bereits wieder die ersten Häuser von Dietramszell. Wir queren einen kleinen Bach und biegen dahinter nach links. Der Feldweg wird zur Straße Am Asang. Zum Abschluss folgen wir der Rechtskurve, die dann zur Straße Am Kreuzfeld wird und ringförmig angelegt ist. Wir verlassen sie nach wenigen Metern in südlicher Richtung und wandern geradeaus über die Felder zur Kreuzbichlkapelle. Der wunderschöne Aussichtspunkt mit der Pestsäule und dem kleinen Friedhof ist unsere letzte Verschnaufstation. Dann geht es links und am Ende des Feldes rechts auf einem Pfad steiler hinab zum Platz vor dem Kloster Dietramszell. Jetzt haben wir unsere Runde geschlossen und können noch stil- und genussvoll in der Klosterschänke einkehren.

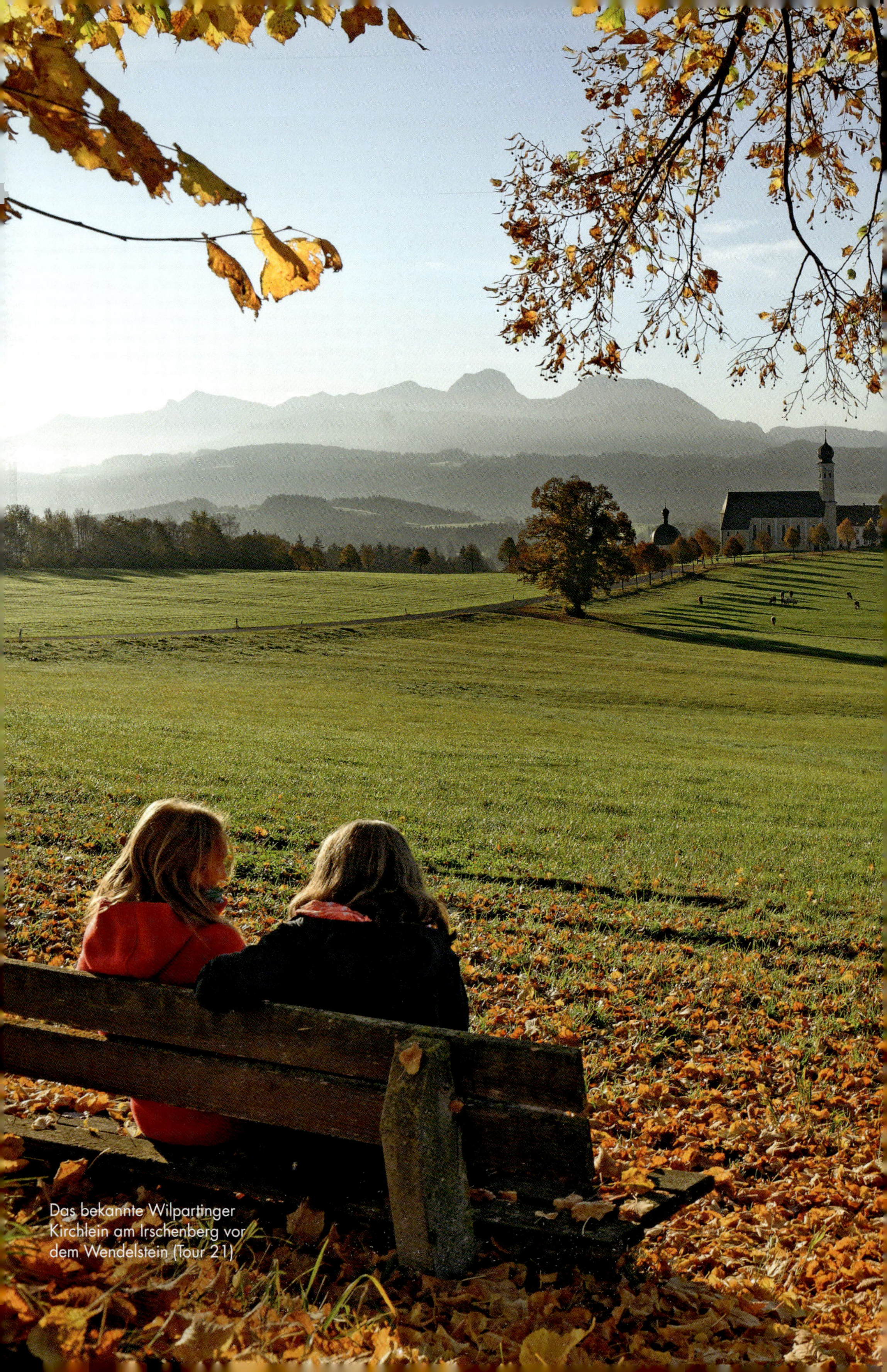

Das bekannte Wilpartinger Kirchlein am Irschenberg vor dem Wendelstein (Tour 21)

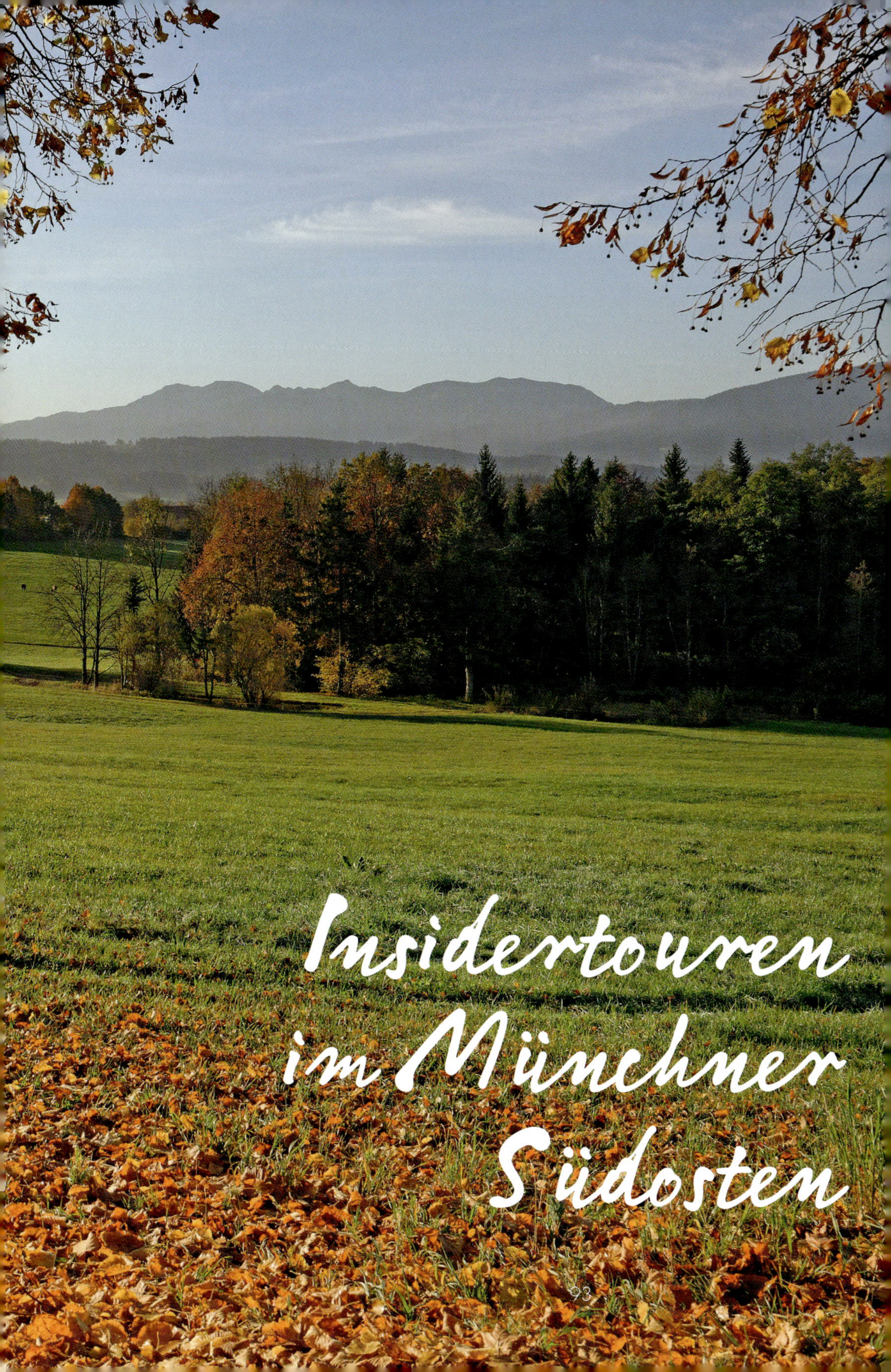

Insidertouren im Münchner Südosten

19 Von Holzkirchen nach Schaftlach

Sonniges Brotzeitglück

Mittel | 16 km | ↑100 Hm ↓50 Hm | 4 Std.

Tourencharakter
Einfache und meist flache, aber längere Wanderung mit kaum Markierungen. Im Wald ist etwas Orientierung nötig. Keine Einkehrmöglichkeiten unterwegs – Brotzeit und Getränke nicht vergessen!

Ausgangspunkt
Bahnhof Holzkirchen
GPS: 47.884128, 11.696863

Endpunkt
Bahnhof Schaftlach

Anfahrt
Bahn & Bus: Mit der BOB oder der S3 nach Holzkirchen. Zurück mit der BOB ab Schaftlach bis Holzkirchen und dort in die S-Bahn umsteigen oder direkt weiter nach München fahren
Auto: A 8 bis Ausfahrt Holzkirchen und weiter in die Ortsmitte; Parkplätze am Bahnhof oder am Herdergarten

Einkehr
Unterwegs keine, Brotzeit mitnehmen

Information
www.holzkirchen.de

Immer gegen Süden wandern wir durch das oberbayerische Voralpenland und erleben stille und einsame Wege, die mit fantastischem Blick auf die Alpen über Felder und durch Wälder führen. Höhepunkte sind das Naturdenkmal Kogel mit seiner prächtigen Allee, das Pferdegestüt Thann und das alte Kreuz von Schaftlach.

Durch Holzkirchen Los geht es am Bahnhof in Holzkirchen. Vom Bahnhofsplatz aus folgen wir nahe den Gleisen dem kleinen Bahnhofsweg nach Süden, der links der Metzgerei Kraft (Brotzeiteinkauf) beginnt. Auf dem Rad- und Fußweg queren wir die nächste Straße und stoßen nach dem Friedhof auf eine größere Straße. In diese biegen wir rechts ein, um sie gleich wieder nach links, also querend, zu verlassen. Die Frühlingsstraße bringt uns zum Herdergarten, durch den wir rechts hindurchgehen und so am Parkplatz vorbei zum Holzkirchner Marienplatz gelangen. Jetzt ist hoffentlich noch Zeit für einen Blick in die Laurentiuskirche, deren Inneres bis auf die Deckenbemalung sehr schlicht

Steindlallee

Johann Nepomuk Steindl, einst Lehrer in Holzkirchen, pflanzte zwischen 1878 und 1894 die nach ihm benannte Allee zusammen mit seinen Schülern. Er mag ein wirklich außergewöhnlicher Pädagoge gewesen sein, der nicht viel von geraden Linien hielt, denn nur so konnte die 400 m lange gewundene Sommerlindenallee in Schlangenlinienform entstehen. Wahrscheinlich hätte es Herrn Steindl gefreut zu wissen, wie vielen seiner Schüler und deren Nachkommen er damit eine Freude bereitet(e). Es wäre schön, wenn es mehr vorausdenkende Visionäre seiner Art gäbe, um auch andernorts nachkommenden Generationen etwas so Beeindruckendes zu hinterlassen.

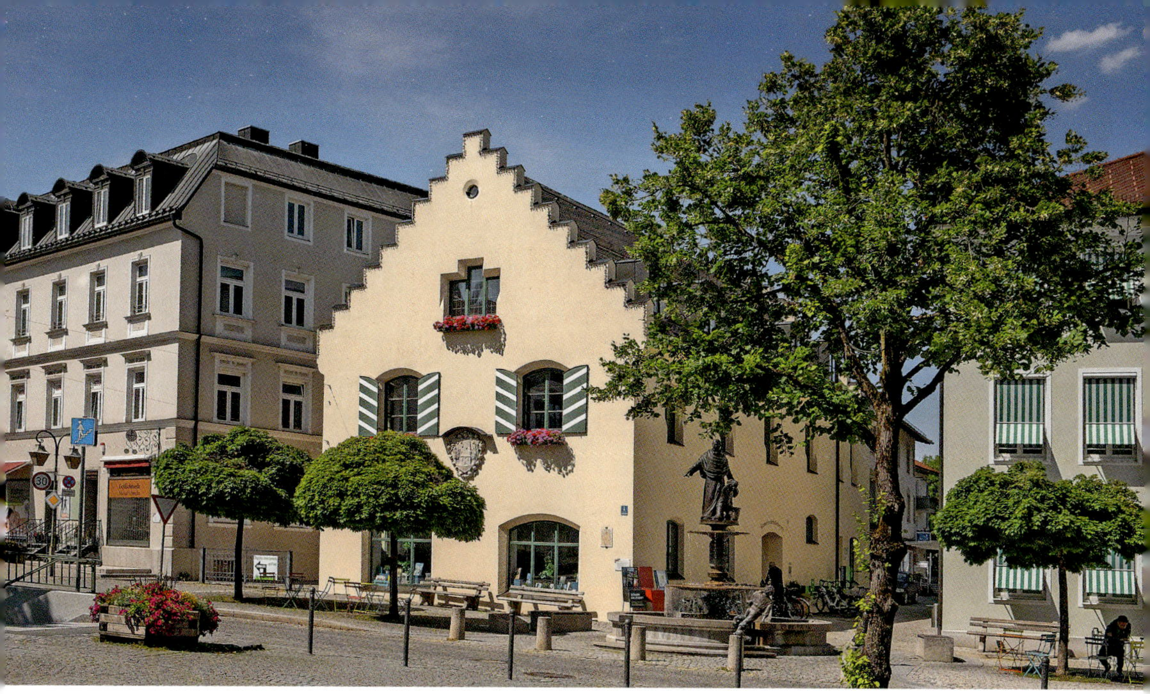

Am Holzkirchner Marienplatz können wir uns noch mit einer Brotzeit für die Wanderung eindecken.

gestaltet ist. Wer noch keine Brotzeit dabeihat, sollte sich jetzt um Abhilfe bemühen (einige Bäckereien/Cafés um den Marienplatz), denn wir haben unterwegs keine Gelegenheit mehr dazu.

Märchenallee und Naturdenkmal An der großen Kreuzung am südlichen Ende des Marienplatzes geht es für uns weiter. Wir biegen hier nicht rechts in die Tegernseer Straße ein, sondern queren sie, gehen wenige Schritte in die Tölzer Straße und halten uns dann links in die Thanner Straße. Gleich nach dem Wertstoffhof biegen wir links ein und folgen dem Rechtsverlauf des Wegs in die wunderbare Steindlallee. Traumhaft schön genießen wir jeden Schritt, der uns in Schlangenlinien nach Süden führt. Die ehrwürdigen alten Bäume mit ihren dicken Stämmen bezaubern mit ihrem ganz eigenen Charme. Einem Märchenwald gleich führt die Allee mit Blick auf die Berge zu einer kleinen querenden Straße. Geradeaus ist ein Abstecher hinauf zum Naturdenkmal Kogel kurz und lohnenswert. Ein paar Rastbänke am Waldrand stimmen schon auf das Alpenpanorama ein, und wenn der Weg bis jetzt nicht so kurz gewesen wäre, könnte man schon hier in Versuchung geraten, seine Brotzeit auszupacken und den Rest des Tages an diesem wunderbaren Ort zu verbringen.

Thann und Oberwarngau Zurück vom Kogel geht es dann für uns nach links. In die nächste Straße biegen wir links ein, ein extra angelegter Fußweg sorgt für ungetrübte Wanderfreude.

Unser nächstes Ziel ist das bereits ausgeschilderte Thann. Mit viel Sonne geht es über die Felder, die Alpen fest im Blick. So erreichen wir, eine Straße querend, den Weiler Thann, der für seine Reitanlage und den Polo-Club bekannt ist. Fast in allen alten Bauernhöfen sind Pferde untergebracht, und es herrscht ein reges Treiben an Ross und Reitern.

Am südlichen Ende des Weilers Thann wendet sich die Straße nach links. Wir bleiben aber noch ein Stück geradeaus und wandern über den Parkplatz, auf dem meist Pferdeanhänger stehen. Dahinter beginnt ein Feldweg, der noch zwischen zwei Sandbahnen durchführt, aber gleich darauf biegen wir links auf einen kleineren Weg ein, der mitten über die Wiese verläuft. Das ist sicherlich kein offizieller Wanderweg, aber definitiv schöner, als der Straße zu folgen, um vor den Gleisen rechts auf den Feldweg einzubiegen. Wer über die Wiese geht (bitte dabei unbedingt auf dem Pfad bleiben!), kürzt so ein gutes Stück ab und trifft dann auf den erwähnten Feldweg. Diesem folgen wir nun nach rechts und erreichen so mal mehr, mal weniger nah entlang der Schienen den Ortsrand von Oberwarngau. Dort stoßen wir auf ein Sträßchen, dem wir weiter bis zum Bahnübergang folgen.

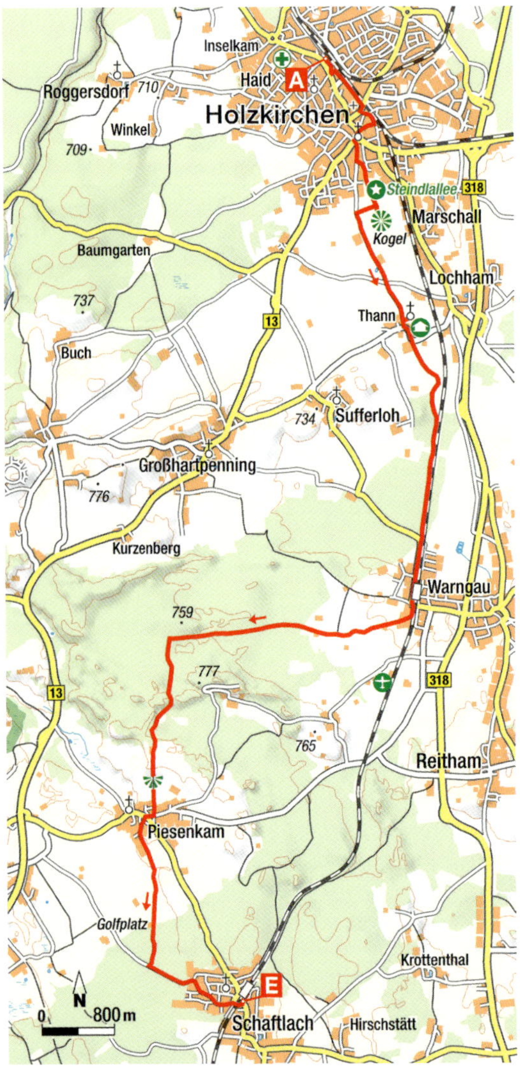

Hänsel-und-Gretel-Feeling Wir bleiben aber auf der ursprünglichen Seite der Bahn und gehen geradeaus in den Reutweg, der sich nach wenigen Schritten nach rechts wendet, weg von den Gleisen. Wir verlassen Oberwarngau und wandern, noch einmal Sonne tankend, über die Felder. Dann jedoch führt der Weg in den Wald, und nun ist etwas Spürsinn gefragt, denn die Beschilderung ist äußerst rar, und wir wollen nicht verloren gehen. Zumindest verspricht das einsames Wandervergnügen.

Zunächst folgen wir relativ lange und über alle Abzweigungen hinweg dem Forstweg in westlicher Richtung. Dann stößt mitten im Wald von rechts ein breiterer Forstweg zu unserem, dem wir nach links folgen. Radwegschilder (»Piesenkam«) zeigen, dass wir richtig sind. Jetzt bleiben wir auf dem Hauptweg immer Richtung Süden, und wenn der Weg sich gabelt, halten wir uns rechts. Mangels Beschilderung ist Gespür gefragt! An einer Kreuzung bei einer Neuanpflanzung geht es geradeaus hinüber. (Der Weg nach rechts ist mit »Privatstraße« beschildert, was uns aber nur zur Orientierung dient.) Langsam steigt der Forstweg an, wird etwas schlechter, und wir erreichen den Waldrand. Mit einem letzten kleinen Bergauf geht es am Rand einer Wiese entlang; die Aussicht auf die Berge ist wunderschön und bestimmt eine kleine Rast wert.

Tipp

In Schaftlach finden wir ein kunsthistorisches Kleinod: Die Heilig-Kreuz-Kirche beherbergt das Schaftlacher Kreuz, eine der wenigen erhaltenen romanischen Skulpturen in Bayern, die in der ottonischen Zeit entstanden sind. Eine C14-Analyse zeigte, dass der Bildhauer damals schon altes Lindenholz schätzte – der Baum wurde um 970 gefällt.

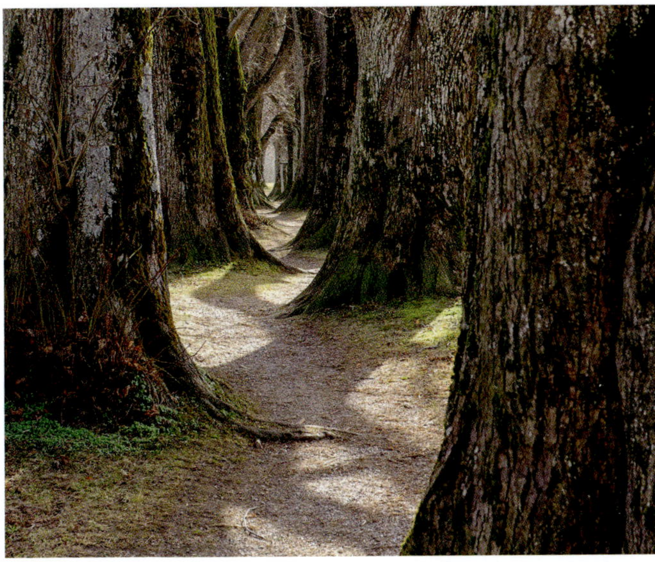

Die tolle Allee ist einer der Höhepunkte der Tour.

Piesenkamer Aussichten Dann senkt sich der Weg wieder, und wir wandern vom Hügel nach Piesenkam hinunter. Auf der kleinen Straße geht's kurz nach links, und wir queren die Dorfstraße in den Waakirchner Weg. Jetzt geht es noch ein letztes Stück durch Piesenkam, dann wandern wir mit schönem Blick auf die Berge auf einem Feldweg mitten durch den Golfplatz. Wir kommen wieder in den Wald, wo wir nach einigen Minuten auf einen quer verlaufenden Forstweg stoßen. Diesem müssen wir nach links folgen, er bringt uns zu den Häusern von Schaftlach. Dort rechts haltend, erreichen wir auf der Reutbergstraße den Bahnübergang und direkt danach links biegend den Bahnhof von Schaftlach, wo wir bequem die Heimfahrt oder die Rückfahrt nach Holzkirchen antreten können. Zuvor lohnt sich allerdings noch ein Blick in die Heilig-Kreuz-Kirche mit dem Schaftlacher Kreuz, einem wahren kunsthistorischen Schatz (s. Kasten).

20 Fentberg und Mangfalltal

Über die Höhe zum rauschenden Wasser

Mittel | 12,5 km | 200 Hm | 3.15 Std.

Tourencharakter
Schattige Rundtour mit leichten Steigungen, meist auf schönen Forst- und Feldwegen. Abkürzungen möglich. Der Weg direkt entlang der Mangfall kann nach Regen oder im Frühjahr nass und schlammig sein.

Ausgangs-/Endpunkt
Bahnhof Darching
GPS: 47.770573, 11.674911

Anfahrt
Bahn & Bus: Mit der Bayerischen Oberlandbahn (BOB) bis zum Bahnhof Darching
Auto: Mitterdarching liegt westlich von Holzkirchen unmittelbar neben der A 8 und ist über die Ausfahrten Holzkirchen bzw. Weyarn zu erreichen. Am Bahnhof in Mitterdarching gibt es zahlreiche Parkplätze.

Einkehr
Fast am Ende der Wanderung liegt das schöne Gasthaus Bruckmühl im Mühltal, das aber nur am Wochenende und feiertags geöffnet hat. Am Ende der Tour finden wir in der Ortsmitte von Darching den Darchinger Hof.

Information
www.waakirchen.de

Viele kennen den Taubenberg bei Warngau als wunderbares ganzjähriges Wandergebiet. Aber kaum einer weiß, dass sich nördlich davon der Fentberg anschließt – in Kombination mit dem Mangfalltal eine äußerst gelungene und noch dazu aussichtsreiche Wanderalternative.

Entlang des Dorfbachs Darching ist ein lang gestrecktes Dorf, das aus Unter-, Mitter- und Oberdarching besteht, aber durch die Autobahn in zwei Hälften geteilt wird. Der Bahnhof, unser Startpunkt, nennt sich nur Darching und liegt genau genommen in Mitterdarching. Autofahrer gehen vom Parkplatz die wenigen Schritte nach Osten zur Straße und wenden sich dort nach rechts, um die Gleise zu queren. Wanderer, die mit dem Zug anreisen, sind schon auf der richtigen Bahnhofseite. Gegenüber beginnt die Bahnhofstraße, der wir in die Ortsmitte zur Kirche St. Mi-

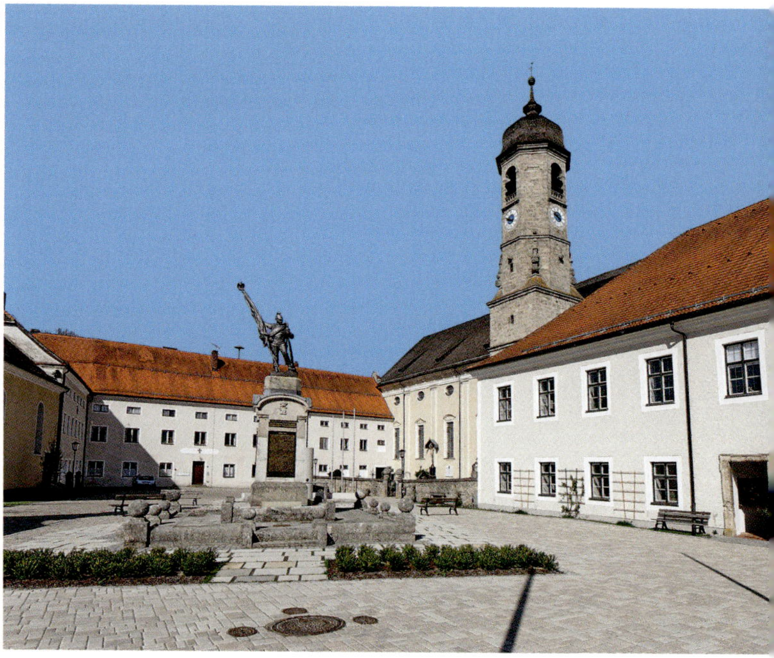

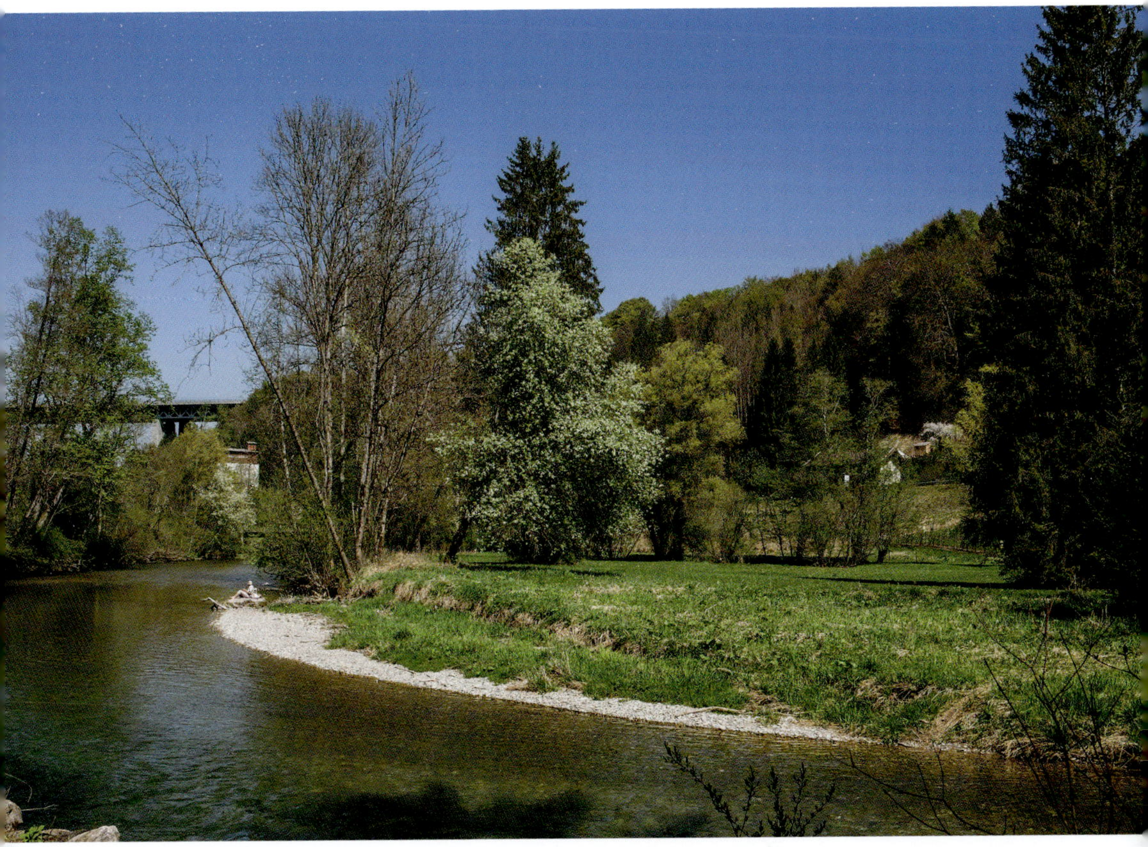

Die Mangfall erfreut durch ihr sauberes Wasser.

Linke Seite: Weyarn mit seiner Klosterkirche ist eine der Alternativen für den Rückweg.

chael folgen. Gegenüber beginnt die Bergstraße, in die wir links einbiegen. Den Gasthof Darchinger Hof an dieser Kreuzung merken wir uns schon einmal für die Rückkehr vor. Jetzt folgen wir dem Dorfbach nach Süden, passieren viele schöne alte Bauernhöfe und kommen so nach Oberdarching.

Nach Neustadl Fast am Ortsende, vor einem der letzten Höfe, teilt sich der Weg. Wir wählen rechts den Neustadlweg (gelbes Wanderschild »Neustadl«), um uns gleich darauf links zu halten. Die kleine Teerstraße führt uns zum Wald, wo der Aufstieg beginnt. Die Straße ist jedoch sehr gnädig mit uns, nur ganz sanft und sachte gewinnen wir an Höhenmetern. Alle Abzweigungen ignorierend folgen wir dem Hauptweg, der später in einen Forstweg übergeht und zum Finale etwas steiler wird. Schließlich treten wir an einem Viehgatter (Schild »Achtung vor dem Stier«) aus dem Wald und blicken auf das vor uns liegende einsame Haus Neustadl mit seiner netten Marienkapelle.

Rechte Seite: Herrliche Waldwege beim Abstieg ins Mangfalltal

Direkt vor dem Haus führt auf einem Trampelpfad der Wiesenweg nach links weiter. Wer sich im Sommer scheut, über eine Wiese mit Kühen zu wandern, der kann als Alternative bereits kurz vor dem Waldrand ebenfalls nach links wandern. Der Wiesenweg, der an einem kleinen Kreuz vorbeiführt, ist jedoch herrlich aussichtsreich und liegt zudem in der Sonne, was nach dem schattigen Waldstück guttut. Der Pfad führt erneut an den Waldrand, wo beide Wege wieder zusammentreffen.

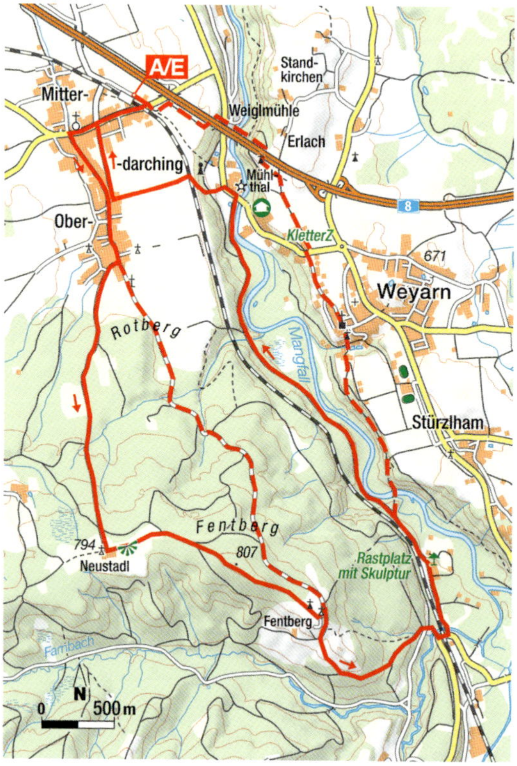

Über den Fentberg Nun geht es weiter in östlicher Richtung über den Fentberg. Bald, nachdem wir wieder Waldgebiet betreten haben, teilt sich der Weg an einem Holzplatz. Wir nehmen den mittleren, der am kleinsten erscheint. Er führt uns weiter durch den Wald, wo ein paar Lücken zwischen den Bäumen die Aussicht nur erahnen lassen; wir merken jedoch deutlich, dass wir genau am Kamm des Berges unterwegs sind.

Langsam senkt sich der Weg, und wir treten oberhalb der Höfe Fentberg wieder in die Sonne. Eine wunderschöne Aussicht über das Mangfalltal und auf die Berge erwartet uns. Zum Glück gibt es sogar eine Rastbank, um das alles zu genießen. Vorbei an einem Wasserschloss geht es nun steiler hinab zu dem wunderschönen Hof Fentberg, wo wir auf einen querenden Weg stoßen. Nach links wäre der direkte und schnellere Weg zurück nach Darching. Wir wollen jedoch noch ins Mangfalltal und wenden uns daher unterhalb des Hauses nach rechts.

Am Münchner Wasserweg im Mangfalltal Nach wenigen Schritten überqueren wir den Hofplatz des nächsten Hauses und halten uns dann links auf dem breiteren Weg, der uns nun steiler bergab führt. Er macht eine lange Linkskurve und bringt uns so wieder in den Wald, um uns schließlich an einem Wanderparkplatz ins Mangfalltal zu entlassen. Für ein kurzes Stück geht es nun auf der Zufahrtsstraße nach rechts bis zur Kreuzung. Hier halten wir uns links, queren die Gleise und biegen unmittelbar

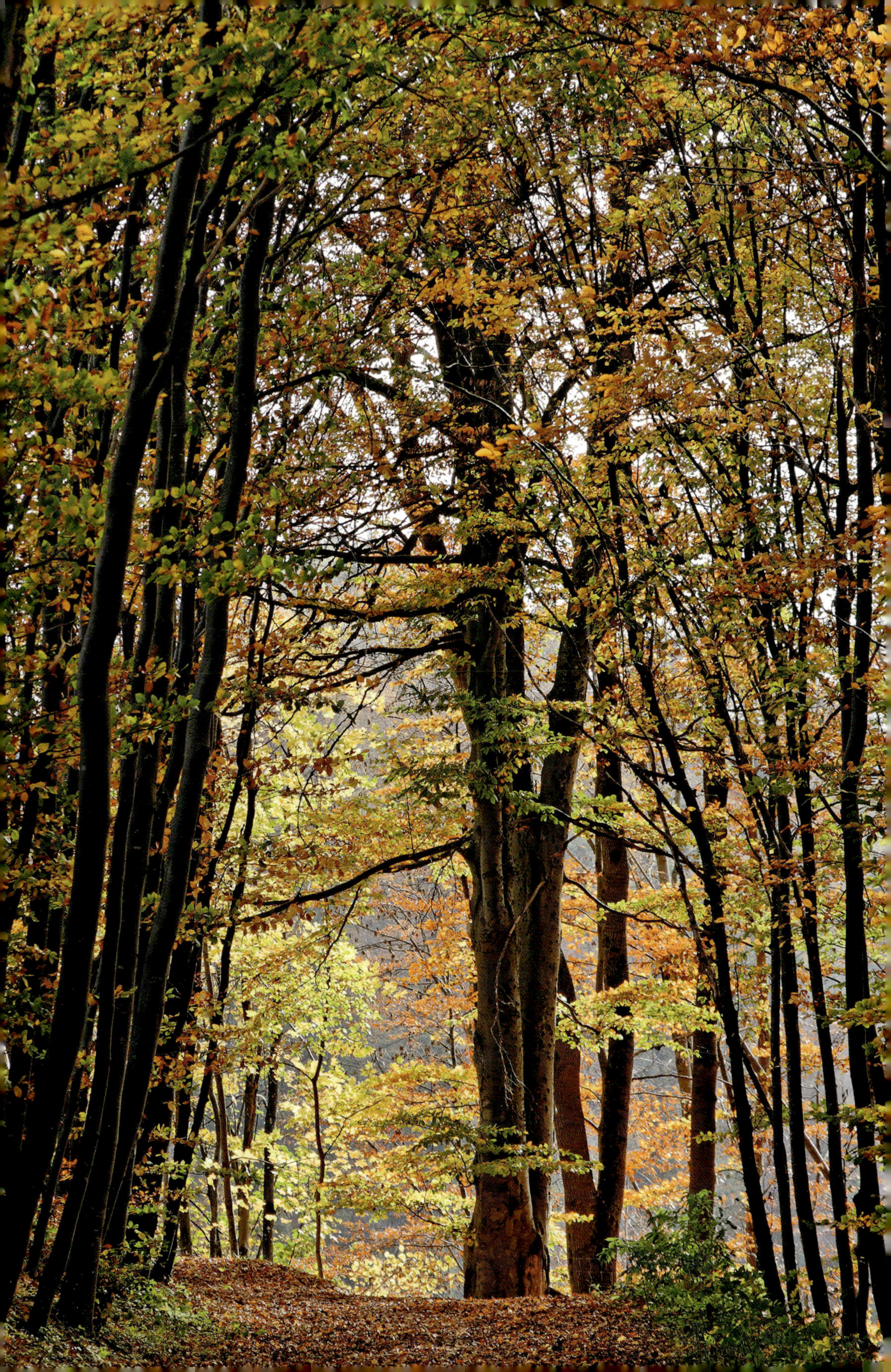

dahinter wieder links ein. Durch eine Schranke folgen wir nun stets dem Rad- und Fußweg »Münchner Wasserweg« in nördlicher Richtung.

Anfangs ist von der Mangfall noch keine Spur zu sehen, stattdessen erreichen wir den netten Rastplatz mit der gewaltigen Skulptur »Tränen der Erde« am Spiralschacht Thalham. Wir sind nun im Trinkwasserschutzgebiet der Stadt München unterwegs. Hier im Mangfalltal treten zahlreiche Quellen aus dem Tauben- und dem Fentberg. Schon seit 1883 werden sie in Brunnen gefasst und nach München geleitet – zwei Drittel des Wasserbedarfs der Großstadt stammen aus diesem Tal. Das Gefälle auf dem Weg nach München ist dabei übrigens groß genug, dass man für den weiteren Verlauf keine Pumpstationen benötigt. Auf unserem weiteren Weg passieren wir nun jede Menge kleinerer Wasserschlösser, und auch die Bäche sind meist künstlich in ein steiles, schmales Bachbett gefasst, sodass sie wie in einer Parkanlage kaskadenartig hinabfließen.

Viele Wegalternativen Nicht weit nach der Skulptur kommen wir zur leider unscheinbaren und momentan (2021) nicht be-

Kulturlehrpfad

Es gibt auch eine wunderschöne Alternative für den Rückweg (diese war allerdings zur Zeit der Recherche im Frühjahr 2021 gesperrt): Dafür folgt man von der Mangfall nach der Skulptur rechts dem Kulturlehrpfad. Dieser führt über den geschwungenen historischen Brückensteg (zurzeit darf man ihn nicht betreten) weiter bergauf ins nette Dörfchen Weyarn. Hier lohnt nicht nur das Klostercafé im Klosterweg einen Besuch, ganz besonders interessant sind auch die wertvollen Skulpturen von Ignaz Günther in der ehemaligen Klosterkirche – definitiv Kunst von Weltrang, wie man sie in einem so kleinen Ort nicht vermuten würde. Der weitere Weg bleibt spannend: Man verlässt Weyarn auf dem Klosterweg nach Norden und erreicht die Straße, die abwärts ins Mangfalltal führt. Dort geht es mit einem Rechts-links-Schwenk zunächst ins Gewerbegebiet Am Weiglfeld, dann links in den Erlacher Weg, gleich wieder rechts und am Ende der Straße links auf den Wanderweg, der dann rechts am Hochufer weiterführt. Oben bleibend, passieren wir die Kletterhalle und erreichen an der Kapelle St. Leonhard die Autobahnbrücke. Auf ihr queren wir ohne Höhenverlust das Mangfalltal, wandern nun natürlich nicht an der Autobahn weiter, sondern ein Stockwerk tiefer über den spannenden Brückenweg. Auf der anderen Seite folgen wir erst links, dann rechts dem Radweg, der uns über das Feld direkt wieder zum Bahnhof Darching zurückbringt.

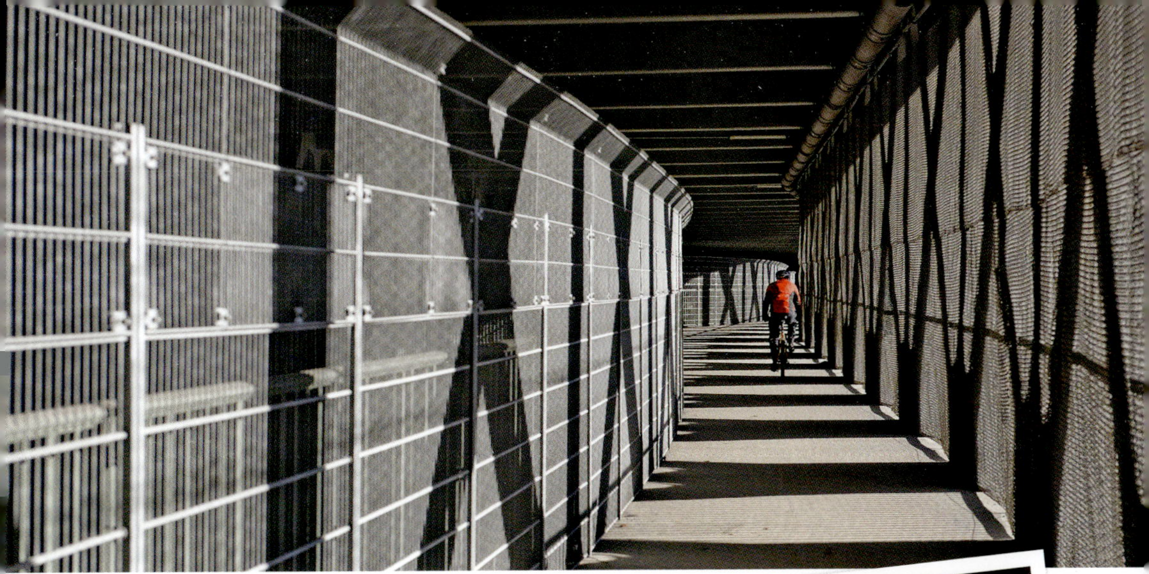

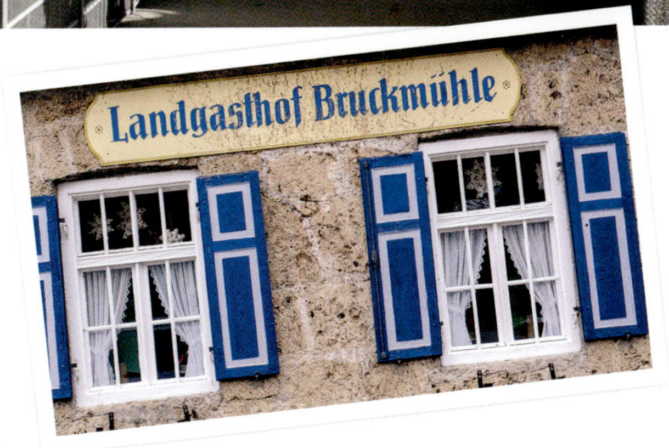

schilderten Abzweigung nach rechts des Kulturlehrpfads Richtung Weyarn (s. Kasten). Solange diese Brücke nicht repariert ist, bleiben wir auf unserer Seite und nähern uns der Mangfall. Das Wasser rauscht über kleine Kaskaden bis zur nächsten Alternative zum Haupt-/Radweg. Man kann auf einem anfangs guten Weg näher am Mangfallufer bleiben. Der Weg wird dann zu einem Pfad, der uns jedoch nach Regen feuchte Füße bescheren kann – auf jeden Fall eine spannende Variante.

Weiter dem Haupt- und Radweg folgend, genießen wir immer wieder schöne Blicke auf den Fluss. Kurz bevor wir die Straße erreichen, stößt der Pfad von der Mangfall wieder zu uns. Dann endet der Radweg an der Straße in Mühltal. Für uns geht es nun ein Stück nach links und auf die Höhe des Gasthauses, das sich natürlich für eine Einkehr anbietet. Dort biegen wir links auf den ansteigenden Wanderweg ein, der Richtung Darching beschildert ist. Kurz und knackig geht es bergauf, unter der Bahn hindurch, und dann stehen wir auf den Feldern bei Darching. Rechts von uns sehen wir bereits den Bahnhof, wir müssen aber zunächst noch geradeaus ins Dorf wandern (der schnellere Weg nach rechts ist auf den letzten 100 Metern als Privatweg für den Durchgang gesperrt). An den Häusern biegen wir rechts in die Raiffeisenstraße ein und gelangen so zurück zur Bahnhofstraße, der wir nach rechts zum Ausgangspunkt folgen.

Der Landgasthof ist ein historisches Wirtshaus, das aber leider nur am Wochenende geöffnet hat.

Ganz oben: Die spannende Brücke verläuft hoch über dem Mangfalltal unter der Autobahn.

21 Auf und Ab am Irschenberg

Einsame Wege mit Genussfaktor

Mittel | 11 km | 250 Hm | 3.15 Std.

Tourencharakter
Eine etwas abenteuerliche Wanderung auf kleinen geteerten, absolut ruhigen Nebenstraßen und naturbelassenen, manchmal feuchten Wegen und Pfaden, die leider sehr wenig beschildert sind (Orientierungssinn gefragt). Die Wanderung beginnt mit dem Abstieg.

Ausgangs-/Endpunkt
Kirche in Irschenberg
GPS: 47.833720, 11.919298

Anfahrt
Bahn & Bus: Mit dem Zug von München nach Bruckmühl oder Miesbach und weiter mit Bussen
Auto: A 8 bis Ausfahrt Irschenberg und rechts in den Ort Irschenberg hinauffahren; rund um die Kirche gibt es mehrere Parkplätze.

Einkehr
Fast am Ende der Tour liegt der wunderschöne Gasthof Zum Moar neben der Kirche in Wildparting (kein Ruhetag, tgl. bis 22 Uhr geöffnet). Für eine Wanderbrotzeit kann man sich in der Bäckerei Leitner gegenüber der Irschenberger Kirche eindecken.

Information
www.irschenberg.de

Wenn es sich auf der Salzburger Autobahn auf dem Weg ins Chiemgau einmal wieder staut, nehmen wir einfach die Abfahrt nach Irschenberg und genießen diese spannende Wanderung abseits des Mainstreams. Wie es sich für einen »Berg« gehört, lässt es sich dort sehr aussichtsreich durch herrliche Landschaft wandern.

Anfang mit Abstieg Von der Südseite der Irschenberger Dorfkirche wandern wir auf der Miesbacher Straße um die Kirche herum und biegen rechts in die Breitensteinstraße ein. Nach wenigen Metern folgen wir links der Beschilderung Richtung Schlachtham. Auf der Straße geht es abwärts durch den Wald, danach an Feldern entlang. Herrlich schweift der Blick weit über das Alpenvorland bis nach Rosenheim hinüber. Die kleine Nebenstraße führt schließlich unter der Autobahn hindurch, und

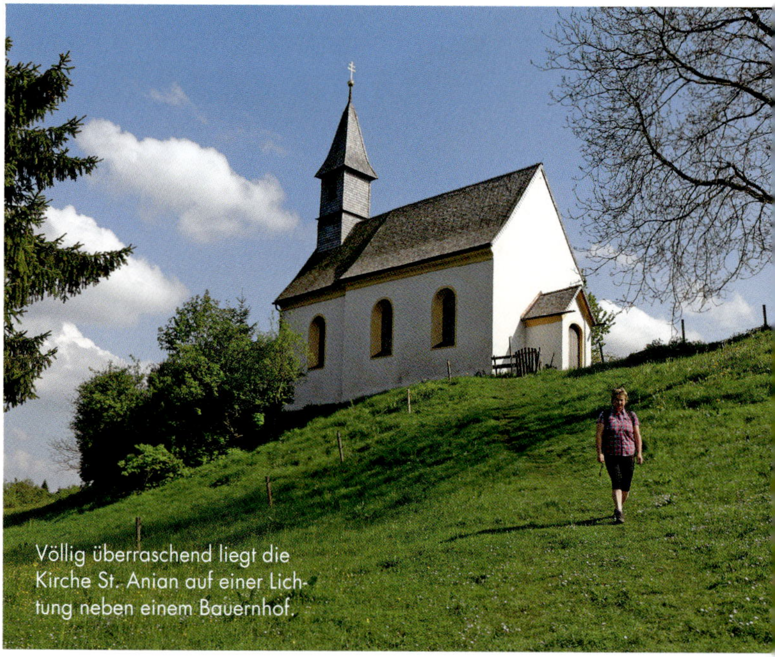

Völlig überraschend liegt die Kirche St. Anian auf einer Lichtung neben einem Bauernhof.

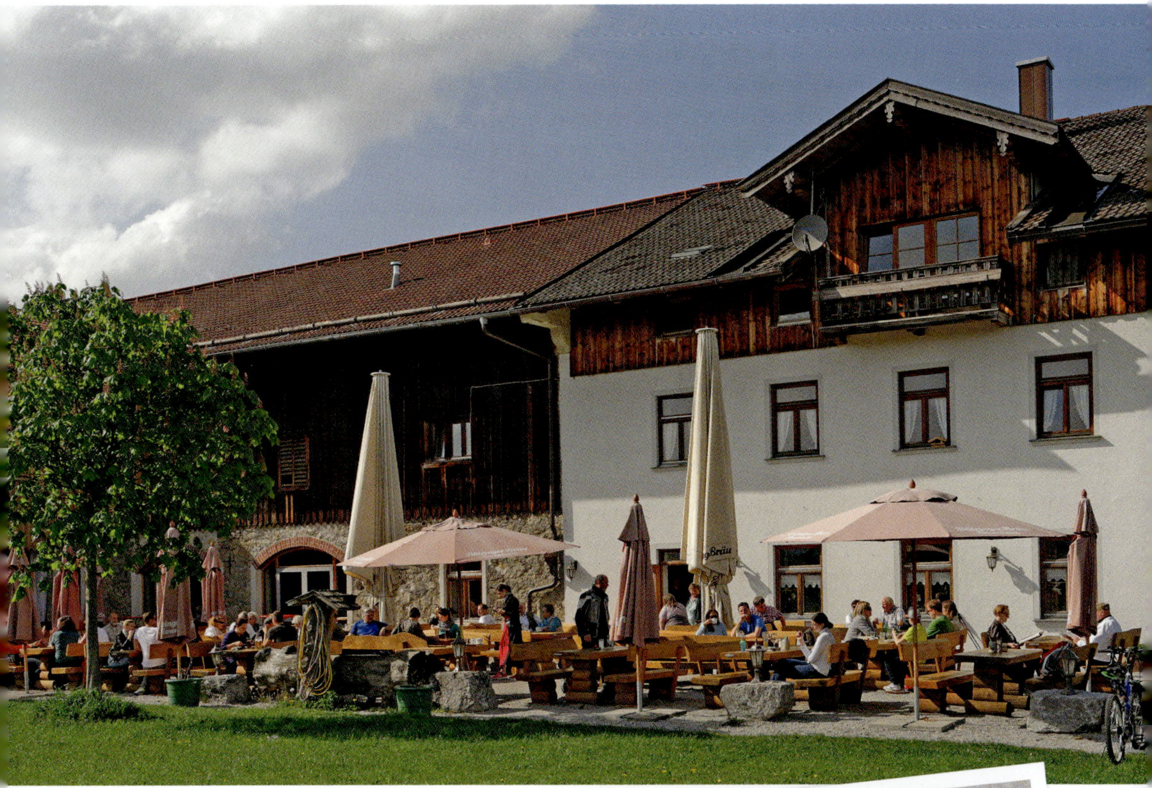

wir wandern zur Straßenteilung. Nun sind wir in Schlachtham und biegen rechts in die Straße ein.

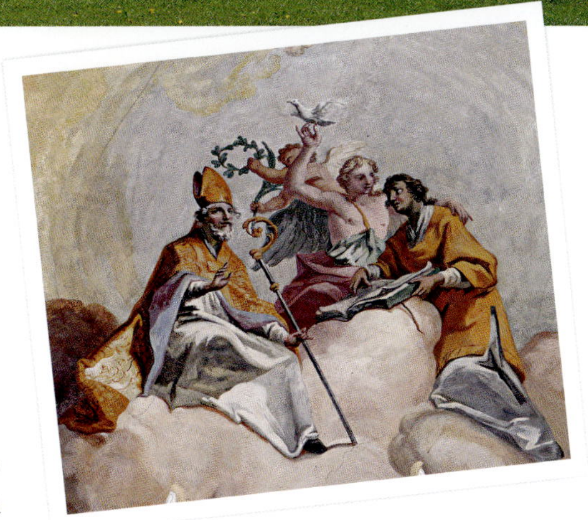

Das Abenteuer beginnt Jetzt müssen wir etwas aufpassen: Ca. 250 Meter nach dem letzten Bauernhof erreichen wir den Waldrand. Hier macht die Straße eine kleine Rechtskurve, und genau an dieser Stelle führt ein Forstweg abwärts in den Wald. Eine große Eiche markiert die Stelle. Wir folgen diesem Forstweg, der uns in einigen Schleifen zum Dettendorfer Bach hinabbringt. Dieser schlängelt sich hier vollkommen einsam, wild und naturbelassen durch einen tief eingeschnittenen Graben. In Bachnähe wird der Weg dann schlechter, wir folgen ihm etwas links haltend. So kommen wir zu einer uralten schmalen eisernen Brücke, die wir überqueren. Auf der anderen Seite wird der Waldweg dann wie-

Deckenfresko in St. Anian: Die Kirchenpatrone Marinus und Anianus waren einst irische Mönche, die hier missionierten.

Ganz oben: Mit dem Gasthof Zum Moar liegt eine tolle Einkehrmöglichkeit am Weg.

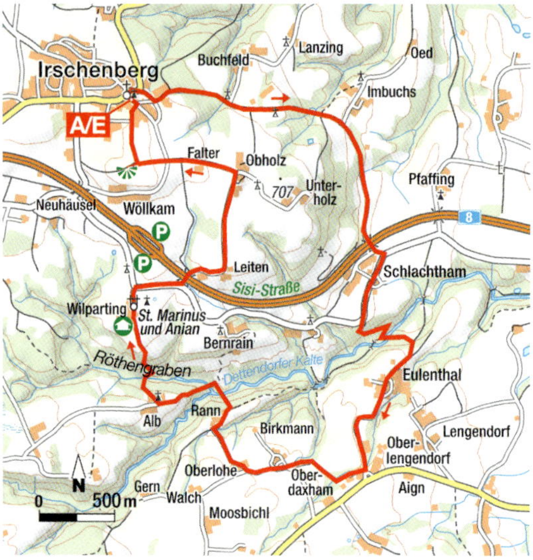

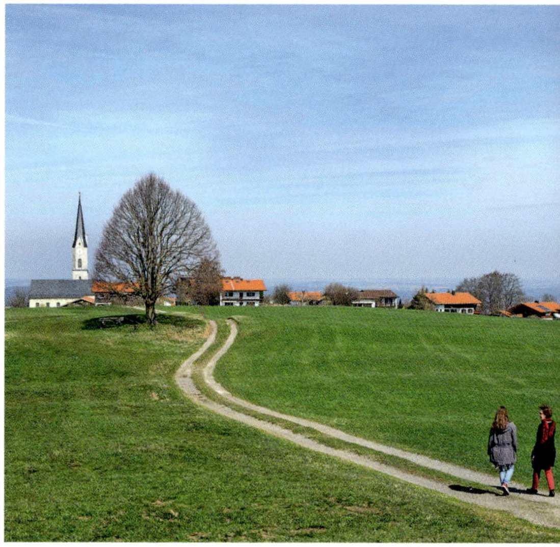

Rechts: Zum Finale geht es vom Aussichtspunkt direkt nach Irschenberg zurück.

der breiter und führt aufwärts. Wir halten uns rechts und kommen so nach Eulenthal. Vorbei an herrlichen Streuobstwiesen wandern wir auf der kleinen geteerten Straße durch den Weiler und folgen der Straße über Felder nach Oberlengendorf. Bevor wir auf die größere Autostraße treffen, biegen wir rechts in die kleine Straße bei den Häusern ein. Ein uraltes Wanderwegschild »Winstött« markiert diese Stelle.

Bachgemurmel und Trampelpfade Auch hier müssen wir aufpassen: Nach nur 60 Metern, an dem großen bayerischen Landhaus mit dem aufgemalten Spruch über Musik, biegen wir rechts in einen Wanderweg ein, der gleich darauf erneut über einen Bach führt. Dahinter geht es geradeaus weiter, und wir kommen auf eine Wiese. Hier führt ein kaum sichtbarer Trampelpfad in westlicher Richtung zur nächsten Baumreihe – vor allem, wenn das Gras hochsteht, ist dieser kaum erkennbar. Bei den Bäumen stoßen wir wieder auf einen Feldweg, dem wir nach links folgen. Am nächsten einsamen Hof bleiben wir in Wanderrichtung auf der kleinen Straße, die sich ein Stück dahinter teilt. Jetzt geht es nach rechts in die Sackgasse und weiter bis nach Rann.

Dort beginnt hinter den Häusern ein Wanderweg links in den Wald hinein, der steil abwärts zum Dettendorfer Bach führt. Unten angekommen, müssen wir wieder etwas nach dem Weg suchen. Wir sehen, dass sich hier der Röthengraben- mit dem Dettendorfer Bach vereint. Zunächst halten wir uns ein kurzes Stück nach rechts und treffen dann wieder auf eine Eisenbrücke. Hier queren wir den Dettendorfer Bach und steigen auf der anderen Seite geradeaus aufwärts; links von uns sprudelt der Röthengrabenbach hinab.

Zwei Wallfahrten Dann zweigt ein deutlich schmalerer Pfad nach links ab, dem wir folgen. So stoßen wir kurz darauf erneut auf eine Eisenbrücke, auf der wir den Röthengrabenbach queren. Auf der anderen Seite führt ein recht lehmiger, aber zumindest breiter Weg steil aufwärts. Oben treffen wir am Waldrand auf eine Wiese, über die ein Trampelpfad weiter bergauf führt und uns in den Weiler Alb und zur ersten Wallfahrtskirche bringt. Sie ist dem Hl. Anianus geweiht. Nach der Besichtigung steigen wir hinter der Kirche über eine Wiese abwärts und folgen nun dem uralten Wallfahrerweg, vorbei an der Anianusquelle, zum Röthengraben. Ein letztes Mal queren wir auf einer wackeligen Brücke das Gewässer und folgen dann dem Weg in Kurven aufwärts aus dem Wald. Bald taucht der Kirchturm unseres nächsten Ziels auf, des bekannten Wilpartinger Kirchleins. Die Besichtigung können wir vor oder nach einer Einkehr im Gasthaus Zum Moar in Erwägung ziehen, beides ist auf jeden Fall sehr lohnenswert.

Genüsslicher Abschluss

Unweit des Ausgangspunkts gibt es an der Raststätte der A 8 die empfehlenswerte Kaffeerösterei Dinzler mit angeschlossenem Restaurant. Wer einmal dort war, kommt immer wieder, denn der von Baristas gezauberte Cappuccino ist einfach Kult!

Finale mit Aufstieg Für die letzte Wegetappe folgen wir der Kirchen-Zufahrtsstraße, die sich bald teilt. Wir nehmen den rechten Abzweig, unterqueren die Autobahn und folgen der Straße in einer weiten Linkskurve aufwärts bis zu einer Straßenkreuzung. Geradeaus geht es in den für Autofahrer gesperrten Weg, und mit einem letzten Aufschwung sind wir schnell am Irschenberger Aussichtpavillon. Der wunderbare 360°-Blick lässt keine Wünsche offen, und so eignet sich der Platz natürlich hervorragend für eine Schaurast. Danach folgen wir dem Feldweg, der direkt auf den Kirchturm von Irschenberg zuführt. Vorbei an der einsamen Linde kommen wir so zurück nach Irschenberg. Ein schmaler Weg führt hinter der Schulturnhalle zum Kirchplatz, unserem Ausgangspunkt.

22 Nach Kleinhöhenrain

Aussichtsreich auf stillen Wegen

Leicht	10 km	150 Hm	2.45 Std.

Tourencharakter
Kaum anstrengende Wanderung über kleine Nebenstraßen, Feld- und Waldwege, leicht ansteigend bis Kleinhöhenrain. Der Rückweg verläuft auf dem Hinweg.

Ausgangs-/Endpunkt
Bahnhof Bruckmühl
GPS: 47.881163, 11.915553

Anfahrt
Bahn & Bus: Mit dem Zug von München nach Bruckmühl
Auto: A 8 bis Ausfahrt Irschenberg, in den Ort und von dort bergab ins Mangfalltal nach Bruckmühl. Parkplätze am Bahnhof

Einkehr
Gasthaus Zur schönen Aussicht in Kleinhöhenrain (im Sommer tgl. geöffnet, Okt.–März Mi Ruhetag)

Information
www.bruckmuehl.de

Bruckmühl liegt im flachen Tal der Mangfall und scheint wenig aussichtsreich. Falsch gedacht, denn von dort führt ein wunderbarer Wanderweg hinauf zu einem tollen Aussichtspunkt am Hügel, bei dem wir neben dem herrlichen Alpenpanorama auch eine nette Wirtschaft mit Biergarten finden.

Von Bruckmühl nach Maxhofen Wir starten am Bahnhof von Bruckmühl und folgen zunächst der Bahnhofstraße nach links, mit den Gleisen im Rücken. Dann biegen wir gleich rechts in die große Müller-zu-Bruck-Straße ein und verlassen diese an der nächsten Möglichkeit nach links auf die Berghamer Straße. Wir befinden uns nun hinter dem großen Saluswerk. Die Straße teilt sich; wir halten uns nun zweimal rechts, passieren die Supermärkte und mit etwas Abstand die Schule und verlassen schließlich Bruckmühl. Unser verkehrsarmes Sträßchen, die Blumenstraße, führt uns eben über die Felder nach Norden zur großen Bundesstraße, die wir vorsichtig am Landgasthof Großer Wirt überqueren. Das Gasthaus können wir uns gut für eine letzte Einkehr auf dem Rückweg vormerken.
Wir lassen den Gasthof links liegen und wählen an seinem Parkplatz rechts den kleinen Wiesenweg, der uns, einmal eine Straße querend, an einer Hofkapelle vorbeiführt. Dahinter stoßen wir auf ein Wegdreieck. Hier bleiben wir noch kurz geradeaus, dann beginnt links ein schmaler Wanderweg, der uns am Bach entlangführt und in eine Straße mündet. Weiter in Wanderrichtung geht es in der nächsten Straße dann links, und wir sind in Maxhofen angekommen.

Wanderweg der Sinne Wir passieren den Schlossweiher und Schloss Maxhofen und erreichen einen kleinen Wanderparkplatz. Hier beginnt unser Aufstieg nach Kleinhöhenrain, wobei wir uns gleich an der Weggabelung rechts halten und zu dem frei stehenden Baum laufen. Der Weg ist als »Wanderweg der

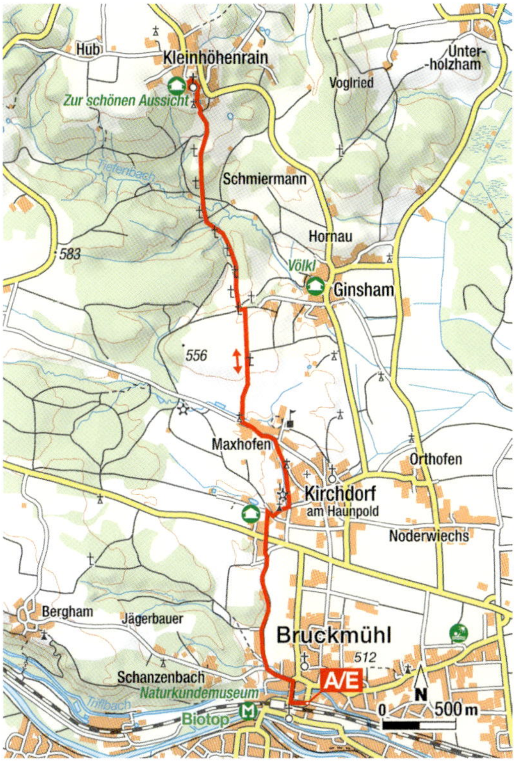

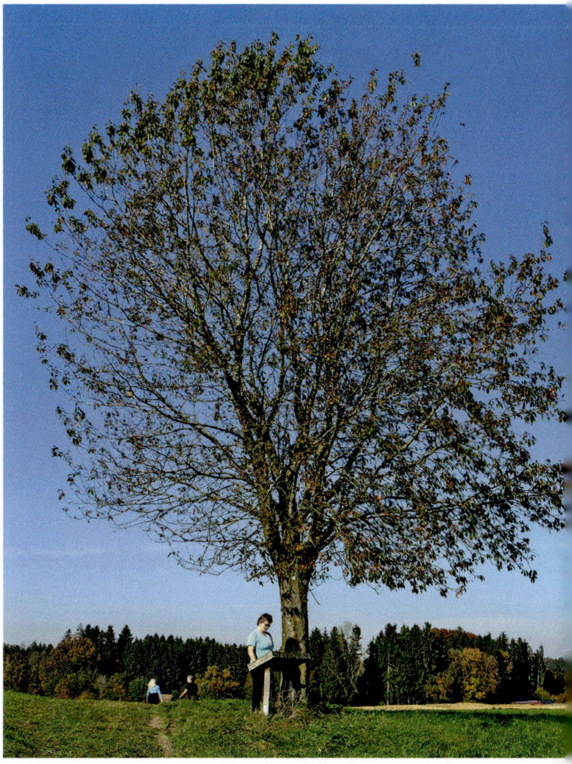

Sinne« beschildert, Hinweistafeln informieren über Sagen, heimische Bäume und Pflanzen und die tolle Aussicht. Der gesamte Wegabschnitt ist ein wahrer Hochgenuss und definitiv etwas zum Hinsehen, Hinhören und Hinsinnen. Von besagtem Baum freuen wir uns über eine erste unverhoffte Aussicht über die Mangfallebene bis hin zu den Alpen. Weiter geht es über die Felder zum nächsten querenden Feldweg, dem wir mit einem Links-rechts-Schwenk folgen. Kreuzwegstationen zeigen, dass wir richtig sind. Wir erreichen einen Waldrand, wo unter einer großen Eiche eine Rastbank steht.

Zum Glück gibt es Panoramatafeln, denn nur so können wir alle Berge der Rundumschau identifizieren.

Jetzt wird der Weg deutlich schmäler und führt mitten in den Wald hinein. Malerisch geht es über ein Brücklein. Wir bleiben über alle Abzweigungen hinweg geradeaus und erreichen im leichten Auf und Ab eine große, offene Wiese. Ein letztes Anstiegsmühen bringt uns hinauf nach Kleinhöhenrain und zur bereits sichtbaren Kirche und dem Gasthaus Zur schönen Aussicht daneben. Hier dürfen wir nun genussvoll einkehren, wobei wir zuvor noch einen Blick in die Wallfahrtskirche werfen wollen. Der Rückweg ist denkbar einfach: Er verläuft auf dem Hinweg.

23 Durchs Gleißental

Bezauberndes Geotop bei München

Leicht | 9,5 km | 50 Hm | 2.45 Std.

Tourencharakter
Angenehm breite, aber wenig beschilderte Waldwege, ein kurzer Abschnitt entlang der Straße

Ausgangs-/Endpunkt
Bahnhof Deisenhofen
GPS: 48.020209, 11.583854

Anfahrt
Bahn & Bus: Mit der S3 nach Deisenhofen
Auto: A 995 bis Ausfahrt Oberhaching und durch Oberhaching nach Deisenhofen; einige Parkplätze am S-Bahnhof

Einkehr
Erst am Ende der Runde gibt es in Deisenhofen eine Eisdiele, Cafés sowie ein griechisches Restaurant.

Information
www.oberhaching.de

Rechte Seite oben: Schattige Wege erwarten uns, ideal für eine Sommertour.

Rechte Seite unten: Der mit Lüftlmalerei verzierte Dislhof in Kreuzpullach

Das Gleißental liegt nicht im Spessart, auch wenn hier der Film »Ein Wirtshaus im Spessart« gedreht wurde – der alte, halbrunde Steinbruch im Tal ist wirklich eine perfekte Filmkulisse und eines der Highlights auf unserem Weg. Wunderschön sind auch der Amphibienteich, der lichte Wald und die Kirche in Kreuzpullach.

Spitzwegidylle im Gleißental Wir starten am Deisenhofener Bahnhof und wandern, den Bahnhof im Rücken, rechts in die Gleißentalstraße. Wir queren die Gleise am Bahnübergang und biegen dann gleich wieder links in die Sauerlacher Straße ein. Nach wenigen Hundert Metern geht es rechts in die Stefaniestraße, wo wir eines der raren Wanderwegschilder ins Gleißental finden. Am Ende der Straße führt der Weg in den Wald, senkt sich und wird zu einem schmalen Wanderweg. Nun sind wir im

Gleißental

Als am Ende der letzten Eiszeit vor gut 10 000 Jahren der Isar-Loisach-Gletscher schmolz, bahnte sich das ablaufende Wasser an vielen Stellen seinen Weg. Eine der Schmelzrinnen war das Gleißental, durch das sich das Wasser 40 m tief in die Erdschichten fräste. Heute ist es ein Trockental, denn der Gleißenbach, der aus dem Deininger Weiher fließt, versickert nach wenigen Hundert Metern im Erdreich. Immer noch gibt es aber Feuchtbiotope im Gleißental, wo sich viele Amphibien, aber auch Schmetterlinge und andere Insekten tummeln. Wer die Wanderung etwas verlängern will, kann sie bis zum Deininger Weiher fortsetzen. In alten Landkarten wird dieser noch als »Gleißentalweiher« bezeichnet. Wer sich für Geschichte interessiert, wird rund um das Gleißental mit Hügelgräbern und Keltenschanzen fündig.

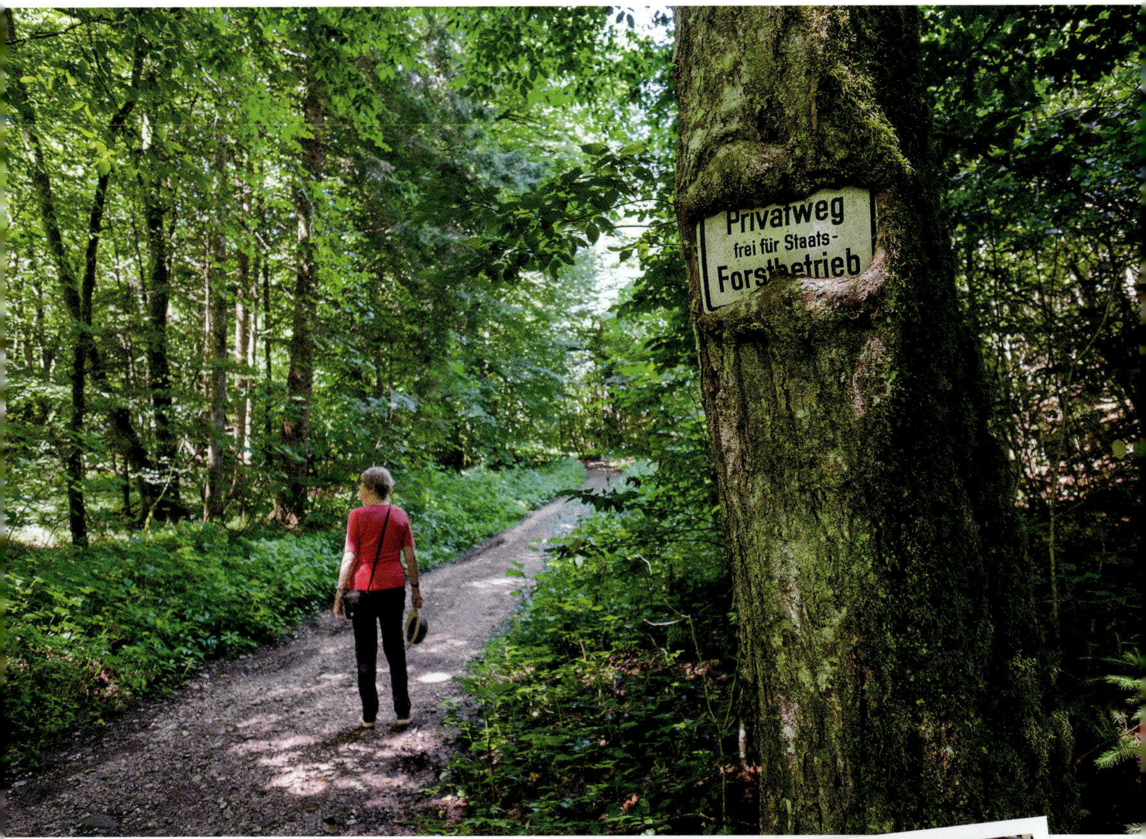

malerischen Gleißental angekommen. Die Natur gleicht einer Wildnis, und es ist kaum zu glauben, dass wir eigentlich ganz in der Nähe der Großstadt München unterwegs sind. Das Tal soll übrigens den Maler Carl Spitzweg zu einem seiner berühmten Werke inspiriert haben: Man vermutet, dass das Gemälde »Der Maler (Rast im Walde)« hier entstanden ist.

Für uns geht es nun in südlicher Richtung weiter. Am Talanfang müssen wir gut aufpassen, denn es ist nichts beschildert. Nach wenigen Minuten teilt sich an einer Lichtung der Weg mehrfach; von ganz links werden wir später zurückkommen. Wir wählen den Wanderweg, der rechts davon liegt, der also mit einem kleinen Links-rechts-Schwenk

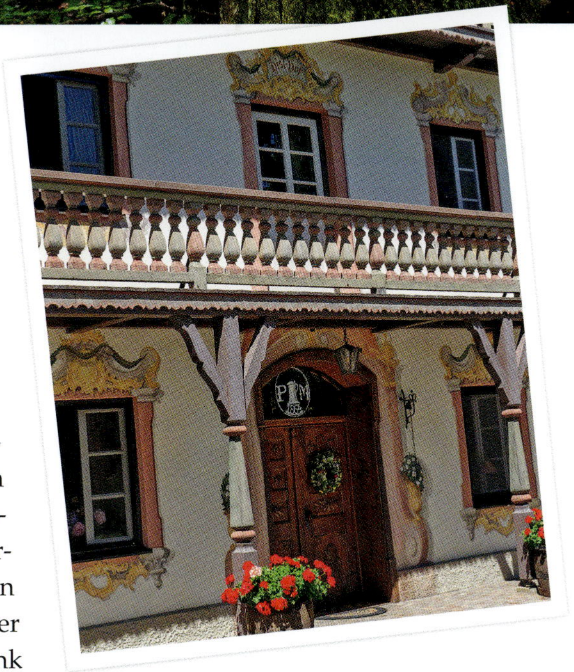

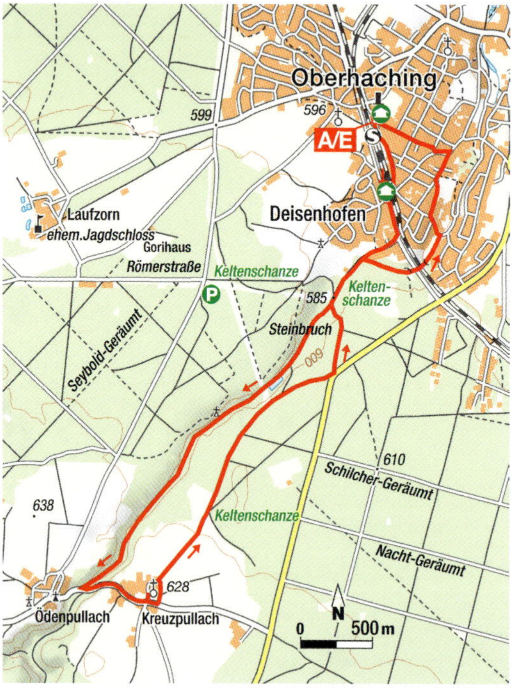

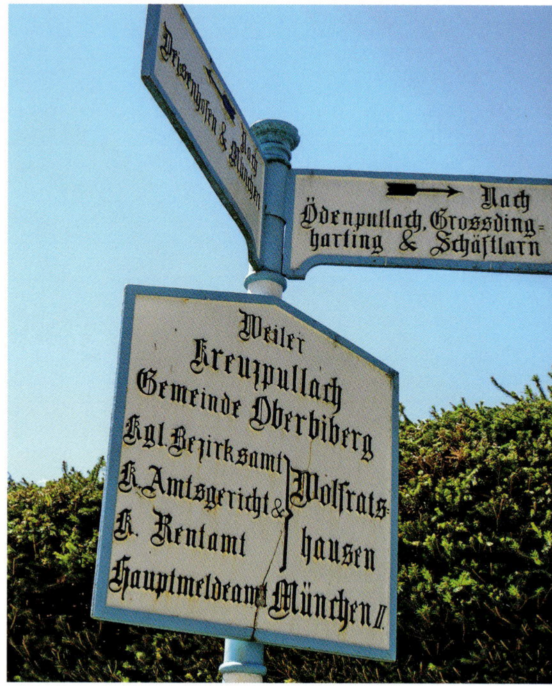

Historische Wegweiser

zu erreichen ist. So bleiben wir auf einem fast ebenen Weg. Nach nur wenigen Metern wählen wir den kleinen Pfad nach links, der uns zu dem wunderschönen ehemaligen Steinbruch führt (vom Hauptweg ist dieser schlecht zu erkennen). Hier wurde Nagelfluh abgebaut, übrigens auch als Fundamente für die Liebfrauenkirche, den »Dom von München«. Bis heute wird der Platz für sommerliche Theateraufführungen genutzt.

Ein Hort der Stille Wir können in einem Bogen durch den Steinbruch wandern, um wieder zum Hauptweg zu stoßen. Diesem folgen wir nun weiter durch den herrlichen Wald. Vorbei am kleinen Amphibienteich passieren wir kurz darauf ein eingezäuntes größeres Trinkwasserbecken. Danach genießen wir die Waldidylle fast alleine, die erst endet, wenn wir auf die Straße stoßen, wo wir den Wendepunkt unserer Wanderung erreicht haben. Wir folgen der Straße nach links (leider gibt es keinen Fußweg), verlassen leicht bergauf das Tal und erreichen Kreuzpullach mit seinen großen Bauernhöfen und der kleinen Wallfahrtskirche Heilig Kreuz. Die mit zartem Wessobrunner Stuck ausgeschmückte Kirche ist ebenfalls ein Hort der Stille und passt so perfekt zum ruhigen Gleißental.

Rückweg nach Deisenhofen Für den Rückweg gehen wir zur Fahrstraße zurück, biegen links ab und nach dem Ende des Kirchengrunds gleich nochmals links. Von der kleinen Straße aus genießen wir einen schönen Blick auf die Kirche und das Schlösschen, das heute in Privatbesitz ist (früher war es die Wohnung des Pfarrers, des Benefiziaten). Nach wenigen Schritten stoßen wir auf einen Feldweg, dem wir nun für einige Zeit nach Norden folgen. Zunächst geht es über die Felder, dann wieder in den Wald hinein. Links unter uns lässt sich das Gleißental erahnen.
Schließlich stoßen wir auf eine Autostraße. Wir touchieren sie jedoch nur und setzen unseren Weg in Wanderrichtung fort. Dieser senkt sich langsam, dann stehen wir an der Kreuzung im Wald, die wir schon vom Hinweg kennen. Zum Finale gehen wir jetzt ein Stück auf dem Hinweg zurück, biegen dann jedoch noch im Wald rechts auf den kleineren Pfad ab. Er führt uns zur Untertunnelung der Bahngleise. Auf der anderen Seite erreichen wir die Gleißentalstraße, der wir nach links aufwärtsfolgen. Wer direkt zum Bahnhof will, folgt der Straße nach links. Wer sich mit einem Eiscafé für diese Wanderung belohnen möchte, hält sich rechts in die Straße Am Rain und erreicht in dieser Richtung die Bahnhofstraße und damit die Ortsmitte von Deisenhofen mit einigen Einkehrmöglichkeiten. Am Ende der Bahnhofstraße liegt – wie könnte es anders sein – der Bahnhof.

Der alte Steinbruch diente übrigens auch als Filmkulisse der Komödie »Das Wirtshaus im Spessart« von 1968.

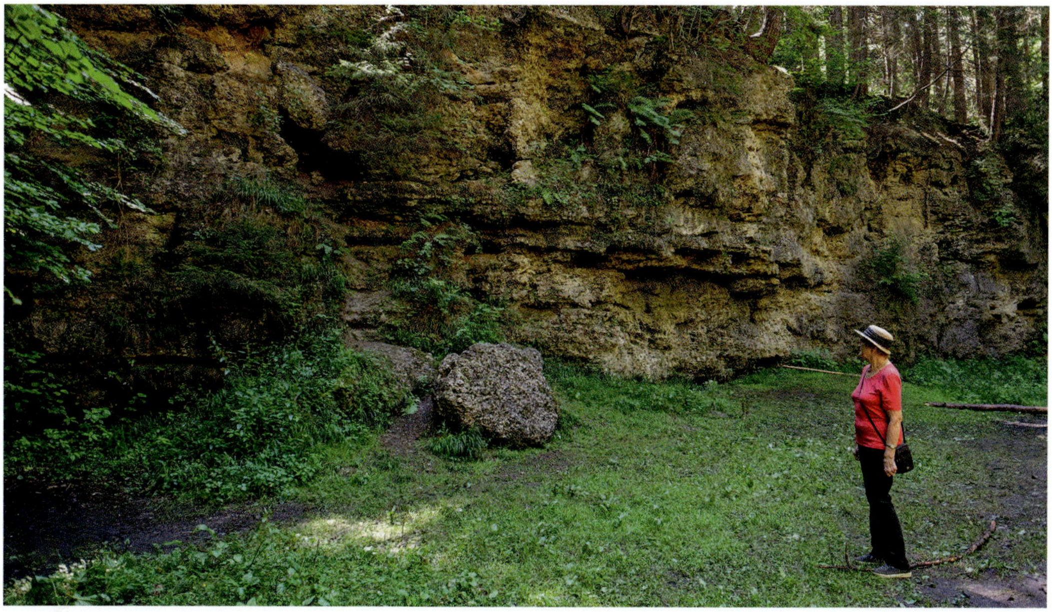

24 Im Glonner Land

Zwischen Schilf und Quellwassern

Mittel | 14,5 km | 200 Hm | 4 Std.

Tourencharakter
Längere Wanderung auf Feldwegen und kleinen, unbefahrenen Nebenstraßen mit nur wenigen Steigungen. So gut wie keine Beschilderung, etwas Orientierungssinn ist nötig. Abkürzungs- und Bademöglichkeiten

Ausgangs-/Endpunkt
Rathaus in Glonn
GPS: 47.987828, 11.865874

Anfahrt
Bahn & Bus: Mit der S7 bis Höhenkirchen-Siegertsbrunn oder Grafing, dann weiter mit dem Bus
Auto: A 99 bis Ausfahrt Hohenbrunn, nach Putzbrunn und dort rechts über Oberpframmern nach Glonn; Parkplatz am Volksfestplatz/Klosterweg oder Wanderparkplatz Wiesmühlstraße

Einkehr
Am Ende der Runde lockt in Glonn das Wirtshaus an der Wiesmühle mit seinem Biergarten. Unterwegs gibt es das nette Hofcafé »Die Reystalerin«. In Unterlaus hat der »Wirt vo Laus« am Wochenende ab Mittag geöffnet (unter der Woche ab 17 Uhr).

Information
www.vg-glonn.de

Ganz unbekannt ist das schöne Kupferbachtal bei Glonn nicht, aber die wenigsten setzen die stille Wanderung bis Unterlaus im Naturschutzgebiet fort. Von allen Seiten sprudelt hier Wasser aus Quellen oder in Bächen dahin, und dazwischen genießen wir ein weites Schilfmeer.

Zur Wiesmühle Wir beginnen unsere Rundtour am Glonner Rathaus, queren die Münchner Straße etwas nach links in den Klosterweg und folgen diesem nach Süden. Fast am Ortsende queren wir den Kupferbach und folgen der Reisenthalstraße für wenige Schritte nach rechts, um gleich wieder links abzubiegen. Wir passieren die Wiesmühle und merken uns den hübschen Biergarten schon mal für den Rückweg vor. Gleich danach geht es links in Wanderrichtung weiter. Für ein kurzes Stück folgen wir noch dem Kupferbach, dann queren wir ihn nach rechts und steigen in der Waldstraße aufwärts. Dabei passieren wir eine Mühle, zu der Wasser aus dem Kupferbach in einen Kanal geleitet wird. Wenige Schritte nach der Mühle halten wir uns rechts, bleiben damit auf der Waldstraße und steigen weiter bergauf. Hinter dem letzten Haus beginnt ein kleiner Wanderweg, der uns nun am Hang aufwärts in den Wald führt.

Einsam durch den Wald nach Reisenthal Dort wendet sich der Weg nach rechts, und wir wandern gleich darauf am Waldrand und entlang einer Wiese noch ein Stück aufwärts bis zu einem quer verlaufenden Feldweg. Dort biegen wir links ab und sind schon wieder im Wald, wo sich der Weg erneut teilt – eine Beschilderung sucht man hier vergeblich. Wir wählen den rechten Forstweg, der uns mit etwas Abstand zu einer Wiese rechts von uns immer tiefer in den Wald hineinführt. Stellenweise wird es richtig dunkel, aber der Waldweg ist wunderschön zu gehen.
Schließlich teilt sich der Weg; wir halten uns rechts und folgen zunächst der Linkskurve, der sich dann eine Rechtskurve anschließt. Wieder geht es leicht aufwärts, erneut folgt eine Links-

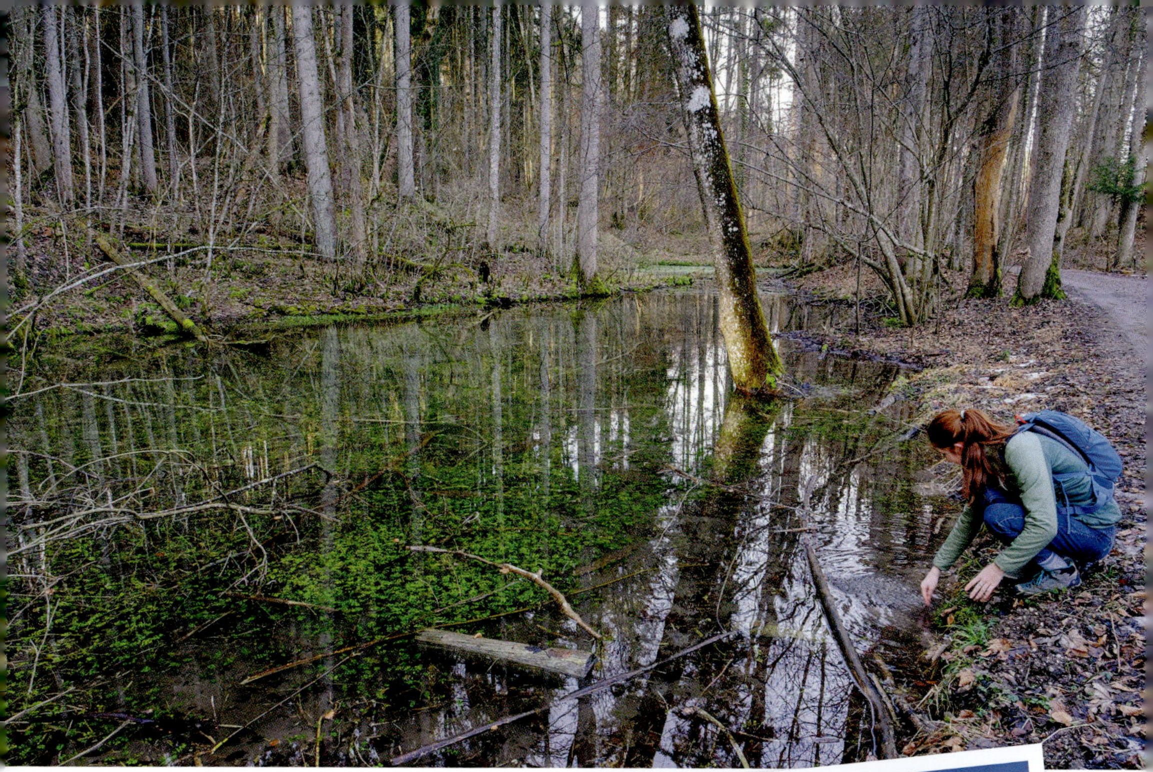

kurve, und nun sind wir endgültig in südlicher Richtung unterwegs. Der Weg senkt sich leicht, und wir erreichen den Waldrand. Kurz geht es über die Felder, dann wandern wir durch einen malerischen Hohlweg nach links ein letztes Stück durch den Wald. So erreichen wir den Weiler Reisenthal, der aus zwei Häusern besteht, wovon eines als Hofcafé zu einer ersten Rast verführt. Hierher werden wir später aber auch zurückkommen, so können wir die Pause noch etwas aufschieben.

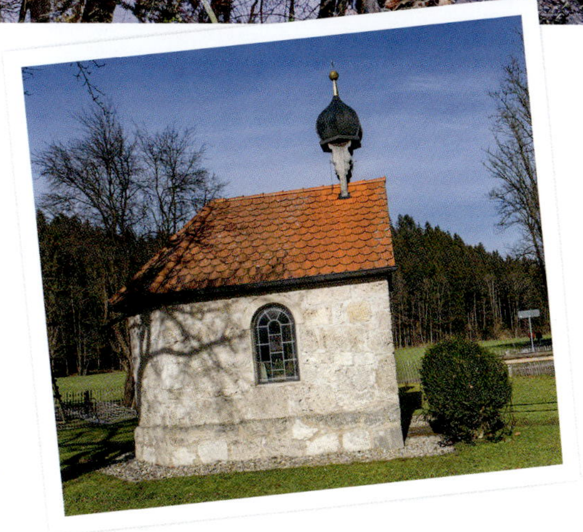

Hofkapelle bei Reisenthal

Ganz oben: Glasklar und herrlich grün sind die Quellen.

Mystisches Quellgebiet Es geht in südlicher Richtung weiter, das Schild nach Spielberg weist uns den Weg. Wir kommen nun in den verwilderten natürlichen Bereich des Kupferbachtals und folgen dem Bach, der bald lustig neben unserem Weg dahinplätschert. An der Weggabelung halten wir uns links und somit weiterhin in Bachnähe. Dann steigt der Weg minimal an, und wir verlassen den Bachlauf. Dafür betreten wir ein wunderschönes Quellgebiet. Das stark kalkhaltige Wasser tritt als Hangquellen aus dem Boden und bildet kleine Quellteiche, die hier im Wald eine fast mystische Aura verbreiten.

Wir erreichen den Waldrand, passieren noch einen privaten Fischteich und halten uns dann in der Kurve links auf den kleineren Feldweg. Damit bleiben wir dem Kupferbach treu, den wir gleich darauf queren. Rechts von uns erstreckt sich nun das von einem wahren Meer aus Schilf bedeckte Feuchtgebiet. Der Bach ist kaum mehr zu erahnen. Wir halten uns, soweit möglich, immer entlang des Moors, wobei der Weg im leichten Auf und Ab durch den Wald führt. Zwischen den Bäumen können wir dabei das wogende Schilf gut sehen. Langsam wendet sich der Weg etwas und beschreibt eine lang gezogene Linkskurve. Beschilderungen gibt es keine, was bedeutet, dass wir den Orientierungssinn einschalten und versuchen müssen, bei allen abzweigenden Wegen stets dem mit der größtmöglichen Nähe zum Moor zu folgen.

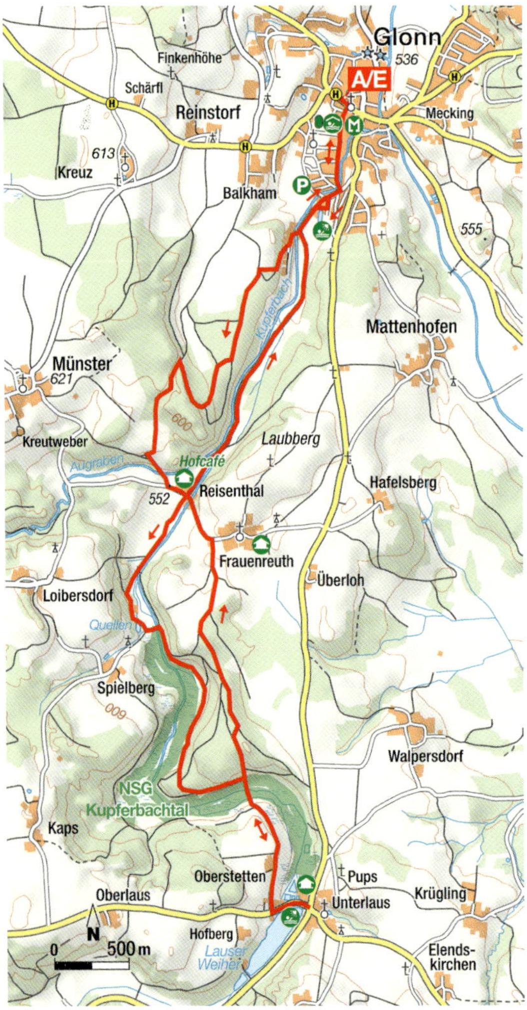

Rückweg über den Lauser Weiher Schließlich trifft unser Weg auf einen quer verlaufenden Weg im Wald, der nach links ansteigt. Wer direkt zurückwandern möchte, biegt hier links ein. Für ein erfrischendes Bad im Weiher lohnt sich aber ein Abstecher nach Unterlaus. Dafür gehen wir rechts bergab, erreichen nach wenigen Schritten wieder den Talgrund und queren erneut den Kupferbach. Dahinter steigt der Weg leicht an und führt am einsamen Bauernhaus Oberstetten vorbei. Vor uns sehen wir nun schon Unterlaus mit seinen Weihern. Im größten, dem Lauser Weiher, kann man herrlich baden, und am Wochenende hat auch der »Wirt vo Laus« ab Mit-

Tipp

An der Wiesmühle bei Glonn gibt es ebenfalls einen wunderschönen Badeweiher – zusammen mit dem Lauser Weiher gibt es auf dieser Wanderung also zwei tolle Bademöglichkeiten!

tag für eine genussvolle Einkehr geöffnet. Zurück geht es dann wieder über Oberstetten und den Talgrund querend zur Abzweigung, die wir schon kennen. Hier bleiben wir nun jedoch geradeaus und steigen im Wald auf den kleinen Höhenrücken. Stets in nördlicher Richtung und auf dem Hauptweg bleibend, treten wir erst kurz vor Frauenreuth wieder in die Sonne. Wir wandern auf den Weiler mit seiner Kirche zu und biegen dann links in die kleine Straße ein, die durch den Ort führt. Bergab

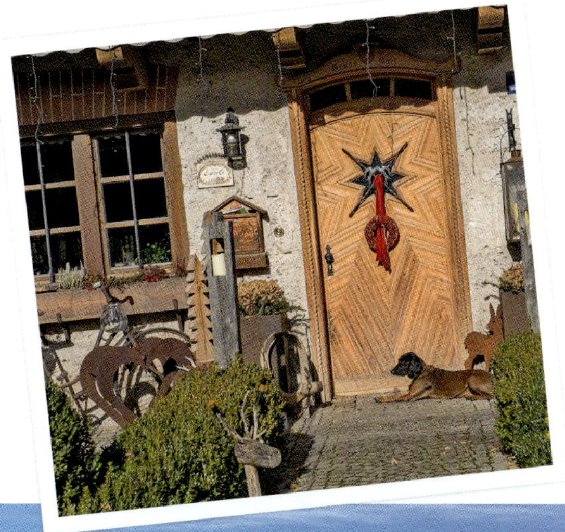

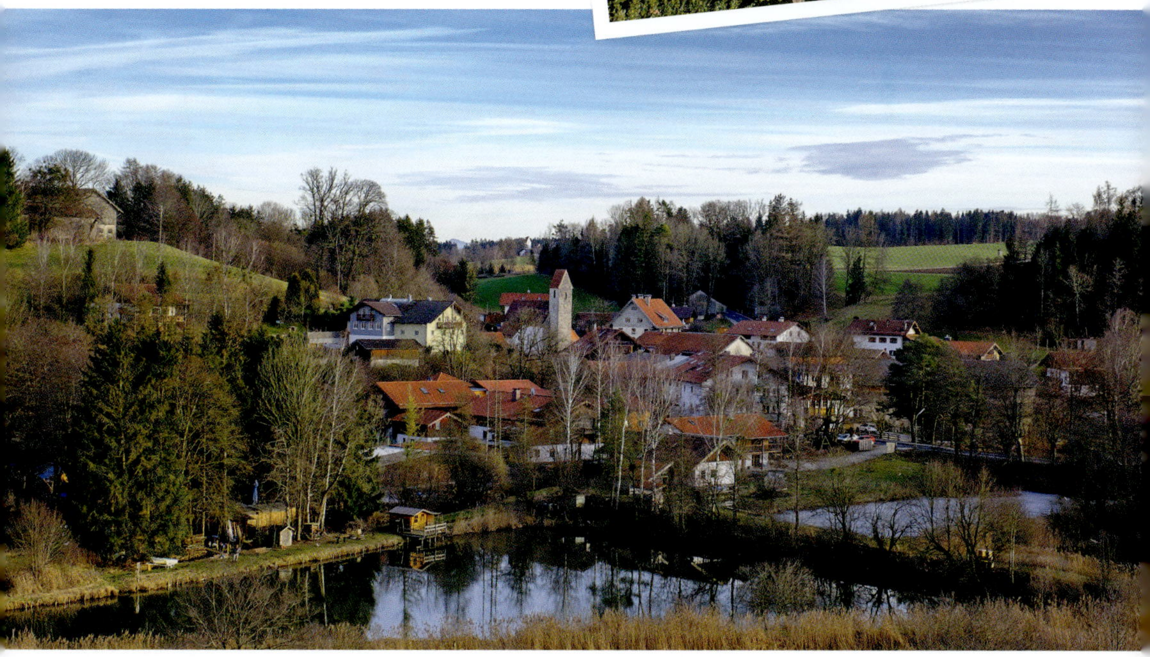

sind wir so schnell wieder in Reisenthal. Der letzte Teil des Rückwegs verläuft nun sehr gemütlich. Wir halten uns rechts, passieren das Hofcafé und die Kapelle und folgen dem kleinen Sträßchen durchs Kupferbachtal. Es ist nur für landwirtschaftlichen Verkehr freigegeben, und so müssen wir meist nur mit einigen Radlern rechnen. Es dauert nicht lange, und wir wandern direkt auf Glonn zu, das wir wieder an der Wiesmühle erreichen. Ab hier folgen wir der uns schon bekannten Straße in Wanderrichtung und kommen so zum Rathaus zurück.

Unterlaus liegt südlich von Glonn.

Ganz oben: Das Hofcafé Reisenthal

25 Entlang der Attel bei Aßling

Abenteuer und ein »Glory Halleluja«

Mittel | 14 km | 80 Hm | 4.15 Std.

Tourencharakter
Längere, meist ebene Wanderung, kaum beschildert – etwas Orientierungssinn gepaart mit Abenteuerlust ist nötig. Die Tour verläuft auf Pfaden, Feldwegen und kurz über eine Nebenstraße. Eine Bachquerung ist notwendig, die Schuhe müssen wir dafür nicht ausziehen. Der Rückweg ist sehr sonnig.

Ausgangs-/Endpunkt
Bahnhof Aßling
GPS: 47.989793, 11.993809

Anfahrt
Bahn & Bus: Mit der Bayerischen Regiobahn nach Aßling
Auto: Aßling liegt südlich von Ebersberg/Grafing an der Attel. Den Bahnhof finden wir westlich der Ortsmitte; dort gibt es Parkplätze.

Einkehr
Unterwegs die Schlosswirtschaft in Oberelkofen (Mo Ruhetag), am Ende der Tour die Kaffeerösterei Martermühle (s. Tipp)

Information
www.vg-assling.de

Über wilde Wege wandern wir am ehemaligen Hochufer der Attel entlang. Abenteuerlustig suchen wir uns Pfade, die zu versteckten Quellen führen, und genießen die Teichlandschaften unterhalb von Schloss Elkhofen, bevor uns die Attel zurückleitet – zu einem glorreichen »Halleluja«.

Entlang der Bahnstrecke Wir starten am Bahnhof in Aßling und gehen nach Norden zur großen Glonner Straße. Dieser folgen wir nach links, leider ohne Fußweg, dafür aber auf dem breiten Wiesenstreifen daneben. Leicht bergauf überqueren wir dabei die Bahn. Kurz danach zweigt auf der rechten Straßenseite ein kleiner Weg ab, der zum Eisenbahn-Gedenkkreuz ausgeschildert ist. Er führt in den Wald, wo er sich teilt. Wir halten uns rechts und erreichen leicht abwärts die Bahnlinie, die München mit Rosenheim verbindet.

Nun folgen wir dem kleinen Weg entlang der Gleise. In Abständen rauschen neben uns diverse Güterzüge und die Regiobahn

Stilles Gedenken

Das Gedenkkreuz an der Eisenbahnstrecke erinnert an einen tragischen Eisenbahnunfall. Schon das Datum, der 16. Juli 1945, lässt aufhorchen. Zwei Monate nach Kriegsende blieb wegen Maschinenschadens ein Zug auf der Strecke zwischen Aßling und Grafing stehen. Ein amerikanischer Offizier, der das Stellwerk von Aßling bediente, hatte den Personenzug vergessen und gab die Strecke für den nachfolgenden Güterzug, der mit Panzern besetzt war, frei. Dieser fuhr auf den liegen gebliebenen Personenzug auf, und von den mehr als 1200 Reisenden starben über 100 – alles ehemalige Kriegsgefangene und Soldaten, die den Krieg überlebt hatten, die Heimreise aber nicht.

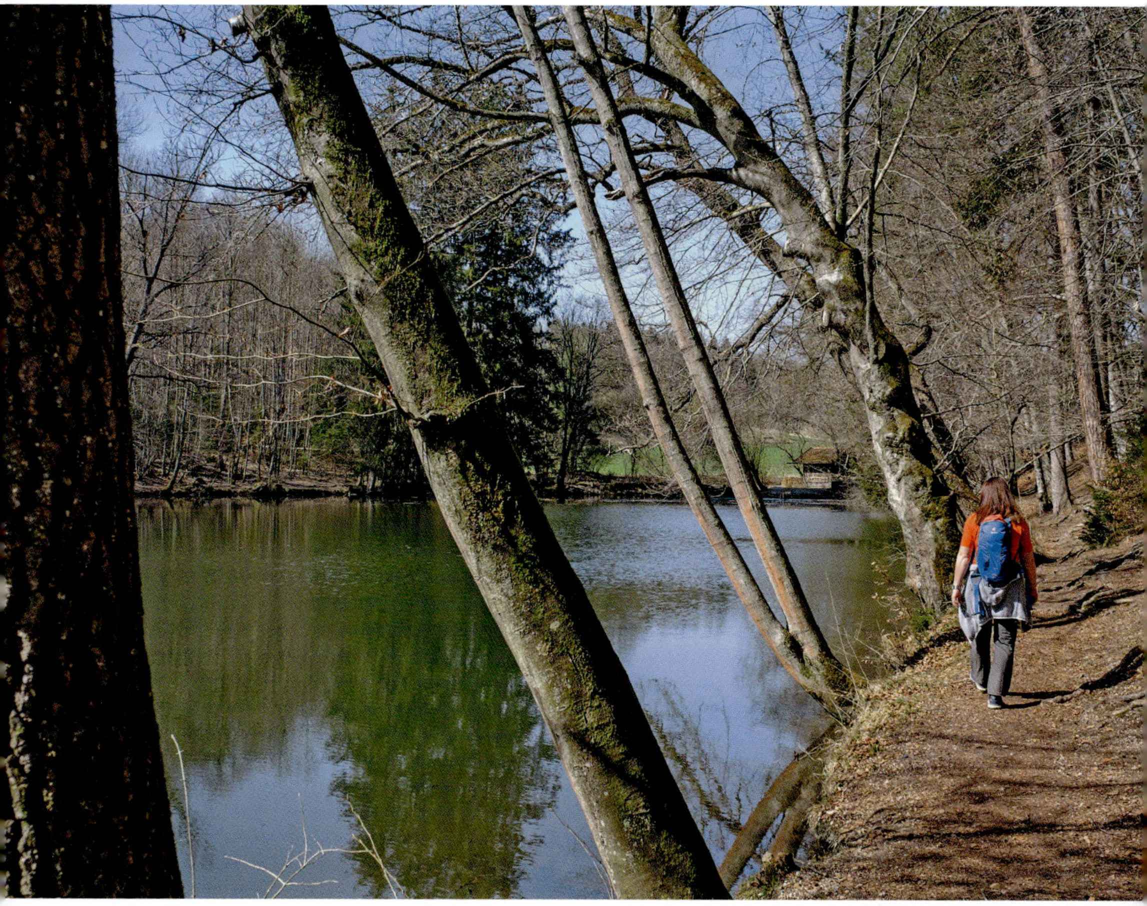

An den Schlossweihern bei Elkhofen hat uns die Zivilisation wieder.

vorbei. Es gibt immer etwas zu schauen. Die Vegetation links und rechts des Wegs ist verwildert, aber dadurch wertvoll für zahlreiche Tiere. Im zeitigen Frühjahr wachsen Huflattich, Seidelbast und Leberblümchen in rauen Mengen. Die vielen zwitschernden Vögel scheinen sich mit den Zügen arrangiert zu haben, sie stören sich eher an uns Wanderern. Langsam tauchen die ersten Steine des einstigen Hochufers der Attel auf. Sie wirken wie alter Beton, ein wildes Konglomerat aus Kieselsteinen, die mit den uralten Sedimenten des Flusses zu einem natürlichen Gestein verbacken sind. So erreichen wir das Gedenkkreuz für die Opfer des Bahnunglücks, das etwas oberhalb der Schienen steht.

Wilde Wege Anschließend folgen wir weiter dem Bahnweg, der sich nun unterhalb der einstigen Flussleiten langsam von den Gleisen abwendet und in den Wald führt. Ein paar kleinere Wege zweigen gleich zu Beginn ab. Wir entdecken auch eine rotgelbe Markierung, die für uns aber etwas zufällig verteilt wirkt. Jetzt müssen wir aufpassen: Unmittelbar bevor der Forstweg sich nach links wendet (an dieser Stelle lichtet sich auch der Wald), verlassen wir ihn und steigen fast weglos rechts abwärts zu einem kleinen Bach. Diesen queren wir ohne Brücke und hoffentlich trockenen Fußes. Auf der anderen Seite wurde abgeholzt. Wir steigen mit zwei Schritten die kleine Böschung zu einer einsamen Buche hinauf und treffen auf einen Trampelpfad. Diesem folgen wir nach links aufwärts zum Waldrand. Dort stoßen wir auf einen größeren Weg, dem wir nach rechts folgen.

So treffen wir kurz darauf auf einen weiteren Forstweg, und mit wenigen Schritten nach rechts geht es auf ihm dann unter den Bahngleisen hindurch. Unmittelbar dahinter biegen wir nach links und kommen nun an die erste wild sprudelnde Quelle, die hier aus den Hängen tritt. Der Waldboden dient als Bachbett, an einigen Stellen trieft das dicke Moos vom Wasser, das kalkartige Terrassen bildet. Wir können uns kaum sattsehen, aber mit dem Wissen, dass es nicht bei dem einen Erlebnis bleibt, geht es für uns weiter.

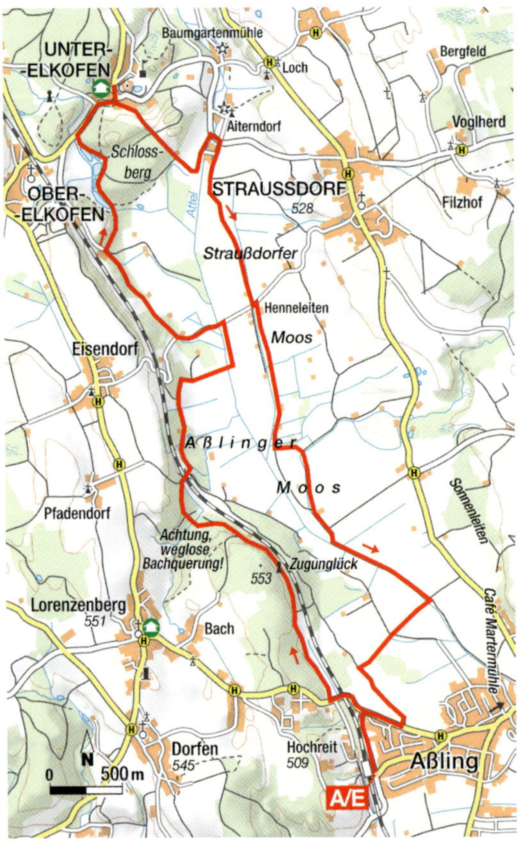

Auwälder und Quellen

Wir erreichen den Waldrand, und mit herrlicher Sicht über die Felder auf den Kirchturm von Straußdorf wandern wir, ein kleines Wasserreservoir passierend, abwärts zur Attel. Der 40 Kilometer lange Zufluss des Inns beginnt seinen Lauf unweit von Grafing. Er ist an dieser Stelle also noch sehr jung, fließt nach Süden über Aßling, wo er langsam Schwung holt, seinen Lauf ändert, um schließlich über Emmering und Pfaffing nach Norden zu driften und im Ort Attel mit seinem berühmten Kloster in den Inn zu münden.

Uns führt eine alte Betonbrücke über den Fluss, dahinter geht es links in nördlicher Richtung weiter. Gleich an der nächsten Brücke wechseln wir erneut das Ufer; hier hat die Stadt Grafing Altwasserbecken als ökologische Ausgleichsflächen renaturieren lassen. Die Wiesen sind nass, und es sind kleine moosige Auwälder entstanden. Am einsamen Haus Henneleiten treffen wir erneut auf munter sprudelnde Quellen. Traumhaft, der Weg wird nicht langweilig!

Teich- und Schlosswirtschaft Vorbei an einer verwilderten Streuobstwiese geht es mit Abstand zu einigen weiteren Häusern wieder in den Wald, wo wir erneut einen Bach queren. Dahinter teilt sich der Weg. Wir bleiben in Wanderrichtung, d. h. geradeaus auf dem kleineren Weg mit den (eingewachsenen) Schildern der Schlösserverwaltung. Er führt uns an den Ablass der schlosseigenen Fischweiher. Wir steigen die wenigen Schritte links zum ersten Weiher hinauf und folgen dann dem schmalen, wurzelüberzogenen Uferpfad auf seiner rechten Seite. Der wunderschöne Wegabschnitt könnte für uns endlos so weitergehen, zum Glück folgen dem ersten Teich noch ein paar weitere. Überdies

Links: Eines der wenigen Hinweisschilder am Weg

Über bemooste Steine quillt das Wasser aus dem ehemaligen Hochufer der Attel.

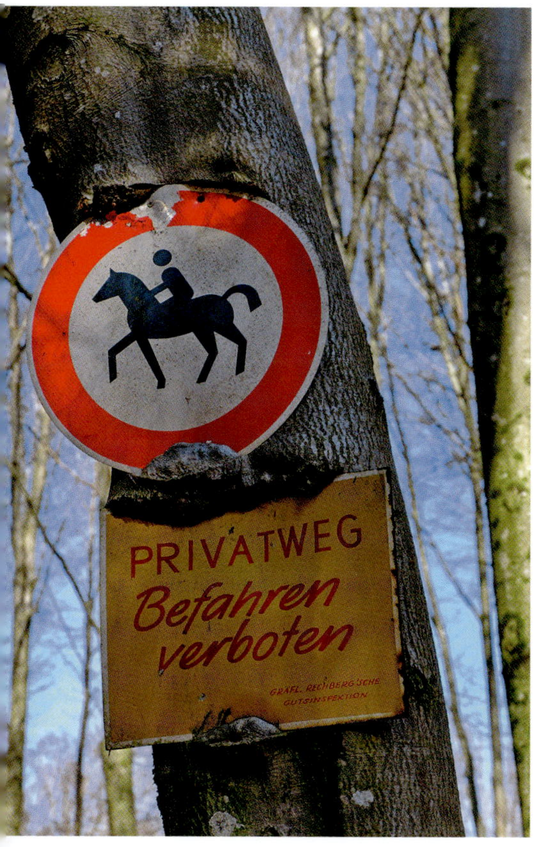

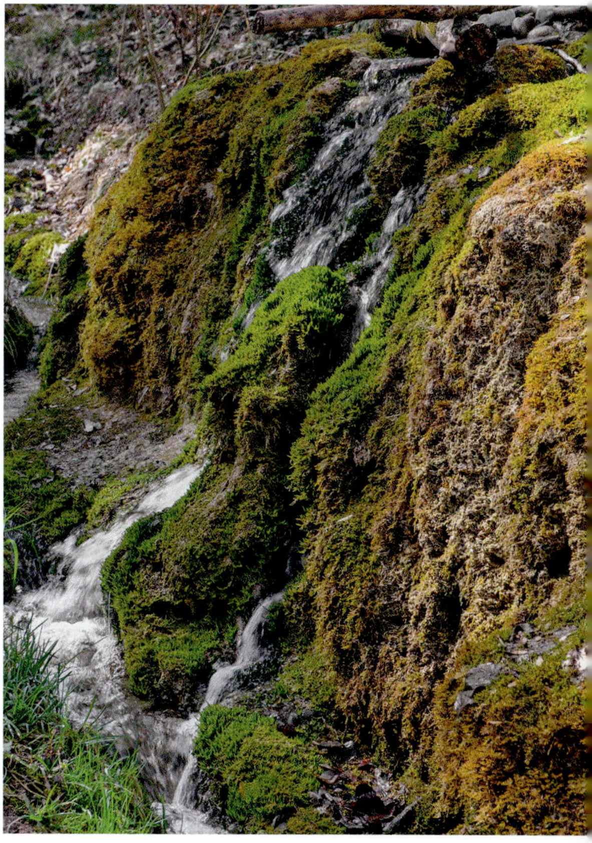

gibt es kleine Rastbänke, die oft nur aus zusammengezimmerten Brettern bestehen. Ganz einsam sind wir nun nicht mehr, denn wir nähern uns Grafing bei München, und die Einheimischen kennen dieses beschauliche Plätzchen natürlich. Schließlich mündet unser Teichweg in eine kleine Straße, der wir rechts nach Elkofen folgen. Der Turm des Schlosses ist bald zu sehen, und wer dort einkehren möchte, hält sich an den Weggabelungen zweimal links und erreicht so die Schlosswirtschaft mit ihrem netten Biergarten.

Bergpanorama und Flusswege Alle anderen biegen rechts in den Weg Stadelfeld ein; eine Tafel an der Werkstatt des Kupferspechts informiert uns über die Burggeschichte. Wenige Meter später haben wir die Häuser von Elkhofen aber bereits hinter uns gelassen, und ein Feldweg bringt uns abwärts ins Tal der Attel. Um auf die für unsere Tour richtige Uferseite zu gelangen, folgen wir zunächst der Linkskurve des Wegs, passieren einen Bauernhof und erreichen dahinter die Attelbrücke an der Straße nach Straußdorf. Wir queren den Fluss und biegen gleich wieder nach rechts ein.

»Glory Halleluja« oder die Idee zur Wanderung

Wir lieben guten italienischen Kaffee, und durch Zufall entdeckten wir einen fantastischen Espresso: den »Glory Halleluja« der Kaffeerösterei Martermühle. Bei so viel Feingenuss wollten wir wissen, wo diese Rösterei liegt, und stießen auf den Ort Aßling. Nachdem es dort auch ein bezauberndes Café gibt, war die Idee geboren, eine Wanderung mit einem Besuch zu kombinieren – wir sind nun mal Genussmenschen. Ganz ist es uns leider nicht gelungen, denn die Martermühle liegt am entgegengesetzten östlichen Rand des Orts. Wer jedoch mit dem eigenen Auto angereist ist, kann sich dort mit einem leckeren Kaffee und Kuchen für die Wandermühen belohnen.

Ab jetzt geht es einige Zeit in südlicher Richtung weiter. Die Sonne tanzt uns auf der Nase, vor uns liegt in seiner ganzen Pracht das weite Alpenpanorama, und der Blick schweift von den Chiemgauer Bergen bis zum Kaisergebirge. Da können wir den Verlust der Attel vorerst verschmerzen, denn sie fließt nun im großen Abstand zu uns dahin. Stattdessen begleitet uns das Rinnsal des Schwarzgrabens. Unter der Hochspannungsleitung erreichen wir erneut eine Brücke, queren sie nach links, setzen aber unsere Wanderung gleich wieder nach rechts in ursprünglicher Richtung fort. Der Weg ist nun naturbelassener, und die vielen Gräben zeigen, dass die Felder ursprünglich Feuchtwiesen der Attel waren. Nur

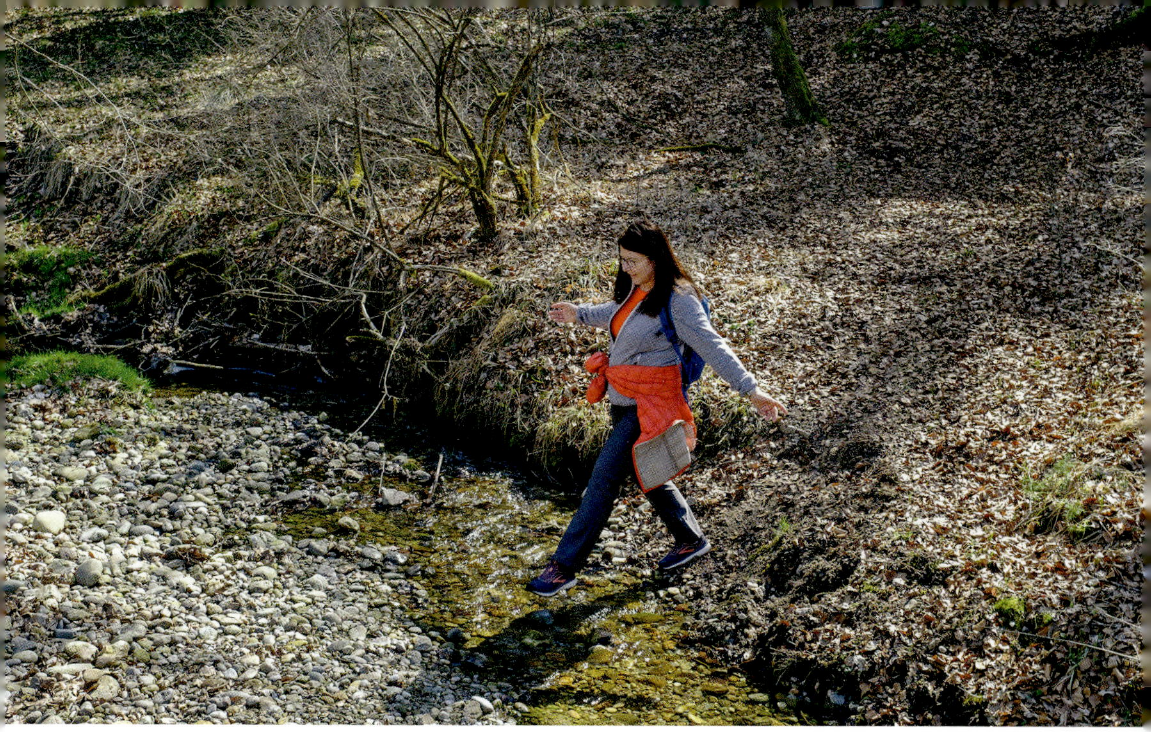

Die Querung schafft man auch ohne Brücke, aber etwas Gespür für den Weg muss man haben, denn er ist kaum beschildert.

durch die Entwässerungskanäle sind sie urbar und fruchtbar geworden und können als landwirtschaftlicher Boden genützt werden.

Radwege an der Attel Nachdem wir einen der kleineren Kanäle gequert haben, erreichen wir ein Waldstück, durch das wir noch auf einem gut ersichtlichen Weg hindurchwandern. Gleich auf der anderen Seite des Walds endet dieser jedoch abrupt an einem Feld. Jetzt geht es für uns links zwischen Wald und Wiese entlang und dann rechts zum breiteren Radweg. Diesem folgen wir nun ebenfalls nach rechts und erreichen kurz darauf wieder die Attel, die nun schon als deutlich breiterer Fluss träge nach Süden fließt. Ihr Untergrund ist z. T. sandig und schlägt kleine Wellen wie im Mittelmeer.
Vor uns liegt nun bereits Aßling, der spitze Kirchturm gibt die Richtung vor. Um zum Bahnhof zurückzugelangen, wechseln wir an der nächsten Brücke noch einmal die Uferseite und wandern nun schnurgerade über die Felder bis zur T-Kreuzung. Uns hier links haltend, sehen wir schon den Bahnhof. Kurz vor dem Finale erwartet uns noch ein Links-rechts-Knick des Feldwegs, dann stoßen wir auf die große Ortsstraße, der wir nach rechts bergauf zur Bahnhofstraße folgen. Dort biegen wir nach links und sind in wenigen Minuten zurück an unserem Ausgangspunkt.

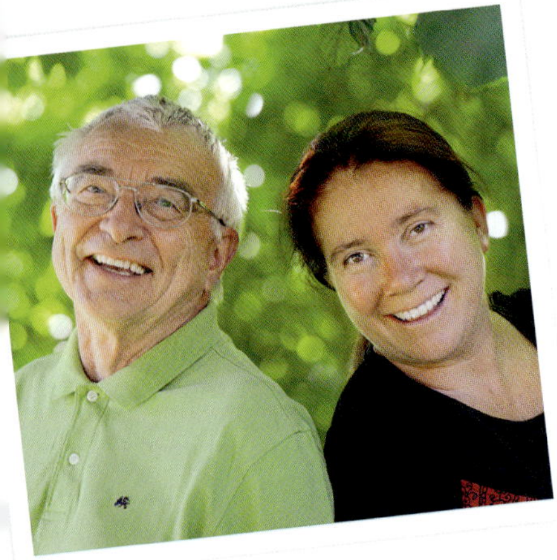

Zugabe

Wir gestehen es gern: *Eigentlich zieht es uns bei der Auswahl von Wanderungen normalerweise in die Berge. Dort zu wandern, empfanden wir immer abwechslungsreicher und schöner. Doch bei der Recherche für dieses Buch mussten wir zu unserer Überraschung feststellen, dass sich im Moränenland nördlich der Berge unglaublich viele interessante Wege verbergen, die wir Tag für Tag und vor allem fast das ganze Jahr über erkunden konnten – und das obendrein auch noch viel einsamer und mit mehr Ruhe als in den Bergen.*

Wir Autoren *sind übrigens ein Vater-Tochter-Gespann, wir teilen uns die Touren nach unseren Vorlieben und der vorhandenen Kondition auf. Stets versuchen wir, interessante Sehenswürdigkeiten, seien es Kirchen, Klöster, botanische oder geologische Kostbarkeiten, mit einzubeziehen. Bei vielen Touren bietet sich die Möglichkeit für ein erfrischendes Bad oder zumindest für ein Abkühlen der Füße. Und natürlich genießen wir es besonders, auf unseren Wanderungen in einem der zahlreichen bayerischen Wirtshäuser einzukehren. Wobei wir für eine Vollständigkeit nicht garantieren können, denn auch nach einigen Jahren in diesem Beruf konnten wir noch nicht alles testen.*

Wir wünschen uns:

- *dass Sie die Touren genauso genießen wie wir,*
- *dass Sie mit der Erkenntnis nach Hause zurückkehren, unser schönes Land abseits bekannter Strecken intensiv und ganz individuell erlebt zu haben,*
- *dass Sie bei allen Touren einen trockenen Regenschirm mit nach Hause bringen –*
- *und dazu von Sonnenbrand verschont bleiben.*

Herzlichst,

Register

Ebenfalls erhältlich ...

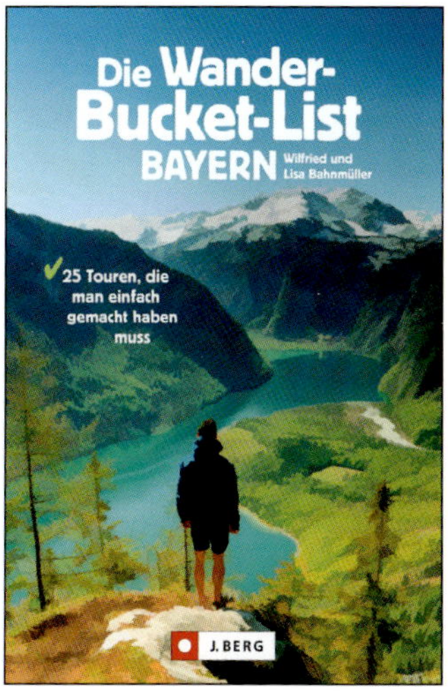

ISBN 978-3-86246-672-6

Die ultimative Wander-Bucket-List für alle Wanderfreunde für Bayern. Die Top-Touren, die man gemacht haben muss, in einem Buch versammelt.

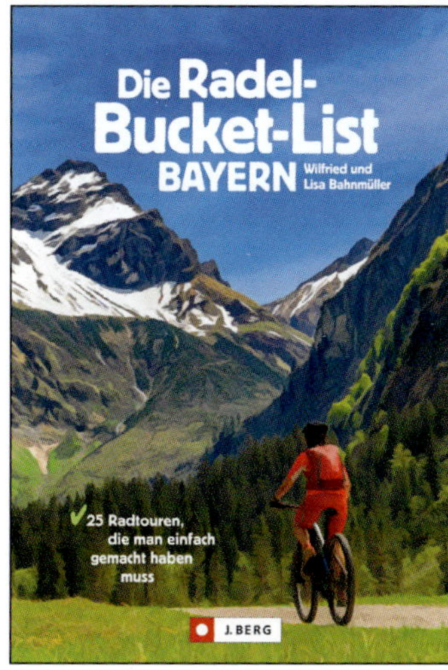

ISBN 978-3-86246-745-7

In diesem Buch sind DIE Touren versammelt, die jeder Rad-Fan im Allgäu, in Franken, Oberbayern, Niederbayern und in der Oberpfalz erlebt haben muss.

J. BERG

www.j-berg-verlag.de

Impressum

Verantwortlich: Sabine Klingan
Redaktion: Anette Späth
Layout: Eva-Maria Klaffenböck
Repro: LUDWIG:media
Kartografie: Bruckmann Verlag, Heidi Schmalfuß
Herstellung: Alexander Knoll
Printed in Slovenia by Florjancic

★★★★★

Sind Sie mit diesem Titel zufrieden? Dann würden wir uns über Ihre Weiterempfehlung freuen. Erzählen Sie es im Freundeskreis, berichten Sie Ihrem Buchhändler, oder bewerten Sie bei Onlinekauf. Und wenn Sie Kritik, Korrekturen, Aktualisierungen haben, freuen wir uns über Ihre Nachricht an Bruckmann Verlag, Postfach 40 02 09, D-80702 München oder per E-Mail an lektorat@verlagshaus.de.

Unser komplettes Programm finden Sie unter www.j-berg-verlag.de

In diesem Buch wird aus Gründen der besseren Lesbarkeit das generische Maskulinum verwendet. Weibliche und anderweitige Geschlechteridentitäten sind dabei ausdrücklich mitgemeint, soweit es für die Aussage erforderlich ist.

Empfehlung der Redaktion
Sie sind auf der Suche nach weiterführender Literatur? Dann empfehlen wir Ihnen den Titel »Hütten-Geheimtipps Bayerische Hausberge« von Lisa und Wilfried Bahnmüller. Oder Sie werfen einen Blick in die Zeitschrift »BERGSTEIGER«. Hier werden Sie bestimmt fündig.

Bildnachweis: Alle Bilder auf dem Umschlag und im Innenteil stammen von den Autoren.
Umschlagvorderseite: Stille Rastplätze mit Blick auf die Berge finden sich fast überall.
Umschlagrückseite: Maria-Dank-Kapelle bei Degerndorf (Tour 10)

Die Deutsche Nationalbibliothek verzeichnet diese Publikation in der Deutschen Nationalbibliografie; detaillierte bibliografische Daten sind im Internet über http://dnb.d-nb.de abrufbar.

Infanteriestraße 11a
80797 München

ISBN 978-3-86246-762-4